Erich Ackermann (Hg.)
Nordische Märchen und Sagen

Nordische Märchen und Sagen

Herausgegeben von Erich Ackermann

Anaconda

Die Deutsche Nationalbibliothek verzeichnet diese Publikation in der Deutschen Nationalbibliographie; detaillierte bibliographische Daten sind im Internet unter http://dnb.d-nb.de abrufbar.

Umschlagmotiv: »Norman cavalier on a piebald horse and a man surrounded by birds« (12. Jh.), Ausschnitt aus dem Baldishol Teppich, Baldishol Kirche, Hedmark / Kunstindustrimuseet, Oslo / bridgemanart.com
Umschlaggestaltung: dyadesign, Düsseldorf, www.dya.de
Satz und Layout: paquémedia, Ebergötzen
Printed in Czech Republic 2008
ISBN 978-3-86647-224-2
info@anaconda-verlag.de

Inhalt

Märchen aus Norwegen

Per Gynt

In alten Zeiten lebte in Quam ein Schütze, der hieß Per Gynt. Er lag beständig droben im Gebirge und schoß dort Bären und Elche, denn damals gab es noch mehr Wälder auf den Bergen, und in ihnen hielten sich derartige Untiere auf. In einem Jahre nun, spät im Herbst, nachdem das Vieh schon längst von den Bergweiden herabgetrieben war, wollte Per Gynt wieder einmal hinauf ins Gebirge. Mit Ausnahme von drei Sennerinnen hatten schon alle Hirtenleute das Gebirge verlassen. Als Per Gynt die Hövringalm erreichte, wo er in einer Sennhütte übernachten wollte, war es schon so dunkel, daß er die Hand nicht vor den Augen sehen konnte. Da fingen die Hunde plötzlich so fürchterlich zu bellen an, daß es Per Gynt ganz unheimlich zumute wurde. Plötzlich stieß sein Fuß an etwas an, und als er es befühlte, war es kalt und groß und schlüpfrig. Da er aber nicht vom Wege abgekommen zu sein glaubte, konnte er sich gar nicht erklären, was das sein könnte; aber es kam ihm gar nicht geheuer vor.

»Wer ist denn das?« fragte Per Gynt, denn er fühlte, daß es sich bewegte.

»Ei, ich bin der Böig*, der Krumme«, lautete die Antwort. Damit war aber Per Gynt so klug wie vorher. Er ging nun daran entlang, »denn schließlich muß ich doch daran vorbeikommen«, dachte er.

Im Weitergehen stieß er plötzlich wieder mit dem Fuß an etwas, und als er es anfühlte, war es wieder kalt und groß und schlüpfrig.

* Ein gespenstisches Ungeheuer des Nordens, das sich dem Wanderer als ein unsichtbares, kaltes, schleimiges Etwas um die Füße legt.

»Wer ist das?« fragte Per Gynt.

»Ich bin der Krumme«, lautete aufs neue die Antwort.

»Ei, ob du gerade oder krumm bist, du sollst mich doch weiterlassen«, sagte Per Gynt, denn er merkte, daß er im Kreise herumging und der Krumme sich um die Sennhütte herumgeschlängelt hatte. Bei diesen Worten schob sich der Krumme ein wenig auf die Seite, so daß Per Gynt an die Sennhütte hingelangen konnte. Als er hineinkam, war es da drinnen nicht heller als draußen; er stolperte und tastete an den Wänden umher, denn er wollte seine Flinte abstellen und seine Jagdtasche ablegen. Aber während er so suchend umhertappte, fühlte er wieder das Kalte, Große und Schlüpfrige.

»Wer ist denn das nun?« rief Per Gynt.

»Ach, ich bin der große Krumme«, lautete die Antwort. Und wohin er auch faßte und wohin er den Fuß setzte, überall fühlte Per Gynt den Ring, den der Krumme um ihn gezogen hatte.

»Hier ist nicht gut sein«, dachte Per Gynt, »weil dieser Krumme ebensogut hier drinnen als draußen ist; aber ich werde diesem Ruhestörer bald ein Ende machen.« Er nahm seine Flinte, ging wieder hinaus und tastete an dem Krummen entlang, bis er den Kopf fand.

»Wer bist du denn eigentlich?« fragte er.

»Ach, ich bin der große Krumme von Etnedal«, sagte der große Troll. Da machte Per Gynt kurzen Prozeß und schoß ihm drei Kugeln mitten durch den Kopf.

»Schieß noch einmal!« rief der Krumme. Aber Per Gynt wußte es besser, denn wenn er noch einmal geschossen hätte, wäre die Kugel auf ihn selbst zurückgeprallt. Als dies getan war, faßten Per Gynt und die Hunde fest zu und zogen den großen Troll aus der Sennhütte hinaus, damit sie es sich in der Hütte bequem machen könnten. Währenddessen lachte und höhnte es von allen Bergen ringsum.

»Per Gynt zog viel, aber die Hunde zogen mehr!« ertönte es.

Am Morgen wollte Per Gynt hinaus auf die Jagd. Als er tief in die Berge hineinkam, sah er ein Mädchen, das Schafe und Ziegen über einen Berggipfel trieb. Als er aber den Gipfel erreicht hatte, war das

Mädchen mit seiner Herde verschwunden, und Per Gynt sah nichts als ein großes Rudel Bären.

»Ich habe doch noch nie Bären in Rudeln beisammen gesehen«, dachte Per Gynt. Als er aber näher kam, waren bis auf einen einzigen alle verschwunden. Da klang es von einem Berge dicht neben ihm:

»Nimm in acht den Eber dein,
Per Gynt steht draußen
Mit dem Stutzen sein!«

»Ach, dann widerfährt Per Gynt ein Unglück, nicht aber meinem Eber, denn er hat sich heute nicht gewaschen«, klang es aus dem Berge. Schnell wusch sich Per Gynt die Hände mit seinem Wasser und schoß den Bären tot. In den Bergen erhob sich ein schallendes Gelächter.

»Du hättest auf deinen Eber achtgeben sollen«, rief die eine Stimme.

»Ich habe nicht daran gedacht, daß er die Waschschüssel zwischen den Beinen hat«, erwiderte die andere.

Per Gynt zog dem Bären die Haut ab und vergrub den Körper im Geröll; aber den Kopf und das Fell nahm er mit. Auf dem Rückweg traf er mit einem Bergfuchs zusammen.

»Sieh mein Lämmchen, wie fett du bist!« rief es von einem Hügel her. »Seht nur, wie hoch Per Gynt den Stutzen trägt!« tönte es von einem andern Hügel, als Per Gynt die Flinte zum Schießen an die Wange legte und den Fuchs erschoß. Er zog auch diesem den Balg ab und nahm ihn mit; und als er an der Sennhütte ankam, nagelte er die Köpfe mit aufgesperrten Rachen außen an die Wand. Darauf machte er Feuer und stellte einen Suppentopf darüber; aber es rauchte so fürchterlich, daß Per Gynt kaum die Augen offenhalten konnte, und er mußte deshalb eine in der Wand befindliche Luke öffnen. Da kam gleich ein Troll herbei und steckte seine Nase durch die Luke herein, die Nase aber war so lang, daß sie bis an den Schornstein reichte.

»Da kannst du einmal ein ordentliches Riechhorn sehen«, sagte er.

»Und du kannst Suppe versuchen«, sagte Per Gynt und goß ihm den ganzen Topf Suppe über die Nase. Der Troll stürzte davon und jammerte laut; aber ringsum von allen Höhen lachte und spottete und ertönte es: »Suppenrüssel, Suppenrüssel!«

Hierauf war eine Weile alles still; doch dauerte es nicht lange, da erhob sich draußen wieder Lärm und Getöse. Per Gynt sah hinaus, und da erblickte er einen mit Bären bespannten Wagen; der große Troll wurde aufgeladen, und dann ging es hinauf ins Gebirge mit ihm. Während Per Gynt dem Wagen noch nachsah, wurde plötzlich ein Eimer Wasser durch den Schornstein herabgegossen; das Feuer erlosch, und Per Gynt saß im Dunkeln. Da begann es in allen Ecken zu lachen und zu spotten, und eine Stimme sagte:

»Jetzt wird es Per Gynt gerade so gehen wie den Sennerinnen in der Val-Hütte.«

Per Gynt zündete das Feuer wieder an, rief seine Hunde herbei, verschloß die Sennhütte und ging weiter nach Norden bis zu der Val-Hütte, in der die drei Sennerinnen waren.

Als er eine Strecke zurückgelegt hatte, sah er ein Feuer lodern, als wenn die ganze Val-Hütte in hellen Flammen stünde, und in demselben Augenblick stieß er auf ein Rudel Wölfe, von denen er die einen niederschoß und die anderen erschlug. Als er die Val-Hütte erreicht hatte, war es da stockfinster und von einer Feuersbrunst keine Spur zu entdecken, aber es waren vier fremde Männer in der Hütte, die die Sennerinnen belästigten; das waren vier Bergtrolle, die hießen Gust i Väre, Tron Valfjeldet, Tjöstöl Aabakken und Rolf Eldförpungen.* Gust i Väre stand vor der Tür und sollte Wache halten, während die andern bei den Sennerinnen drinnen waren und zudringlich werden wollten. Per Gynt schoß auf Gust i Väre, verfehlte ihn aber, und da lief Gust i Väre davon. Als dann Per Gynt in die Stu-

* Die Namen der vier Trolle deuten auf die vier Elemente: Väre = Luft; Fjeld = Berg, Erde; Aa = Bach, Wasser; Eid = Feuer.

be hineinkam, waren die Sennerinnen in großer Not; zwei von ihnen waren ganz außer sich vor Schrecken und flehten zu Gott um Hilfe und Rettung, die dritte aber, die man die tolle Kari nannte, hatte keine Angst. Sie sagte, sie sollten nur kommen, sie hätte wirklich Lust zu sehen, ob solche Kerle auch Schneid hätten. Als aber die Trolle merkten, daß Per Gynt im Zimmer war, fingen sie zu jammern an und sagten zu Eldförpungen, er solle Feuer anmachen. In demselben Augenblick fielen die Hunde über Tjöstöl Aabakken her und warfen ihn kopfüber auf den Herd, daß Asche und Funken umherstoben.

»Hast du meine Schlangen gesehen, Per Gynt?« fragte Tron Valfjeldet – so nannte er die Wölfe.

»Ja, und nun sollst du denselben Weg gehen wie deine Wölfe!« rief Per Gynt und erschoß ihn. Dann schlug er Tjöstöl Aabakken mit dem Flintenkolben tot; aber Eldförpungen war durch den Schornstein entflohen. Nachdem Per Gynt dieses getan hatte, begleitete er die Sennerinnen nach ihrem Dorfe, denn sie wagten nun nicht länger in der Hütte zu bleiben.

Als nun die Weihnachtszeit herankam, war Per Gynt wieder unterwegs. Er hatte von einem Hof auf Dovre gehört, wo sich am Christabend so viele Trolle einfinden sollten, daß die Bewohner flüchten und auf anderen Höfen Unterkunft suchen müßten; dieses Gehöft wollte Per Gynt aufsuchen, denn es gelüstete ihn, diese Trolle zu sehen. Er zog zerrissene Kleider an, nahm einen zahmen weißen Bären, der ihm zu eigen gehörte, sowie einen Pfriemen, etwas Pech und Draht mit. Als er den Hof erreicht hatte, ging er ins Haus hinein und bat um Obdach.

»Gott steh uns bei!« sagte der Mann. »Wir können dir kein Obdach geben, wir müssen selbst den Hof verlassen, denn an jedem Heiligen Abend wimmelt es hier von Trollen.«

Aber Per Gynt meinte, er werde das Haus schon von den Trollen säubern. So wurde ihm erlaubt dazubleiben, und er bekam eine Schweinehaut noch obendrein. Darauf legte sich der Bär hinter den Schornstein, Per holte Pech, Pfriemen und Draht hervor und machte sich daran, aus der ganzen Schweinehaut einen einzigen großen Schuh zu machen. Als Schnürband zog er einen dicken Strick hindurch, so daß er den Schuh rundherum zuschnüren konnte, und überdies hatte er noch zwei Stöcke bereit. Kaum war er fertig, da kamen die Trolle auch schon mit Fiedeln und Spielleuten dahergezogen, und die einen tanzten, die andern aßen von dem Weihnachtsessen, das auf dem Tische stand, einige brieten Speck, andere brieten Frösche und Kröten und ähnliches ekelhaftes Zeug – dieses Weihnachtsessen hatten sie selbst mitgebracht. Inzwischen bemerkten einige den von Per Gynt verfertigten Schuh. Da er für einen großen Fuß bestimmt zu sein schien, wollten die Trolle ihn anprobieren, und als jeder von ihnen einen Fuß hineingestellt hatte, zog Per Gynt den Schuh zu, zwängte einen Stock hinein und schnürte ihn so stark zu, daß alle miteinander in dem Schuh festsaßen. Aber jetzt streckte der Bär die Nase vor und schnupperte nach dem Braten hin.

»Möchtest du Kuchen haben, mein weißes Kätzchen?« fragte einer der Trolle und warf dem Bären einen noch brennend heißen gebratenen Frosch in den Rachen.

»Kratze und schlage, Meister Petz!« rief Per Gynt. Da wurde der Bär so zornig, daß er auf die Trolle losfuhr und nach allen Seiten Hiebe austeilte und sie kratzte. Und Per Gynt schlug mit dem andern Stock in den Haufen hinein, wie wenn er allen den Schädel einschlagen wollte. Da mußten die Trolle die Flucht ergreifen; Per Gynt aber blieb da und schmauste die ganze Weihnachtszeit über von dem Weihnachtsessen, und nun hörte man viele Jahre lang nichts mehr von den Trollen. Der Hofbauer aber hatte eine weiße Stute; da gab ihm Per den Rat, von dieser Stute Füllen aufzuziehen, diese dann in den Bergen herumstreifen und sich da vermehren zu lassen.

Nach vielen Jahren war die Weihnachtszeit wieder einmal vor der Tür. Der Hofbauer war im Walde und fällte Holz zum Feste. Da kam ein Troll herbei und rief ihm zu: »Hast du deine große weiße Katze noch?«

»Ja, sie liegt daheim hinter dem Ofen«, sagte der Mann, »und sie hat sieben Junge bekommen, die noch viel größer und besser sind als sie selbst.«

»Dann kommen wir nie wieder zu dir!« rief der Troll.

Peter und Paul und Esben Aschenbrödel

Es war einmal ein Mann, der hatte drei Söhne, die hießen Peter und Paul und Esben Aschenbrödel; aber weiter als die drei Söhne hatte er auch nichts in der Welt, ja, er war so arm, daß er nicht einmal einen Knopf an seinem Rock hatte, und darum sagte er oft und alle Tage zu den Burschen, sie sollten fort in die Welt und sich ihr Brot verdienen, denn zu Hause bei ihm müßten sie sich doch am Ende nur tothungern. Nun sollst du mal hören, wie zuletzt die Burschen auf Trab kamen; das ging nämlich so zu:

Nicht weit davon, wo der Mann wohnte, lag ein Königsschloß, und gerade vor den Fenstern des Königs stand eine Eiche, die war so groß und so dick, daß sie alles Licht wegnahm, so daß die Sonne nicht ins Zimmer scheinen konnte. Darum hatte der König demjenigen, der die Eiche umhauen könnte, viel Geld versprochen; aber dazu taugte keiner; denn sobald einer nur einen Span von dem Stamm abhaute, wuchs gleich wieder noch einmal soviel daran. Ferner wollte der König einen Brunnen gegraben haben, der sollte das ganze Jahr hindurch Wasser halten; denn alle Großen in seinem Reich hatten Brunnen, nur er hatte keinen, und das, deuchte dem König, wäre doch unrecht. Wer ihm nun einen solchen Brunnen graben konnte, der das ganze Jahr hindurch Wasser hielt, dem hatte er Geld und auch noch viele andere Dinge versprochen; aber keiner konnte es zustande bringen, denn das Schloß lag oben auf einem Berg, und kaum hatte man einige Zoll tief in die Erde gegraben, so kam man auf den harten Felsboden. Da sich aber der König einmal in den Kopf gesetzt hatte, daß die Sache zustande gebracht werden sollte, so ließ er zuletzt weit und breit bekanntmachen in seinem ganzen Land, daß der, welcher die große Eiche vor dem Schloß umhauen und einen Brunnen graben könnte, der das ganze Jahr hindurch Wasser hielt, die Prinzessin und das halbe Reich haben sollte.

Nun kann man sich wohl denken, daß viele kamen, um ihr Glück zu versuchen; aber was sie auch hauen und sägen und hacken und graben mochten, es half alles nichts: Die Eiche wurde bei jedem Hieb nur noch dicker, und der Felsboden wurde nicht weicher. Endlich wollten die drei Brüder auch fort und ihr Glück versuchen, und damit war der Vater zufrieden; denn bekämen sie auch nicht die Prinzessin und das halbe Reich, dachte er, so könnten sie doch wohl bei irgendeinem braven Mann in Dienst kommen, und mehr wünschte er nicht; und als darum die Brüder davon anfingen, daß sie zu dem Königsschloß wollten, sagte der Vater auch gleich ja, und darauf machten Peter und Paul und Esben Aschenbrödel sich auf den Weg. Als sie ein Ende gegangen waren, kamen sie an einem mit Tannen bewachsenen Berg vorbei, und oben da haute und haute es.

»Das wundert mich, daß es da oben auf dem Berg so haut«, sagte Esben Aschenbrödel.

»Du bist immer gleich bei der Hand mit deinem Verwundern«, sagten Peter und Paul; »ist das sonderbar, daß ein Holzhauer da auf dem Berg haut?«

»Ja, ich möchte aber doch wissen, was es ist«, sagte Esben Aschenbrödel und ging hinauf.

»Wenn du ein solcher Narr bist, so sieh zu, dann wirst du's erfahren!« riefen die Brüder ihm nach; aber Esben bekümmerte sich nicht darum, sondern ging gerade nach dem Ort hin, wo er es hauen hörte, und da sah er nun eine Axt, welche ganz allein dastand und an einer Tanne haute.

»Was stehst du hier ganz allein und haust?« fragte Esben Aschenbrödel.

»Ach, nun hab ich hier gestanden und gehaut manch lieben Tag und hab nur auf dich gewartet«, sagte die Axt.

»Gut, nun bin ich hier«, sagte Esben, trennte die Axt vom Stiel und steckte sie in seinen Schnappsack. Als er nun wieder zu seinen Brüdern kam, machten sie sich über ihn lustig und fragten: »Na, was war denn das für Schönes, was du da oben sahst?«

»Oh, es war bloß eine Axt«, sagte Esben.

Als sie nun ein Ende weitergegangen waren, kamen sie wieder zu einem Berg, und oben da hörten sie es hacken und graben.

»Das wundert mich«, sagte Esben, »ich möchte doch wohl wissen, was es ist, das da so hackt und gräbt.«

»Du bist immer gleich bei der Hand mit deinem Verwundern«, sagten Peter und Paul, »hast du denn nie die Vögel auf den Bäumen hacken und picken hören?«

»Ja, aber ich hätte doch Lust zu sehen, was es ist«, sagte Esben und bekümmerte sich nicht darum, daß die andern ihn wieder auslachten, sondern ging geradezu auf den Berg. Dort oben sah er nun eine Steinhacke, die stand da ganz allein und hackte und grub.

»Guten Tag!« sagte Esben Aschenbrödel. »Was stehst du hier ganz allein und hackst und gräbst?«

»Ach, nun hab ich hier gestanden und gehackt und gegraben manch lieben Tag und habe nur auf dich gewartet«, sagte die Hacke.

»Gut, nun bin ich hier«, sagte Esben, schlug die Hacke vom Stiel herunter, steckte sie in seinen Schnappsack und damit ging er wieder fort.

»Das war wohl was Schönes, was du da oben sahst«, sagten Peter und Paul zu ihm, als er sie wieder eingeholt hatte.

»Oh, es war nur eine Steinhacke«, sagte Esben Aschenbrödel.

Nun gingen sie ein gutes Ende weiter, bis sie endlich zu einem Bach kamen, und da nun alle drei durstig waren von der Reise, legten sie sich nieder, um zu trinken. »Mich wundert nur dieser Bach«, sagte Aschenbrödel, »ich möchte doch wohl wissen, wo das Wasser herkommt.«

»Uns wundert nur, daß du nicht recht im Kopf bist!« sagten Peter und Paul; »bist du aber noch nicht verrückt, so wirst du es wohl vor lauter Verwunderung bald werden. Hast du denn noch nie gehört, daß das Wasser aus der Erde quillt?«

»Ja, aber ich hätte doch Lust zu sehen, wo es herkommt«, sagte Esben Aschenbrödel, und damit ging er an dem Bach entlang und bekümmerte sich nicht darum, daß seine Brüder hinter ihm herriefen und ihn auslachten.

Als er nun ein weites Stück gegangen war, wurde der Bach schmäler und immer schmäler, und endlich sah er eine große Walnuß liegen, aus der sickerte das Wasser heraus.

»Guten Tag«, sagte Esben. »Was liegst du hier so allein und sickerst?«

»Ach, nun hab ich hier gelegen und gesickert manch lieben Tag und habe nur auf dich gewartet«, sagte die Walnuß.

»Gut, nun bin ich hier«, sagte Esben, nahm einen Flausch Moos und stopfte ihn in das Loch, so daß das Wasser nicht heraus konnte, und dann steckte er die Walnuß in seinen Schnappsack und ging wieder zurück zu seinen Brüdern.

»Nun hast du wohl gesehen, wo das Wasser herkommt; das sah wohl hübsch aus, kann ich mir denken«, sagten Peter und Paul.

»Oh, es war bloß ein Loch, wo es herausfloß«, sagte Esben Aschenbrödel, und die Brüder lachten und machten sich über ihn lustig; aber Esben bekümmerte sich nicht darum, sondern sagte bloß: »Ich hatte nun einmal meine Lust daran, es zu sehen.«

Als sie nun noch etwas weitergegangen waren, kamen sie zu dem Königsschloß. Aber da nun so viele Leute gehört hatten, daß sie die Prinzessin und das halbe Reich gewinnen könnten, wenn sie es zustande brächten, die große Eiche umzuhauen und einen Brunnen im Schloßhof zu graben, der immer Wasser hielt, so waren schon so viele gekommen, die ihr Glück versucht hatten, daß die Eiche noch einmal so groß und dick geworden war als vorher. Darum hatte der König nun die Strafe ausgesetzt, daß, wenn künftig einer sein Glück versuchen wollte und die Eiche nicht umhauen könnte, ihm beide Ohren abgeschnitten werden sollten, und danach sollte er auf eine Insel hinausgebracht werden, die mitten im Meer lag.

Aber die beiden Brüder ließen sich dadurch nicht abschrecken, sie meinten, sie wollten die Eiche schon umhauen, und Peter, welcher der älteste war, sollte zuerst den Versuch machen. Aber es ging ihm nicht besser als all den anderen, die vor ihm ihr Glück versucht hatten; denn für jeden Span, den er abhieb, wuchs gleich noch einmal soviel wieder nach. Da nahmen die Leute des Königs ihn beim Schlafittchen und brachten ihn hinaus auf die Insel, nachdem sie ihm vorher beide Ohren abgeschnitten hatten. Nun wollte sich Paul daranmachen; aber dem ging's um nichts besser. Als er zwei bis drei Hiebe getan hatte und die Leute sahen, daß die Eiche nur noch größer wurde, nahmen sie ihn ebenfalls beim Kragen und brachten ihn hinaus auf die Insel; ihm aber schnitten sie die Ohren noch dichter beim Kopf ab, weil er von seinem Bruder habe lernen können, vorsichtiger zu sein.

Nun wollte sich Esben Aschenbrödel daranmachen. »Möchtest du gern aussehen wie ein gezeichnetes Schaf, so wollen wir dir lieber die Ohren gleich abschneiden, dann sparst du die Mühe«, sagte der König und war gewaltig böse auf ihn wegen seiner Brüder. »Ich hätte doch Lust, erst mein Glück zu versuchen«, sagte Esben, und das durften sie ihm denn nicht verwehren. Er nahm nun seine Axt aus dem Schnappsack, steckte sie wieder auf den Stiel und sprach dann: »Hau selber!« und sogleich fing die Axt an zu hauen, daß nur die Späne so flogen, und da dauerte es nicht lange, so war die Eiche herunter. Wie das getan war, nahm Esben seine Hacke hervor, steckte sie wieder an den Stiel und sprach dann: »Grabe und hacke selbst!« und sogleich fing die Hacke an zu graben und zu hacken, daß Erde und Steine herumflogen, und da kann man sich denn wohl denken, daß der Brunnen tief genug werden mußte. Als Esben ihn so tief und so groß hatte, wie er ihn haben wollte, nahm er seine Walnuß und legte sie unten auf den Boden, dann zog er das Moos wieder aus dem Loch und sprach: »Fang nun an zu sickern!« Da fing die Walnuß an zu sickern, daß nur das Wasser so strömte, und da dauerte es nicht lange, so war der Brunnen bis an den Rand voll. So hatte nun Esben Aschenbrödel die Eiche umgehauen, die vor den

Fenstern des Königs das Licht nahm, und einen Brunnen im Schloßhof gegraben, der beständig Wasser hielt; und da bekam er die Prinzessin und das halbe Reich, so wie der König es versprochen hatte. Gut war es, daß Peter und Paul ihre Ohren verloren hatten, denn sonst hätten sie es immer und alle Tage hören müssen, daß Esben Aschenbrödel sich doch nicht so schlecht gewundert hatte.

Die Mühle, die auf dem Meeresgrund mahlt

In alten Zeiten gab es einmal zwei Brüder: der eine war reich und der andere arm. Als nun der Weihnachtsabend herankam, hatte der arme keinen Bissen zu essen im Hause, weder Fleisch noch Brot; er ging deshalb zu seinem Bruder und bat ihn im Namen Gottes um eine Kleinigkeit zu Weihnachten. Es war wohl nicht das erste Mal, daß ihm der Bruder hatte etwas geben müssen; aber er war immer etwas geizig und daher nicht sonderlich erfreut über den Besuch. »Willst du tun, was ich dir sage, dann sollst du einen ganzen Schinken bekommen«, sagte er. Ja, das wolle er gerne, sagte der arme Bruder und bedankte sich.

»Da hast du ihn, fahr nun zur Hölle damit«, sagte der Reiche und warf ihm den Schinken hin.

»Was ich versprochen habe, muß ich halten«, sagte der andere; er nahm den Schinken und machte sich auf den Weg. Dann wanderte er den ganzen Tag hindurch, bis er in der Dämmerung an ein Haus kam, aus dem es hell herausschimmerte. »Hier ist es gewiß«, dachte der Mann mit dem Schinken. Im Holzschuppen stand ein alter Mann mit einem langen weißen Bart, der zum Weihnachtsabend Holz kleinmachte.

»Guten Abend«, sagte der Mann mit dem Schinken.

»Guten Abend, wohin willst du noch so spät?« fragte der Alte.

»Ich sollte eigentlich in die Hölle, aber ich weiß nicht, ob ich auf dem rechten Weg dahin bin«, antwortete der Arme.

»Doch, du bist ganz recht gegangen, dies hier ist die Hölle«, sagte der alte Mann. »Wenn du aber nun hineinkommst, werden sie dir alle deinen Schinken abkaufen wollen, denn Schweinefleisch ist ein seltenes Gericht in der Hölle; aber du sollst ihn nicht für Geld verkaufen, sondern die alte Handmühle verlangen, die hinter der Tür steht. Wenn du dann wieder herauskommst, will ich dir zeigen, wie man die Mühle behandeln muß; die ist nämlich zu allerlei nütze«, sagte er.

Der Mann mit dem Schinken dankte für die gute Auskunft und klopfte bei dem Teufel an. Als er hineinkam, ging es, wie der alte Mann gesagt hatte; alle Teufel, die großen und die kleinen, wimmelten um ihn herum wie Ameisen, und der eine überbot immer den anderen, um den Schinken zu bekommen.

»Ich hatte freilich die Absicht, ihn mit meinem Weibe zum Christabend zu verzehren«, sagte der Mann; »da ihr jedoch so erpicht darauf seid, will ich ihn euch lassen. Aber wenn ich ihn verkaufen soll, so will ich die alte Handmühle dafür, die hinter der Tür steht.«

Der Teufel wollte die Mühle nicht gerne hergeben; er feilschte und handelte mit dem Manne, dieser aber blieb bei seiner Bedingung, und so mußte der Teufel mit der Mühle herausrücken. Als dann der Mann wieder auf den Hof herauskam, fragte er den alten Holzfäller, wie er nun die Mühle gebrauchen müsse, und als der es ihm gezeigt hatte, bedankte er sich und machte sich schnellstens auf den Heimweg. Aber sosehr er sich auch beeilte, so kam er doch erst nach Hause, als es eben in der Christnacht zwölf Uhr schlug.

»Aber wo in aller Welt bist du denn geblieben?« fragte die Frau. »Hier habe ich nun Stunde um Stunde gesessen und gewartet und habe nicht einmal zwei Stecken, die ich kreuzweise unter den Topf mit der Weihnachtssuppe hätte legen können.«

»Ach, ich konnte nicht früher kommen, denn ich hatte noch allerlei zu besorgen, und einen weiten Weg hatte ich auch. Aber jetzt sollst du mal sehen«, sagte der Mann. Er stellte die Mühle auf den Tisch und befahl ihr zu mahlen. Zuerst Lichter, dann ein Tischtuch, dann Essen und Bier und sonst allerlei Gutes zum Weihnachtsschmaus; und wie er der Mühle befahl, so mahlte diese. Seine Frau bekreuzte sich einmal ums andere und wollte wissen, wo er die Mühle herhabe, aber der Mann wollte nicht mit der Sprache heraus.

»Es ist ganz einerlei, wo ich sie herhabe. Du siehst, daß die Mühle gut ist und daß das Mahlwasser nicht einfriert«, sagte der Mann. Und so mahlte er Essen und Trinken und alle guten Sachen für die ganze Weihnachtszeit, und am dritten Tage lud er seine Freunde zu sich ein, denn er wollte ihnen ein Gastmahl geben.

Als der reiche Bruder sah, was alles zum Festmahl bereitstand, ärgerte er sich grün und gelb, weil er seinem Bruder durchaus nichts gönnte.

»Am Weihnachtsabend war er noch so bettelarm, daß er zu mir kam und mich um Gottes willen um eine Kleinigkeit bat, und jetzt hält er ein Fest, wie wenn er Graf oder König wäre«, sagte er. »Aber wo zum Satan hast du denn den Reichtum gefunden?« fragte er den Bruder.

»Hinter der Tür«, sagte der, dem die Mühle gehörte, denn er hatte keine Lust, dem Bruder Rechenschaft darüber abzulegen. Aber später am Abend, als er etwas im Kopfe hatte, konnte er sich nicht länger zurückhalten, und nun rückte er mit der Mühle heraus. »Da siehst du die Gans, die mir die goldenen Eier legt«, sagte er und ließ die Mühle bald dies, bald jenes mahlen.

Als der reiche Bruder dies sah, wollte er ihm die Mühle durchaus abkaufen, und schließlich willigte der Bruder auch ein, sie ihm zu lassen; aber dreihundert Taler müsse er ihm dafür geben, und außerdem bedingte er sich noch aus, daß er die Mühle bis zur Heuernte behalten dürfe. »Denn wenn ich sie noch so lange behalte, kann sie mir für viele Jahre Essen gemahlen haben«, dachte er.

Wie man sich wohl denken kann, wurde während dieser Zeit die Mühle nicht rostig, und als die Heuernte herankam, erhielt sie der Bruder, aber der andere hatte sich wohl gehütet, ihm zu zeigen, wie man sie behandeln mußte. Abends brachte der Reiche die Mühle nach Hause, und am nächsten Morgen befahl er seiner Frau, mit den Mähern aufs Feld hinauszugehen und das Heu hinter ihnen auszubreiten; er werde selbst für das Mittagessen sorgen, sagte er. Als nun die Mittagszeit herankam, stellte er die Mühle auf den Küchentisch. »Mahle Hering und Milchsuppe; aber schnell und viel!« sagte der Mann.

Da fing die Mühle zu mahlen an, Hering und Milchsuppe, erst alle Schüsseln und Töpfe voll, dann immer weiter, daß der ganze Küchenboden davon überschwemmt wurde. Der Mann drehte und schraubte an der Mühle, um sie abzustellen; aber wie er auch daran herumhantierte, die Mühle blieb nicht stehen, und zuletzt war die Milchsuppe in der Küche schon so hoch, daß der Mann in Gefahr war zu ertrinken. Da riß er die Stubentür auf; aber schon nach kurzer Zeit hatte die Mühle auch die Stube voll gemahlen, und nur mit knapper Not konnte der Mann in der Flut von lauter Milchsuppe noch die Türklinke finden. Als er nun die Tür aufgemacht hatte, stürzte er eiligst hinaus ins Freie, und die Flut von Hering und Milchsuppe hinter ihm her, so daß sie sich über den ganzen Hof und die Felder hinwälzte.

Indessen meinte die Frau, die das Heu auf dem Feld ausbreitete, es dauere doch gar zu lange, bis das Mittagessen fertig sei. »Wir wollen jetzt nur nach Hause gehen, wenn uns der Herr auch nicht ruft«, sagte sie zu den Mähern. »Er wird wohl die Milchsuppe nicht allein zustande bringen, und ich muß ihm helfen.« Sie zogen also langsam heimwärts; aber als sie den Hügel hinter sich hatten, wogte ihnen Hering und Milchsuppe und Brot, alles durcheinander, entgegen, und der Mann lief immer davor her. »Wollte Gott, daß jeder von euch hundert Bäuche hätte!« rief er. »Aber nehmt euch in acht, daß ihr nicht in dem Mittagessen ertrinkt.« Damit jagte er, wie vom Teufel besessen, an ihnen vorbei und hinüber zu seinem Bruder. Den bat er, um Gottes willen doch die Mühle wieder zu nehmen, und zwar augenblicklich. »Denn wenn sie noch eine einzige Stunde mahlt, dann ertrinkt das ganze Dorf in Hering und Milchsuppe«, rief er.

Der Bruder aber wollte die Mühle nicht wieder nehmen, wenn ihm der andere nicht noch dreihundert Taler dazu bezahlte, und es blieb dem Reichen nichts übrig, er mußte mit dem Gelde herausrücken. Jetzt hatte der Arme sowohl Geld als auch die Mühle, und es dauerte nicht lange, da hatte er sich ein Haus gebaut, noch viel schöner als das, in dem der Bruder wohnte. Mit der Mühle mahlte er so viel Gold zusammen, daß er die Wände ganz mit Goldplatten bekleiden konnte, und das Haus lag dicht am Meeresstrand, da konnte man es vom Meere aus schon von weitem blinken und glänzen sehen. Alle, die vorbeifuhren, hielten an, um den reichen Mann in dem goldenen Haus zu besuchen und die wunderbare Mühle zu sehen, denn sie wurde weit und breit berühmt, und es gab niemanden, der nicht davon reden gehört hätte.

Schließlich kam auch einmal ein Schiffer an, der die Mühle sehen wollte, und als er sie sah, fragte er, ob sie auch Salz mahlen könnte. »O ja, Salz kann sie auch mahlen«, sagte der Mann, dem sie gehörte; und als der Schiffer das hörte, wollte er die Mühle mit Gewalt haben, mochte sie kosten, was sie wolle. »Denn«, dachte er, »wenn ich sie hätte, brauchte ich nicht mehr über so gefährliche Meere nach Salz zu fahren.«

Anfangs wollte der Mann sie durchaus nicht hergeben; aber der Schiffer ließ nicht nach mit Bitten und Betteln, und schließlich erhielt er denn auch die Mühle für viele, viele tausend Taler.

Als der Schiffer die Mühle aufgeladen hatte, hielt er sich nicht lange auf, denn er hatte Angst, der Mann könnte wieder anderen Sinnes werden; zu fragen, wie man die Mühle behandeln müsse, dazu nahm er sich gar nicht Zeit, er brachte sie so schnell wie möglich in sein Schiff und stieß ab.

Als er eine Strecke weit aufs Meer hinausgefahren war, holte er die Mühle hervor. »Mahle Salz, aber schnell und viel!« befahl er. Nun ja, die Mühle begann, Salz zu mahlen, daß es nur so sprühte. Als das Schiff voll war, wollte der Schiffer die Mühle abstellen; aber wie er auch drehte und schraubte, die Mühle mahlte immer weiter, der Salzhaufen wurde immer größer, und schließlich sank das Schiff. Da steht nun die Mühle auf dem Meeresgrund und mahlt noch bis auf den heutigen Tag, und daher kommt es, daß das Meerwasser so salzig ist.

Von Aschenbrödel, welcher die silbernen Enten, die Bettdecke und die goldne Harfe des Trollen stahl

Es war einmal ein armer Mann, der hatte drei Söhne. Als er starb, wollten die beiden ältesten in die Welt reisen, um ihr Glück zu versuchen; aber den jüngsten wollten sie gar nicht mithaben. »Du da«, sagten sie, »taugst zu nichts anderem, als in der Asche zu wühlen!«

»So muß ich denn allein gehen«, sagte Aschenbrödel.

Die beiden gingen und kamen zu einem Königsschloß; da erhielten sie Dienste, der eine beim Stallmeister und der andere beim Gärtner. Aschenbrödel ging auch fort und nahm einen großen Backtrog mit, das war das einzige, was die Eltern hinterlassen hatten, wonach aber die anderen beiden nicht fragten; der Trog war zwar schwer zu tragen, aber Aschenbrödel wollte ihn doch nicht stehenlassen. Als er eine Zeitlang gewandert war, kam er ebenfalls zu dem Königsschloß, und dort bat er um einen Dienst. Sie antworteten ihm aber, daß sie ihn nicht brauchen könnten; da er indes so flehentlich bat, sollte er zuletzt die Erlaubnis haben, in der Küche zu sein und der Köchin Holz und Wasser zu tragen. Er war fleißig und flink, und es dauerte nicht lange, so hielten alle viel von ihm; aber die beiden anderen waren faul, und darum bekamen sie oft Schläge und wenig Lohn und wurden nun neidisch auf Aschenbrödel, da sie sahen, daß es ihm besserging.

Dem Königsschloß gerade gegenüber, an der anderen Seite eines Wassers, wohnte ein Troll, der hatte sieben silberne Enten, die auf dem Wasser schwammen, so daß man sie von dem Schloß aus sehen konnte; die hatte sich der König oft gewünscht, und deshalb sagten die zwei Brüder zu dem Stallmeister: »Wenn unser Bruder wollte, so hat er sich gerühmt, dem König die sieben silbernen Enten verschaffen zu können.« Man kann sich wohl denken, es dauerte nicht lange, so sagte der Stallmeister es dem König. Dieser sagte darauf zu Aschenbrödel: »Deine Brüder sagen, du könntest mir die silbernen Enten verschaffen, und nun verlange ich es von dir.«

»Das habe ich weder gedacht noch gesagt«, antwortete der Bursche.

»Du hast es gesagt«, sprach der König, »und darum sollst du sie mir schaffen.«

»Je nun«, sagte der Bursche, »wenn's denn nicht anders sein kann, so gib mir nur eine Metze Rocken und eine Metze Weizen; dann will ich's versuchen.«

Das bekam er denn auch und schüttete es in den Backtrog, den er von zu Hause mitgenommen hatte, und damit ruderte er über das Wasser. Als er auf die andere Seite gekommen war, ging er am Ufer auf und ab und streute und streute, und endlich gelang es ihm, die Enten in den Trog zu locken, und nun ruderte er, was er nur konnte, wieder zurück.

Als er auf die Mitte des Wassers gekommen war, kam der Troll an und ward ihn gewahr. »Bist du mit meinen sieben silbernen Enten davongereist, du?« fragte er.

»Ja-a!« sagte der Bursche.

»Kommst du noch öfter, du?« fragte der Troll.

»Kann wohl sein«, sagte der Bursche.

Als nun Aschenbrödel mit den sieben silbernen Enten zurück zu dem König kam, wurde er noch beliebter im Schloß, und der König selbst sagte, es wäre gut gemacht. Aber darüber wurden seine Brüder noch aufgebrachter und noch neidischer auf ihn und verfielen nun darauf, zum Stallmeister zu sagen, jetzt hätte ihr Bruder sich auch gerühmt, dem König die Bettdecke des Trollen mit den silbernen und goldnen Rauten verschaffen zu können, wenn er bloß wolle; und der Stallmeister war auch diesmal nicht faul, es dem König zu berichten. Der König sagte darauf zu dem Burschen, daß seine Brüder gesagt hätten, er habe sich gerühmt, ihm die Bettdecke des Trollen mit den silbernen und goldnen Rauten verschaffen zu können, und nun solle er es auch, oder sonst solle er das Leben verlieren. Aschenbrödel antwortete, das hätte er weder gedacht noch gesagt; da es aber nichts half, bat er um drei Tage Bedenkzeit.

Als die nun um waren, ruderte Aschenbrödel wieder hinüber in dem Backtrog und ging am Ufer auf und ab und lauerte. Endlich sah er, daß sie im Berge die Bettdecke heraushängten, um sie auszulüften; und als sie wieder in den Berg zurückgegangen waren, erschnappte Aschenbrödel die Decke und ruderte damit zurück, so schnell er nur konnte. Als er auf die Mitte gekommen war, kam der Troll an und ward ihn gewahr. »Bist du es, der mir meine sieben silbernen Enten genommen hat?« rief der Troll.

»Ja-a!« sagte der Bursche.

»Hast du nun auch meine silberne Bettdecke mit den silbernen und goldnen Rauten genommen?«

»Ja-a!« sagte der Bursche.

»Kommst du noch öfter, du?«

»Kann wohl sein«, sagte der Bursche.

Als er nun zurückkam mit der goldnen und silbernen Decke, hielten alle noch mehr von ihm denn zuvor, und er ward Bedienter beim König selbst. Darüber wurden die anderen beiden noch mehr erbittert, und um sich zu rächen, sagten sie zum Stallmeister: »Nun hat unser Bruder sich auch gerühmt, dem König die goldne Harfe verschaffen zu können, die der Troll hat, und die von der Beschaffenheit ist, daß jeder, wenn er auch noch so traurig ist, froh wird, wenn er darauf spielen hört.« Ja, der Stallmeister, der erzählte es gleich wieder dem König, und dieser sagte zu dem Burschen: »Hast du es gesagt, so sollst du es auch. Kannst du es, so sollst du die Prinzessin und das halbe Reich haben; kannst du es aber nicht, so sollst du das Leben verlieren.«

»Ich habe es weder gedacht noch gesagt«, antwortete der Bursche, »aber ist es wohl kein andrer Rat, ich muß es versuchen; doch sechs Tage will ich Bedenkzeit haben.«

Ja, die sollte er haben; aber als sie um waren, mußte er sich aufmachen. Er nahm nun einen Lattenspiker, einen Birkenpflock und einen Lichtstumpf in der Tasche mit, ruderte wieder über das Wasser und ging dort am Ufer auf und ab und lauerte. Als der Troll herauskam und ihn gewahr ward, fragte er: »Bist du es, der mir meine sieben silbernen Enten genommen hat?«

»Ja-a!« antwortete der Bursche.

»Du bist es, der mir auch meine Decke mit den goldnen und silbernen Rauten genommen hat?« fragte der Troll.

»Ja-a!« sagte der Bursche.

Da ergriff ihn der Troll und nahm ihn mit sich in den Berg.

»Nun, meine Tochter«, sagte er, »nun hab ich ihn, der mir meine silbernen Enten und meine Bettdecke mit den silbernen und goldnen Rauten gestohlen hat; setz ihn jetzt in den Maststall, dann wollen wir ihn schlachten und unsre Freunde bitten.«

Dazu war die Tochter sogleich bereit, und sie setzte ihn in den Maststall, und da blieb er nun acht Tage lang und bekam das beste Essen und Trinken, das er sich wünschen konnte und soviel er nur wollte.

»Geh nun hin«, sagte der Troll zu seiner Tochter, als die acht Tage um waren, »und schneide ihn in den kleinen Finger, dann werden wir sehen, ob er schon fett ist.« Die Tochter ging sogleich hin.

»Halt mal deinen kleinen Finger her!« sagte sie; aber Aschenbrödel steckte den Lattenspiker heraus, und in den schnitt sie. »Ach nein, er ist noch hart wie Eisen«, sagte die Trolltochter, als sie wieder zu ihrem Vater kam, »noch können wir ihn nicht schlachten.«

Nach acht Tagen ging es wieder ebenso, nur daß Aschenbrödel jetzt den Birkenpflock heraussteckte. »Ein wenig besser ist er«, sagte die Tochter, als sie wieder zu dem Trollen kam, »aber noch war er hart zu kauen wie Holz.« Acht Tage danach sagte der Troll wieder, die Tochter solle hingehen und zusehen, ob er jetzt nicht fett genug wäre. »Halt mal deinen kleinen Finger her!« sagte die Tochter, als sie zum Maststall gekommen war. Nun hielt Aschenbrödel den Lichtstumpf hin. »Jetzt geht's an«, sagte sie. »Haha!« sagte der Troll, »so reise ich fort, um Gäste zu bitten; mittlerweile sollst du ihn schlachten und die eine Hälfte braten und die andre Hälfte kochen.«

Als der Troll nun gereist war, fing die Tochter an, ein großes langes Messer zu schleifen.

»Sollst du mich damit schlachten?« fragte der Bursche.

»Ja, du«, sagte die Trolltochter.

»Aber es ist nicht scharf«, sagte der Bursche, »ich muß es dir nur schleifen, damit du mich desto leichter ums Leben bringen kannst.«

Sie gab ihm nun das Messer, und er fing an zu schleifen und zu wetzen.

»Laß es mich jetzt an deiner Haarflechte probieren«, sagte der Bursche, »ich glaube, es wird nun gut sein.«

Das erlaubte sie ihm denn auch; aber als Aschenbrödel die Haarflechte ergriff, bog er ihr den Kopf zurück und schnitt ihr den Hals ab – und kochte dann die eine Hälfte und briet die andere und trug es auf den Tisch. Darauf zog er die Kleider der Trolldirne an und setzte sich in die Ecke hin.

Als der Troll mit den Gästen nach Hause kam, bat er die Tochter – denn er glaubte, daß sie es wäre –, sie möchte doch auch kommen und mitessen. »Nein«, antwortete der Bursche, »ich will kein Essen haben, ich bin so betrübt.«

»Du weißt ja Rat dafür«, sagte der Troll, »nimm die goldne Harfe und spiele darauf.«

»Ja, wo ist die nun?« sagte der Bursche wieder.

»Du weiß es ja wohl, du hast sie ja zuletzt gebraucht; dort hängt sie ja über der Tür«, sagte der Troll.

Der Bursche ließ sich das nicht zweimal sagen; er nahm die Harfe und ging damit aus und ein und spielte; aber wie er so im besten Spielen war, schob er plötzlich den Backtrog hinaus ins Wasser und ruderte damit fort, daß es nur so sauste. Nach einer Weile deuchte es dem Trollen, die Tochter bliebe gar zu lange draußen, und er ging hin, sich nach ihr umzusehen; da sah er aber den Burschen in dem Trog weit weg auf dem Wasser.

»Bist du es, der mir meine sieben silbernen Enten genommen hat?« rief der Troll.

»Ja!« sagte der Bursche.

»Du bist es, der mir auch meine Decke mit den silbernen und goldnen Rauten genommen hat?«

»Ja!« sagte der Bursche.

»Hast du mir nun auch meine goldne Harfe genommen, du?« schrie der Troll.

»Ja, das hab ich«, sagte der Bursche.

»Hab ich dich denn nicht gleichwohl verzehrt?«

»Nein, das war deine Tochter, die du verzehrtest«, antwortete der Bursche.

Als der Troll das hörte, ward er so arg, daß er barst. Da ruderte Aschenbrödel zurück und nahm einen ganzen Haufen Gold und Silber mit, soviel der Trog nur tragen konnte, und als er nun damit zurückkehrte und auch die goldne Harfe mitbrachte, bekam er die Prinzessin und das halbe Reich, so wie der König es ihm versprochen hatte. Seinen Brüdern aber tat er immer wohl; denn er glaubte, sie hätten nur sein Bestes gewollt mit dem, was sie gesagt hatten.

Von dem Burschen, der zum Nordwind ging und sein Mehl zurückverlangte

Es war einmal eine alte Frau, die hatte einen Sohn, und da sie sehr schwach und elend war, sollte der Sohn für sie ins Vorratshaus gehen und Mehl zum Mittagessen holen. Als dieser nun mit dem Mehl die Stufen von dem Vorratshaus heruntergehen wollte, kam der Nordwind dahergesaust, entriß ihm das Mehl und jagte damit durch die Luft davon. Der Jung ging wieder zurück in die Vorratskammer und holte neues Mehl; als er aber wieder auf der Treppe stand, kam der Nordwind von neuem dahergesaust und entriß ihm das Mehl. Das dritte Mal ging es genau ebenso. Aber jetzt wurde der Junge zornig; er fand es sehr unrecht vom Nordwind, daß er so wütend daherbrauste, und er beschloß deshalb, den Wind aufzusuchen und sein Mehl zurückzuverlangen.

Er machte sich also auf den Weg und wanderte lange, bis er endlich zum Nordwind kam.

»Guten Tag!« sagte der Junge.

»Guten Tag!« sagte auch der Nordwind mit einer sehr rauhen Stimme. »Was willst du?«

»Ach«, sagte der Junge, »ich wollte dich nur recht schön bitten, mir mein Mehl wiederzugeben, das du mir auf der Vorratskammertreppe entrissen hast. Wir sind sehr arm, und wenn du uns noch das bißchen nimmst, was wir haben, dann müssen wir verhungern.«

»Ich habe kein Mehl«, sagte der Nordwind. »Da du aber so arm bist, will ich dir ein Tuch geben, das dir alles, was du dir nur wünschen kannst, herbeischafft. Du brauchst dann nichts weiter zu sagen als: ›Tischtuch mein, deck dich fein!‹, dann wirst du schon sehen, was geschieht.«

Der Junge war hochbeglückt über das Tuch. Aber der Weg war weit, und er konnte an demselben Tag nicht mehr nach Hause gelangen; deshalb kehrte er in einem Gasthause an der Straße ein, und als die Leute dort zu Nacht essen wollten, legte der Junge sein Tuch auf einen Tisch, der in einem Winkel stand, und sagte: »Tischtuch mein, deck dich fein!«

Kaum hatte er dies gesagt, so hatte sich das Tuch schon gedeckt. Allen Anwesenden gefiel dies ausgezeichnet; am allerbesten gefiel es aber doch der Wirtsfrau. »Wenn man dieses Tuch hätte«, dachte sie, »brauchte man sich nicht mehr mit Kochen und Backen, mit Dekken und Abdecken, mit dem Auf- und Abtragen abzuplagen.«

Als es nun Nacht war und alles im Hause in tiefem Schlafe lag, nahm sie dem Burschen das Tuch weg und legte ein anderes an dessen Stelle, das zwar dem von dem Nordwind geschenkten vollkommen ähnlich war, aber nicht einmal mit einer Hafergrütze aufwarten konnte.

Als der Junge am Morgen erwachte, nahm er sein Tuch, ging mit ihm fort und kam an diesem Tag auch glücklich bei seiner Mutter an.

»Mutter«, sagte er, »ich bin beim Nordwind gewesen; der war sehr freundlich und schenkte mir dieses Tuch hier. Ich brauche nichts weiter zu sagen als: ›Tischtuch mein, deck dich fein!‹, dann bekomme ich das herrlichste Essen, das ich mir nur wünschen kann.«

»Das wäre freilich sehr schön«, sagte die Mutter. »Aber ehe ich es sehe, glaube ich es nicht.« Der Junge zog schnell einen Tisch heran, legte sein Tuch darauf und sagte: »Tischtuch mein, deck dich fein!« Aber das Tuch deckte sich auch nicht mit dem kleinsten Stückchen Brot.

»Da bleibt mir nichts übrig, als noch einmal zum Nordwind zu gehen«, sagte der Junge. Er machte sich auch sogleich auf den Weg, und am Nachmittag erreichte er den Ort, wo der Nordwind wohnte.

»Guten Abend!« sagte der Bursche.

»Guten Abend!« sagte auch der Nordwind. »Was willst du?«

»Ich möchte gerne eine Entschädigung für das Mehl, das du mir genommen hast«, sagte der Bursche, »denn dein Tuch taugte nicht viel.«

»Ich habe kein Mehl«, sagte der Nordwind. »Aber hier hast du einen Bock, der macht lauter goldene Dukaten, sobald du nur sagst: ›Böcklein hold, mach mir Gold!‹«

Das gefiel dem Burschen gar wohl. Er hatte aber so einen weiten Weg nach Hause, daß er an demselben Tag nicht mehr hingelangen konnte, und so kehrte er wieder bei dem Gastwirt an der Straße ein. Ehe er etwas bestellte, probierte er den Bock, denn er wollte sehen, ob es mit dem, was der Nordwind gesagt hatte, auch seine Richtigkeit hätte. Jawohl, es verhielt sich genauso, wie der Nordwind gesagt hatte! Als aber der Gastwirt den Bock und das Geld sah, dachte er: »Das ist einmal ein feiner Bock!« Und als der Junge eingeschlafen war, holte der Wirt einen andern Bock herbei, der keine goldenen Dukaten machen konnte, und stellte ihn hin.

Am nächsten Morgen zog der Bursche weiter, und als er zu seiner Mutter heimkam, sagte er: »Der Nordwind ist doch ein guter Mann; jetzt hat er mir einen Bock geschenkt, der goldene Dukaten machen kann, sobald ich zu ihm sage: ›Böcklein hold, mach mir Gold!‹«

»Ach, das ist nur so ein dummes Geschwätz!« sagte die Mutter. »Ehe ich es sehe, glaube ich es nicht.«

»Böcklein hold, mach mir Gold!« rief der Bursche. Aber das, was der Bock machte, war kein Gold.

Da ging der Bursche zum dritten Mal zum Nordwind und sagte, der Bock tauge gar nichts, und er wolle Entschädigung für sein Mehl.

»Jetzt kann ich dir nichts anderes mehr geben als den alten Stock, der dort in der Ecke steht«, sagte der Nordwind. »Wenn du zu dem sagst: ›Stock, schlag drauf!‹, dann schlägt er so lange zu, bis du sagst: ›Stock, hör auf!‹«

Da der Weg gar so weit war, übernachtete der Junge auch dieses Mal wieder in dem Wirtshaus an der Straße. Da er sich aber denken konnte, wie es mit dem Tuch und dem Bock gegangen war, legte er sich gleich auf die Bank und tat, als ob er schliefe. Der Gastwirt, der sich wohl denken konnte, daß der Stock auch etwas Besonderes sei, suchte einen anderen, ähnlichen Stock hervor, und als er hörte, daß der Junge schnarchte, wollte er seinen Stock an Stelle von des Jungen Stock legen; aber in dem Augenblick, wo er den Stock ergreifen wollte, rief der Junge: »Stock, schlag drauf!«, und da hieb der Stock auf den Gastwirt los, daß dieser über Bänke und Tische sprang und schrie: »Ach, ach, bring den Stock zur Ruhe, sonst schlägt er mich noch tot! Ich will dir auch dein Tuch und deinen Bock wiedergeben!« Endlich, als der Junge meinte, jetzt habe der Gastwirt genug Schläge bekommen, sagte er: »Stock, hör auf!«

Dann steckte er das Tuch in die Tasche, nahm den Stock in die Hand, band dem Bock einen Strick um die Hörner und zog mit allem nach Hause. Da hatte er eine Entschädigung für das Mehl!

Der Bursche, der sich in einen Löwen, einen Falken und eine Ameise verwandelte

Es war einmal ein Mann, der hatte einen einzigen Sohn; aber er lebte in Armut und Elend, und als er auf dem Sterbebett lag, sagte er zu seinem Sohn, daß er nichts besitze als ein Schwert, einen Rock aus grobem Leinen und ein paar Brotkrumen; das sei seine ganze Erbschaft. Als der Vater tot war, wollte der Bursche in die Welt hinaus ziehen und sein Glück versuchen; er band sich also das Schwert um und steckte die Brotkrumen ein, denn sie wohnten tief im Walde, weit entfernt von anderen Menschen. Auf seinem Wege mußte er über einen hohen Berg, und als er so hoch hinaufgekommen war, daß er über die Hochebene hinschauen konnte, sah er einen Löwen, einen Falken und eine Ameise, die sich um ein totes Pferd stritten. Der Junge erschrak, als er den Löwen sah; dieser aber rief ihm zu, er solle herbeikommen, den Streit zwischen ihnen schlichten und das Pferd so verteilen, daß jedes erhalte, was ihm von Rechts wegen zukomme.

Der Bursche nahm sein Schwert und verteilte das Pferd, so gut er konnte; dem Löwen gab er den besten und den größten Teil, der Falke bekam von den Eingeweiden und andere kleine Stücke, die Ameise aber den Kopf, Nachdem dies getan war, sagte er: »Ich meine, nun sei es richtig geteilt: Der Löwe muß den größten Teil haben, denn er ist der größte und stärkste, der Falke das beste, denn er ist so vornehm und ein Feinschmecker, die Ameise aber die Hirnschale, denn sie kriecht in Winkel und Ecken.«

Mit dieser Teilung waren alle drei wohl zufrieden, und sie fragten, was er dafür haben wolle, daß er so gut zwischen ihnen geteilt hätte.

»Wenn ich euch einen Gefallen getan habe und ihr zufrieden seid, dann bin ich auch wohl zufrieden«, sagte er. »Bezahlung verlange ich keine dafür.«

Ja, aber etwas solle er doch annehmen, sagten sie. »Und wenn du nichts anderes willst«, sagte der Löwe, »dann seien dir drei Wünsche gewährt.«

Aber der Bursche wußte nicht, was er sich wünschen solle. Da sagte der Löwe, ob er sich denn nicht wünschen wolle, daß er sich in einen Löwen verwandeln könne, und die beiden andern fragten auch, ob er sich nicht in einen Falken und eine Ameise verwandeln möchte. Ja, das schien dem Burschen recht gut und angenehm, und so wünschte er sich das.

Rasch warf er das Schwert und das Tuch weg, verwandelte sich in einen Falken und flog davon. Er flog immer weiter, bis er über ein großes Wasser kam; aber als er weit draußen war, wurde er so müde, und die Flügel taten ihm so weh, daß er nicht mehr weiterfliegen konnte. Da sah er einen steilen, hohen Felsen mitten aus dem Wasser aufragen; auf diesem ließ er sich nieder, um auszuruhen. Nachdem er sich ausgeruht hatte, verwandelte er sich wieder in einen kleinen Falken und flog weiter, bis er am Königsschloß anlangte. Da ließ er sich auf einem Baum vor den Fenstern der Königstochter nieder. Als diese den Vogel sah, hätte sie den gar zu gerne gehabt. Sie lockte ihn heran, und als der Falke zu ihr hereingeflogen war, stand sie schon bereit, und hui! – schlug die Königstochter das Fenster zu, nahm den Vogel und setzte ihn in einen Käfig.

In der Nacht verwandelte sich der Bursche in eine Ameise und kroch aus dem Käfig heraus; nun nahm er seine natürliche Gestalt an, ging hin und setzte sich zur Königstochter. Diese erschrak sehr und schrie so laut, daß der König erwachte. Er kam herein und fragte, was es denn gebe.

»Es ist jemand hier!« rief die Prinzessin voller Angst. Aber in einem Nu war der Bursche wieder eine Ameise, kroch in den Käfig zurück und verwandelte sich in einen Falken. Der König konnte nichts entdecken, wovor man sich hätte fürchten müssen; er sagte daher zu der Königstochter, sie sei gewiß nur von einem Alpdrükken geplagt worden. Aber kaum war der König zur Tür hinaus, als sich dasselbe wiederholte. Der Bursche kroch als Ameise zum Käfig hinaus, verwandelte sich in seine natürliche Gestalt und setzte sich zu der Prinzessin. Da schrie diese wiederum laut; der König drehte sich um und fragte, was es denn wieder gebe.

»Es ist jemand hier!« rief die Prinzessin. Aber der Bursche schlüpfte wieder in den Käfig hinein und saß als Falke drinnen. Der König leuchtete überall umher, und als er nichts sah, wurde er ärgerlich, weil er um seine Nachtruhe kam. Er meinte, das sei lauter dummes Zeug, und sagte zur Prinzessin: »Wenn du noch ein einziges Mal schreist, dann sollst du sehen, daß dein Vater der König ist.«

Aber der König war kaum zur Tür hinaus, als der Bursche schon wieder bei der Prinzessin war. Diesmal schrie sie nicht, obgleich sie vor lauter Angst nicht wußte, was sie tun sollte.

Nun fragte der Bursche, wovor sie sich denn so sehr fürchte?

»Ach, ich bin einem Berggeist versprochen worden«, sagte sie, und dann erzählte sie: das erste Mal, wenn sie sich unter freiem Himmel befände, dürfe er kommen und sie holen. Als nun der Bursche gekommen sei, habe sie geglaubt, es sei der Berggeist. An jedem Donnerstagmorgen komme ein Bote von dem Berggeist; der Bote aber sei ein Drache, dem der König jedesmal neun gemästete Schweine geben müsse; deshalb habe auch der König ausrufen lassen, wer ihn von dem Drachen befreie, der solle die Königstochter und das halbe Reich bekommen.

Der Bursche sagte, das wolle er tun; und am nächsten Morgen ging die Königstochter zum König hinein und sagte, es sei einer da, der ihn von dem Drachen und dem Schweinetribut befreien wolle. Als der König dies hörte, wurde er froh, denn der Drache hatte schon so viele Schweine gefressen, daß im ganzen Königreich bald keine mehr aufzutreiben waren. Nun war es aber gerade ein Donnerstag, und so begab sich der Bursche gleich dahin, wo der Drache die Schweine in Empfang zu nehmen pflegte; der Aufseher im Königsschloß zeigte ihm den Weg.

Jawohl, der Drache kam daher, und er hatte neun Köpfe und war so wild und zornig, weil er sein Schweinefutter noch nicht hatte, daß er Feuer und Flammen spie und auf den Burschen losfuhr, als wollte er ihn lebendig verschlingen. Aber hast du nicht gesehen! Da verwandelte sich der Bursche in einen Löwen und kämpfte mit dem Drachen und riß ihm einen Kopf nach dem anderen herunter. Aber der Drache war auch stark und spie Feuer und Geifer aus. Doch schließlich hatte er nur noch einen einzigen Kopf, der war der zäheste von allen; zuletzt aber riß ihm der Bursche den auch noch ab, und dann war es aus mit dem Drachen. Nun ging der Bursche zum König; da war große Freude im ganzen Königsschloß, und der Bursche sollte die Königstocher bekommen.

Aber als sie sich eben einmal im Garten ergingen, kam der Berggeist selbst dahergestürmt; er raubte die Königstochter und entfloh mit ihr durch die Lüfte. Der Bursche wollte sofort hinter ihnen her; aber der König bat ihn, doch das nicht zu tun, denn jetzt, wo ihm die Tochter genommen sei, habe er niemanden mehr als ihn. Aber da half weder Bitten noch Befehl, der Bursche verwandelte sich in einen Falken, und fort war er. Als er aber die beiden nirgends entdecken konnte, fiel ihm plötzlich jener merkwürdig steile Felsenberg ein, auf dem er ausgeruht hatte, als er zum erstenmal geflogen war. Er flog hin, ließ sich da nieder, verwandelte sich in eine Ameise und kroch durch eine Spalte in den Berg hinein. Als er eine Weile da drinnen umhergekrochen war, kam er an eine verschlossene Tür. Aber er wußte sich zu helfen; er kroch durch das Schlüsselloch hinein; da saß eine fremde Prinzessin und lauste einen Berggeist mit drei Köpfen.

»Hier bin ich schon am rechten Platz«, dachte der Bursche, denn er hatte gehört, daß der König vorher schon zwei Töchter verloren habe, die die Trolle geholt hätten. »Vielleicht finde ich die anderen auch noch«, sagte er zu sich und kroch auch an einer zweiten Tür durchs Schlüsselloch. Da saß eine zweite fremde Prinzessin, die einen Berggeist lauste, und der hatte sechs Köpfe. Und noch einmal kroch er durch ein Schlüsselloch, da saß die jüngste Prinzessin und lauste einen Berggeist mit neun Köpfen. Jetzt kroch er ihr am Bein hinauf und biß sie; da erriet sie, daß es der Bursche sei, der mit ihr sprechen wolle, und sie fragte den Berggeist, ob sie nicht ein wenig hinausgehen dürfe. Als sie hinauskam, war der Bursche wieder in seiner rechten Gestalt, und er sagte zu der Prinzessin, sie solle den Berggeist fragen, ob sie nicht wieder von hier weg und zu ihrem Vater heimkehren könne. Hierauf verwandelte er sich aufs neue in eine Ameise und setzte sich auf ihren Fuß; sie aber ging hinein und machte sich wieder daran, den Berggeist zu lausen.

Nachdem sie dies eine Weile getan hatte, versank sie in Gedanken. »Du vergißt mich zu lausen; woran denkst du?« fragte der Troll.

»Ach, ich denke darüber nach, ob ich nie wieder von hier wegkommen und in meines Vaters Schloß zurückkehren kann«, sagte die Königstochter.

»Nein, niemals«, sagte der Berggeist. »Es sei denn, daß jemand das Sandkorn fände, das unter der neunten Zunge des neunten Kopfes von jenem Drachen liegt, dem dein Vater den Tribut bezahlt hat. Aber das findet niemand. Denn sobald dieses Sandkorn über diesen Berg kommt, bersten alle Trolle, der Berg verwandelt sich in ein goldenes Schloß und das Wasser in fruchtbare Felder.«

Als der Bursche das hörte, kroch er durch alle Schlüssellöcher und durch die Spalte im Berg wieder hinaus, verwandelte sich rasch in einen Falken und flog dahin, wo der Drache lag. Da suchte er, bis er unter der neunten Zunge des neunten Kopfes das Sandkorn fand, mit dem er davonflog. Aber als er das Wasser erreicht hatte, war er so müde, ach so müde, daß er sich heruntersinken lassen und auf einen Stein am Ufer setzen mußte. Während er da ausruhte, schlummerte er einen Augenblick ein; indessen aber fiel ihm das Sandkorn aus dem Schnabel zwischen den Ufersand. Nun mußte er drei Tage lang suchen, bis er es wiederfand. Aber als er es gefunden hatte, flog er eilig nach dem steilen Felsenberg und ließ das Sandkorn durch die Felsenspalte hineinfallen. Da barsten alle Trolle, der Berg zersprang, und nun stand ein vergoldetes Schloß da, das war das schönste Schloß von der ganzen Welt, und aus dem großen Wasser wurden die herrlichsten Äcker und die schönsten Wiesen, die man sehen konnte. Dann begaben sich alle nach dem Königsschloß, und dort war eitel Freude und Herrlichkeit. Der Bursche und die junge Königstochter durften einander heiraten, die Hochzeit wurde gehalten, und im ganzen Königreich wurde sieben volle Wochen gejubelt und geschmaust. Und wenn es ihnen nicht gutging, so wünsche ich, daß es dir noch bessergehen möge.

Aschenbrödel, der mit dem Troll um die Wette aß

Es war einmal ein Bauer, der hatte drei Söhne. Es ging ihm aber sehr kümmerlich; dazu war er alt und schwach, und die Söhne hatten keine rechte Lust zum Arbeiten. Zu dem Hof gehörte ein großer, schöner Wald, und der Vater wollte, die Söhne sollten ordentlich Holz fällen, damit sie einen Teil ihrer Schulden abbezahlen könnten.

Nach vielem Überreden brachte der Vater die Söhne auch auf die Beine, und der Älteste sollte sich zuerst ans Holzfällen machen. Als er in den Wald gekommen war und eben dabei war, eine alte, bärtige Tanne zu fällen, tauchte plötzlich ein ungeheurer Troll vor ihm auf.

»Wenn du in meinem Wald Holz fällst, bring ich dich um«, sagte der Troll.

Als der Bursche das hörte, warf er die Axt weg und lief, so schnell ihn seine Beine tragen konnten, wieder nach Hause. Ganz atemlos langte er daheim an und erzählte, was ihm begegnet war. Aber der Vater sagte, er sei ein Hasenfuß. »Als ich noch jung war, haben mich die Trolle nie am Holzfällen gehindert«, sagte er.

Am nächsten Tag begab sich der zweite Sohn in den Wald und da ging es genau ebenso. Kaum hatte er ein paar Schläge getan, als der Troll erschien und sagte: »Wenn du in meinem Wald Holz fällst, bring ich dich um.« Der Bursche wagte den Troll kaum anzusehen; er warf nur die Axt weg und lief davon, gerade wie sein Bruder. Als er daheim anlangte, meinte der Vater wieder, als er noch jung gewesen sei, habe er sich nie von den Trollen aus dem Wald verscheuchen lassen.

Am dritten Tag wollte der Nestkegel, der Aschenbrödel, sich auf den Weg machen. »Ja, du wirst das wohl zustande bringen, du, der nie vors Haus hinausgekommen ist!« riefen die Brüder. Aschenbrödel antwortete nichts darauf, sondern bat nur um einen ordentlichen Ranzen voll Mundvorrat. Die Mutter hatte zwar kein Fleisch im Haus, aber sie hängte den Kessel übers Feuer und kochte etwas für ihn; das steckte er in seinen Schnappsack und machte sich dann auf den Weg.

Als er in den Wald gekommen war und eine kleine Weile Holz gefällt hatte, kam wieder der Troll herbei und sagte: »Wenn du in meinem Wald Holz fällst, bring ich dich um.« Der Bursche aber, nicht faul, lief sogleich nach seinem Schnappsack, nahm einen weichen Käse heraus und preßte ihn in der Hand zusammen, daß der Saft herausspritzte.

»Wenn du nicht schweigst«, rief Aschenbrödel, »dann drücke ich dich so, daß das Wasser aus dir herausspritzt, wie aus diesem weißen Stein hier!«

»Ach nein, nein, verschone mich!« bat der Troll. »Ich will dir auch Holz fällen helfen.«

»Ja, wenn es so gemeint ist, will ich dir nichts tun«, sagte der Bursche. Und der Troll hieb nun drauf los, daß sie an diesem Tage viele Klafter Holz fällten.

Als es Abend wurde, sagte der Troll: »Nun kannst du mit mir nach Hause kommen, denn es ist näher zu mir als zu dir.« Der Bursche hatte nichts dagegen, und so gingen sie in die Wohnung des Trolls. Nun wollte dieser Feuer auf dem Herd anmachen, und der Bursche sollte Wasser in den Grützenkessel tragen; draußen standen zwei eiserne Kessel, die waren aber so groß und schwer, daß sie der Bursche nicht einmal aufheben konnte. Da sagte der Bursche: »Mit diesen kleinen Handeimern fange ich gar nicht erst an, da hole ich lieber gleich den ganzen Brunnen herbei.«

»Nein, nein, mein Freund«, erwiderte der Troll, »ich kann meinen Brunnen nicht entbehren. Mach du lieber Feuer an, dann will ich das Wasser herbeitragen.«

Als der Troll mit dem Wasser zurückkam, kochten sie einen großen Kessel voll Grütze. »Hör nun, wenn es dir recht ist, wollen wir um die Wette essen!« sagte Aschenbrödel.

»Ja, ja, das wollen wir!« antwortete der Troll; denn er dachte, hierin werde er es sehr gut mit dem Burschen aufnehmen können.

Sie setzten sich also zu Tisch; aber der Bursche nahm heimlich seinen Schnappsack, band sich ihn, ohne daß der Troll es wahrnahm, vorne um den Leib, und nun schüttete er mehr in den Schnappsack hinein, als er aß. Nachdem der Sack voll war, zog er sein Taschenmesser heraus und ritzte sich ein Loch in den Bauch; es war aber der Schnappsack, in den er hineinschnitt. Der Troll sah ihm zu, sagte aber nichts. Nachdem sie eine gute Weile gegessen hatten, legte der Troll den Löffel weg.

»Nein, jetzt kann ich nicht mehr«, sagte er.

»Du mußt weiter essen«, versetzte der Bursche, »ich bin erst halb satt. Mach es wie ich, schneide dir auch ein Loch in den Bauch, dann kannst du so viel essen, wie du willst.«

»Ja, aber das tut wohl schrecklich weh«, sagte der Troll.

»Oh, es ist nicht der Rede wert«, entgegnete der Bursche.

Der Troll nahm sein Messer und tat, wie ihm der Bursche gesagt hatte, und da wird wohl jedermann verstehen, daß er sein Leben einbüßte. Der Bursche aber nahm nun alles Gold und Silber, das er in dem Berge vorfand, und ging damit nach Hause. Ja, nun konnten sie leicht einen Teil ihrer Schulden abtragen.

Die drei Prinzessinnen aus Witenland

Es war einmal ein Fischer, der wohnte nicht weit vom Schloß und fischte für des Königs Tisch. Eines Tages, als er wieder auf den Fang ausgegangen war, konnte er nicht *einen* Fisch bekommen; er mochte es anfangen, wie er wollte, und noch so viel fischen und angeln, so hing doch nie eine Gräte am Haken. Als es aber schon spät am Tage war, tauchte ein Kopf aus dem Wasser hervor und sprach: »Willst du mir das geben, was deine Frau unter dem Gürtel trägt, so sollst du Fische genug haben.« Der Mann sagte gleich ja, denn er wußte nicht, daß seine Frau schwanger war. Danach bekam er aber auch Fische den Tag, soviel er nur wollte.

Als er am Abend nach Hause kam und erzählte, wie er all die Fische bekommen hatte, fing die Frau an zu jammern und zu weinen, und sagte, Gott möge ihr gnädig sein wegen des Versprechens, das der Mann getan hätte, denn sie trüge ein Kind unter dem Gürtel. Man sprach bald auf dem Schloß davon, daß die Frau des Fischers immer so betrübt sei; und als der König das hörte und die Ursache erfuhr, versprach er dem Fischer, er wolle das Kind zu sich nehmen und es zu retten suchen.

Die Zeit verstrich, und als die Frau gebären sollte, brachte sie einen Knaben zur Welt, den nahm der König zu sich und erzog ihn wie seinen eigenen Sohn. Als der Knabe nun herangewachsen war, bat er den König eines Tages, seinen Vater auf den Fischfang begleiten zu dürfen, er hätte so große Lust zu fischen, sagte er. Der König wollte anfangs nicht, aber weil der Bursche so anhaltend bat, erlaubte er es ihm endlich. Der Sohn begleitete nun seinen Vater auf den Fischfang, und alles ging den Tag über gut, bis am Abend, da sie wieder ans Land kamen. Da ward der Bursche gewahr, daß er sein Taschentuch im Boot vergessen hatte, und er wollte hingehen und es sich holen.

Kaum aber war er ins Boot gekommen, so sauste dieses mit ihm fort, daß nur das Wasser so schäumte, und wie sehr der Bursche auch rudern und arbeiten mochte, so half ihm doch alles nichts; das Boot sauste fort, bis es weit weg an ein weißes Sandufer trieb. Da ging der Bursche an Land, und wie er eine Strecke gegangen war, begegnete ihm ein alter Mann mit einem weißen Bart; den fragte der Bursche: »Wie heißt dieses Land?«

»Witenland«, antwortete der Mann; darauf fragte er den Burschen, wo er her wäre und wo er hin wolle. Als dieser es ihm gesagt hatte, sprach der Mann: »Wenn du diesen Strand entlanggehst, so kommst du zu drei Prinzessinnen, welche in die Erde gesenkt stehen, so daß nur der Kopf hervorragt. Sobald sie dich erblicken, wird die erste, welche die älteste ist, wohl rufen und dich bitten, ihr zu Hilfe zu kommen, und ebenso wird es mit der zweiten geschehen; aber zu keiner von diesen beiden sollst du hingehen; beeile dich nur, an ihnen vorüberzukommen, und tu, als ob du sie gar nicht bemerktest, aber zu der dritten sollst du hingehen und tun, um was sie dich bittet; denn es wird dein Glück sein.«

Als der Bursche nun zu der ersten von den Prinzessinnen kam, rief diese und bat ihn so flehentlich, er möchte doch zu ihr kommen; aber er ging an ihr vorüber, als ob er sie ganz und gar nicht bemerkte, ebenso auch an der zweiten, aber zu der dritten ging er hin. »Willst du tun, was ich dir sage, so sollst du haben, welche von uns dreien du willst«, sagte die Prinzessin. Ja, das wollte der Bursche gern, und nun erzählte sie ihm, daß sie hier von drei Trollen versenkt worden wären; früher aber hätten sie auf dem Schloß gewohnt, das er dort drüben im Walde sehen könne.

»Nun mußt du«, sagte sie, »in das Schloß gehen und dich von den Trollen eine Nacht für jede von uns peitschen lassen; kannst du das aushalten, so errettest du uns.«

Ja, antwortete der Bursche, er wollt's versuchen.

»Wenn du in das Schloß gehst«, sagte die Prinzessin weiter, »so stehen da zwei Löwen in der Pforte, aber gehe nur mitten zwischen ihnen hindurch, so tun sie dir nichts. Gehe dann geradeaus in ein kleines Zimmer, und da lege dich nieder. Dann kommt der Troll an und schlägt dich; aber wenn er dich genug geschlagen hat, so wasche dich nur mit dem Wasser aus der Flasche, die dort an der Wand hängt, dann wirst du sogleich wieder gesund, und danach nimm das Schwert, das neben der Flasche hängt, und töte damit den Troll.«

Ja, der Bursche tat, wie die Prinzessin ihm gesagt hatte: Er ging mitten zwischen den Löwen hindurch, als ob er sie gar nicht beachte, schritt dann geradeaus in die kleine Kammer, und da legte er sich nieder. Die erste Nacht kam ein Troll mit drei Köpfen und drei Ruten und peitschte den Burschen gottsjämmerlich; aber dieser hielt alles ruhig aus, bis der Troll fertig war; da nahm der Bursche die Flasche und wusch sich damit die Wunden, ergriff dann das Schwert und haute dem Troll den Kopf ab. Als er nun am anderen Morgen zu den Prinzessinnen kam, standen diese bis an den Gürtel über der Erde.

Die zweite Nacht ging es ebenso; aber der Troll, welcher jetzt kam, hatte sechs Köpfe und sechs Ruten und peitschte ihn noch weit ärger als der vorige. Als aber der Bursche am Morgen zu den Prinzessinnen kam, standen diese nur noch bis ans Schienbein in der Erde.

In der dritten Nacht kam ein Troll, der hatte neun Köpfe und neun Ruten und schlug und peitschte den Burschen so lange, bis dieser zuletzt ohne Bewußtsein umfiel. Da nahm ihn der Troll und warf ihn gegen die Wand, aber bei der Gelegenheit fiel die Flasche herunter und bespritzte den Burschen über und über, so daß er augenblicklich wieder gesund ward. Er nun nicht faul, ergriff das Schwert und hieb damit dem Troll den Kopf ab; und als er darauf am Morgen zu den Prinzessinnen kam, standen diese mit dem ganzen Leibe über der Erde. Nun heiratete er die jüngste von ihnen und wurde darauf König und lebte glücklich und zufrieden mit ihr eine lange Zeit.

Da bekam er einmal so große Lust, wieder nach Hause zu reisen und seine Eltern zu besuchen. Das gefiel aber der Königin, seiner Gemahlin, gar nicht; weil er aber nun durchaus fort wollte und mußte, sagte sie ihm: »Eins mußt du mir jedoch versprechen, daß du nämlich bloß das tun willst, um was dein Vater dich bittet, aber nicht das, um was deine Mutter dich bittet«, und das versprach er ihr denn auch. Darauf gab sie ihm einen Ring, der hatte die Eigenschaft, daß der, welcher ihn am Finger trug, zwei Wünsche tun konnte. Er wünschte sich nun nach Hause, und als die Eltern ihn sahen, konnten sie sich nicht genug darüber verwundern, wie stattlich und prächtig er aussah.

Als er nun einige Tage zu Hause gewesen war, wollte seine Mutter, er sollte aufs Schloß gehen und dem König zeigen, was für ein Mann aus ihm geworden sei. Der Vater aber sagte: »Nein, das soll er nicht; denn alsdann können wir nicht länger die Freude haben, ihn bei uns zu sehen.« Aber es half nichts; die Mutter bat und quälte ihn so lange, bis er endlich ging. Als er nun aufs Schloß kam, war er weit stattlicher an Kleidern und in allem als der andre König; das war diesem nun gar nicht recht, und er sagte daher: »Ja, aber nun sollst du meine Gemahlin sehen; ich glaube nicht, daß deine so schön ist wie meine.«

»Gott gäbe, sie stände hier, so solltest du es sehen!« sagte der junge König, und sogleich stand sie da; aber sie war sehr betrübt und sagte: »Warum hast du mir nicht gehorcht und nur auf das gehört, was dein Vater dir sagte? Nun muß ich wieder fort, und du hast keine Wünsche mehr.« Darauf knüpfte sie ihm einen Ring ins Haar, worauf ihr Name stand, und wünschte sich wieder nach Hause.

Da ward der junge König sehr betrübt und dachte an nichts anderes, als wie er nur wieder zu seiner Gemahlin kommen sollte. »Ich muß sehen, ob ich nicht irgendwo erfahren kann, wo Witenland liegt«, dachte er und begab sich auf den Weg. Als er ein Ende gegangen war, begegnete ihm einer, der war Herr über alle Tiere im Walde, und sie kamen zu ihm, wenn er nur in sein Horn blies; den fragte der König nach Witenland. »Ich weiß nicht, wo es liegt«, sagte der Mann, »aber ich will meine Tiere fragen.« Darauf blies er sie herbei und fragte, ob nicht einer von ihnen wüßte, wo Witenland läge; aber das wußte keiner.

Da gab der Mann ihm ein Paar Schneeschuhe. »Wenn du sie anhast«, sagte er, »kommst du zu meinem Bruder, der über hundert Meilen weit von hier wohnt; der ist Herr über alle Vögel in der Luft, du kannst ihn fragen. Wenn du aber dort angekommen bist, so kehre die Schuhe nur um, so daß die Spitze nach hier wendet, dann gehen sie von selbst wieder nach Hause.« Als der König nun an Ort und Stelle gekommen war, kehrte er die Schneeschuhe um, wie der Herr über die Tiere ihm gesagt hatte, und darauf gingen sie von selbst wieder nach Hause.

Er fragte nun wieder nach Witenland, und der Mann blies alle Vögel herbei und fragte sie, ob nicht einer von ihnen wüßte, wo Witenland läge. Nein, das wußte wieder keiner. Lange nach den anderen Vögeln kam auch noch ein alter Adler, der zehn Jahre lang in der Fremde gewesen war, aber der wußte es auch nicht. »Nun«, sagte der Mann, »dann will ich dir ein Paar Schneeschuhe leihen; wenn du die anhast, kommst du zu meinem Bruder, der hundert Meilen weit von hier wohnt; er ist Herr über alle Fische im Meer, du mußt den fragen; vergiß aber nicht, die Schuhe wieder umzukehren, wenn du dort angekommen bist.« Der König dankte dem Mann und legte die Schuhe an. Als er nun zu dem gekommen war, der Herr über alle Fische im Meer war, kehrte er die Schuhe wieder um, worauf diese ebenso wie die anderen wieder nach Hause gingen.

Der König fragte nun wieder nach Witenland. Da blies der Mann alle Fische herbei; aber auch von ihnen wußte keiner Bescheid. Endlich kam ein alter, alter Hecht; der Mann hatte viel Mühe, ihn herbeizublasen, und als er ihn nach Witenland fragte, antwortete der Hecht: »Ja, da bin ich gut bekannt; denn ich bin da zehn Jahre lang Koch gewesen. Morgen soll ich wieder dahin; denn die Königin, die ihren Gemahl verloren hat, macht morgen wieder Hochzeit.«

»Wenn es sich so verhält, so will ich dir einen guten Rat geben«, sagte der Mann. »Hier draußen auf einem Erlenmoor stehen drei

Brüder, die haben da schon hundert Jahre gestanden und sich um einen Hut, einen Mantel und ein Paar Stiefel gebalgt. Wenn einer die drei Dinge hat, so kann er sich unsichtbar machen und sich so weit weg wünschen als er will. Du kannst sagen, du wolltest die Sachen probieren und nachher zwischen ihnen das Urteil sprechen.« Der König dankte dem Mann und tat, wie er ihm gesagt hatte. »Was steht ihr hier beständig und balgt euch?« sagte er, als er zu den drei Brüdern gekommen war. »Laßt mich die Dinge probieren, dann will ich das Urteil zwischen euch sprechen.« Ja, das wollten sie gern. Als er aber den Hut, den Mantel und die Stiefel bekommen hatte, sagte er: »Wenn wir uns das nächste Mal wiedersehen, sollt ihr das Urteil erfahren«, und damit wünschte er sich fort.

Als er durch die Luft fuhr, traf er mit dem Nordwind zusammen. »Wo willst du hin?« fragte ihn der Nordwind. »Nach Witenland«, sagte der König und erzählte ihm, was ihm begegnet war. »Ja, du fährst wohl etwas schneller als ich«, sagte der Nordwind, »ich muß nun in jeden Winkel und wehen und pusten. Wenn du aber an Ort und Stelle kommst, so stelle dich nur auf die Treppe neben der Tür hin; dann werde ich gesaust kommen, als wollte ich das ganze Schloß umwehen. Wenn dann der Prinz, der deine Gemahlin haben soll, herauskommt und sehen will, was es gibt, so faß ihn nur beim Kragen und wirf ihn hinaus; dann will ich schon zusehen, wie ich ihn fortschaffe.«

Ja, der König tat, wie ihm der Nordwind gesagt hatte: Er stellte sich auf die Treppe hin, und als der Nordwind gesaust und gebraust kam und einen Griff ins Schloßdach tat, so daß es bebte und krachte, ging der Prinz hinaus und wollte sehen, was es gab. Aber in demselben Augenblick ergriff der König ihn beim Kragen und warf ihn hinaus. Da nahm ihn der Nordwind und fuhr mit ihm davon. Als der König so mit guter Manier den Prinzen losgeworden war, ging er ins Schloß. Anfangs erkannte die Königin ihn nicht, weil er durch das lange Wandern und seinen heftigen Kummer so bleich und mager geworden war. Als er ihr aber den Ring zeigte, ward sie herzlich froh; und nun wurde mit großem Jubel erst die rechte Hochzeit gefeiert.

Aase, das kleine Gänsemädchen

Es war einmal ein König, der hatte so viele Gänse, daß er eine besondere Hirtin dafür halten mußte; sie hieß Aase, und man nannte sie nur Aase, das Gänsemädchen. Nun aber kam ein Königssohn von England, der auf die Brautschau auszog, in das Land, und da setzte sich Aase ihm in den Weg.

»Was sitzt du hier, kleine Aase?« fragte der Königssohn.

»Ich sitze hier, stopfe Loch um Loch und setze Lappen auf Lappen, denn ich erwarte heute den Königssohn aus England.«

»Den kannst du nicht bekommen«, sagte der Prinz.

»Wenn ich ihn haben soll, dann bekomme ich ihn auch«, sagte die kleine Aase.

Nun wurden Maler nach allen Ländern und Reichen ausgesandt, die sollten die schönsten Prinzessinnen malen, und dann wollte der Königssohn sich eine als Gattin auswählen. Eine von ihnen gefiel ihm ausgezeichnet; er reiste also dorthin und freite um sie, und als sie ihm ihr Jawort gegeben hatte, war er überaus froh und vergnügt.

Nun hatte der Prinz einen Stein; wenn er den vor sein Bett legte, sagte der ihm alles, was er wissen wollte. Als nun die Prinzessin ankam, sagte Aase, das Gänsemädchen, zu ihr, wenn sie schon früher einen Geliebten gehabt oder vor dem Prinzen irgend etwas zu verheimlichen habe, dürfe sie nicht über den Stein wegschreiten, der vor des Prinzen Bett liege. »Denn der sagt ihm alles von dir«, sagte Aase.

Als die Prinzessin dies hörte, wurde ihr angst und bange, und sie bat die kleine Aase, sich doch am Abend an ihrer Statt zu dem Prinzen ins Bett zu legen; wenn der Prinz dann schlafe, wollten sie wechseln, so daß er die Rechte bei sich habe, wenn er am Morgen erwache. Gesagt, getan; als dann das Gänsemädchen ins Zimmer hereinkam, über den Stein wegschritt und der Prinz fragte: »Wer ist es, der in mein Bett steigt?« sagte der Stein: »Eine Jungfrau rein und keusch«, und darauf legten sie sich schlafen. In der Nacht aber kam die Prinzessin und legte sich an Aases Stelle. Aber am Morgen, als sie aufstanden, fragte der Prinz den Stein wieder: »Wer ist es, der aus meinem Bett steigt?« Da sagte der Stein: »Eine, die schon dreimal einen Geliebten gehabt hat.« Als der Prinz dies hörte, wollte er natürlich nichts mehr von ihr wissen, sondern schickte sie wieder nach Hause und nahm sich eine andere Braut.

Als nun der Prinz diese Braut besuchen wollte, setzte sich das kleine Gänsemädchen Aase ihm wieder in den Weg.

»Was sitzt du hier, kleine Aase?« fragte der Prinz.

»Ich sitze hier, stopfe Loch um Loch und setze Lappen auf Lappen, denn ich erwarte heute den Königssohn von England«, sagte Aase.

»Ach, den kannst du nicht bekommen«, sagte der Königssohn.

»Doch, und wenn ich ihn haben soll, dann bekomme ich ihn auch«, sagte die kleine Aase.

Mit dieser Prinzessin ging es ebenso wie bei der ersten, nur mit dem Unterschied, daß der Stein, als ihn der Prinz am Morgen befragte, zur Antwort gab, sie habe schon sechsmal einen Geliebten gehabt. Da wollte der Prinz auch von ihr nichts mehr wissen, sondern jagte sie aus dem Hause. Aber er dachte, er wolle es doch noch einmal versuchen, ob es ihm nicht doch gelinge, eine reine und keusche Jungfrau zu finden. Er suchte nun weit und breit in vielen Ländern, bis er eine fand, die ihm gut gefiel. Aber als er zu ihr gehen wollte, setzte sich die kleine Gänsemagd Aase ihm wieder in den Weg.

»Was sitzt du hier, kleine Aase?« fragte der Prinz.

»Ich sitze hier, stopfe Loch um Loch und setze Lappen auf Lappen, denn ich erwarte heute den Königssohn von England«, antwortete Aase.

»Den kannst du nicht bekommen«, sagte der Prinz.

»O doch, und wenn ich ihn haben soll, dann bekomme ich ihn auch«, sagte die kleine Aase.

Als nun die Prinzessin kam, sagte das Gänsemädchen Aase ganz dasselbe zu ihr, was sie zu den andern gesagt hatte: wenn sie schon einen Liebsten gehabt oder sonst etwas vor dem Prinzen zu verheimlichen habe, dürfe sie nicht auf den Stein treten, der vor des Prinzen Bett liege. »Denn der sagt ihm alles von dir«, sagte Aase.

Als die Prinzessin das hörte, erschrak sie sehr, aber sie war ebenso verschlagen wie die beiden anderen und bat Aase, sich am Abend statt ihrer zu dem Prinzen ins Bett zu legen, und wenn der Prinz eingeschlafen sei, wollten sie dann den Platz wechseln, so daß der Prinz am Morgen beim Aufwachen die Rechte bei sich habe. Gesagt, getan. Als nun die kleine Aase auf den Stein trat, fragte der Prinz:

»Wer ist es, der in mein Bett steigt?« Da antwortete der Stein:

»Eine Jungfrau, rein und keusch«, und darauf legten sie sich schlafen.

In dieser Nacht aber steckte der Prinz einen Ring an Aases Finger, der war so eng, daß sie ihn nicht wieder herunterziehen konnte, denn der Prinz merkte allmählich, daß nicht alles mit rechten Dingen zuging; deshalb wollte er ein Zeichen haben, an dem er die Rechte wiedererkennen könnte. Als der Prinz eingeschlafen war, kam die Prinzessin, jagte Aase in den Gänsestall und legte sich selbst an ihre Stelle. Aber am Morgen, als sie aufstehen wollten und der Prinz wieder fragte: »Wer ist es, der aus meinem Bett steigt?« antwortete der Stein: »Eine, die neun gehabt hat.« Als aber der Prinz das hörte, wurde er so zornig, daß er die Prinzessin auf der Stelle davonjagte. Dann fragte er den Stein, wie es sich denn mit den Prinzessinnen verhalte, die über ihn weggeschritten seien, er verstehe es ganz und gar nicht.

Nun erzählte der Stein, wie sich die Sache verhielt, daß die Prinzessinnen ihn angeführt hätten und das kleine Gänsemädchen Aase an ihrer Stelle gelegen habe. Der Prinz wollte es nicht glauben, er ging deshalb hinaus aufs Feld, wo Aase die Gänse hütete, denn er wollte sehen, ob sie den Ring hätte. »Wenn sie ihn hat«, dachte er, »dann wäre es wohl am besten, ich machte sie gleich zur Königin.«

Als er zu ihr aufs Feld hinauskam, sah er gleich, daß sie einen Finger mit einem Lappen verbunden hatte; und so fragte er, warum sie das getan habe. »Ich habe mich in den Finger geschnitten«, sagte das kleine Gänsemädchen Aase. Der Prinz wollte nun durchaus den Finger sehen; aber als Aase ihn zurückziehen wollte, ging der Lappen ab, und nun erkannte der Prinz sogleich seinen Ring. Er nahm Aase mit aufs Schloß, gab ihr schöne Kleider und köstliche Geschmeide, und dann wurde Hochzeit gefeiert. So bekam Aase, das kleine Gänsemädchen, doch den Königssohn aus England, und zwar nur, weil es bestimmt gewesen war, daß sie ihn haben sollte.

Der weiße Bär König Valemon

Es war einmal ein König, der hatte zwei Töchter, die waren sehr häßlich und bösartig, aber die dritte war so freundlich und hold wie der helle Tag, und der König und alle Leute waren ihr von Herzen gut. Da geschah es, daß diese Tochter einmal von einem goldenen Kranz träumte, der so schön war, daß sie vermeinte, nicht mehr ohne ihn leben zu können. Da sie ihn aber nicht bekommen konnte, wurde sie ganz schwermütig und wollte vor lauter Kummer mit keinem Menschen mehr sprechen. Als nun der König erfuhr, daß sie sich so sehr um den goldenen Kranz grämte, ließ er den Kranz, den die Königstochter im Traum gesehen hatte, genau aufzeichnen und dann an die Goldschmiede in allen Landen einen Aufruf ergehen, ob einer von ihnen einen solchen Kranz herzustellen vermöchte. Die Goldschmiede arbeiteten Tag und Nacht; aber von allen den verfertigten Kränzen warf die Königstochter die einen weg, und die anderen wollte sie gar nicht einmal ansehen.

Da geschah es eines Tages, daß sie im Wald spazierenging, und da sah sie einen weißen Bären, der hielt den Kranz, von dem sie geträumt hatte, zwischen den Tatzen und spielte damit. Nun wollte die Prinzessin den Kranz kaufen. Nein, erwiderte der Bär, für Geld sei er ihm nicht feil, sondern nur, wenn er die Königstochter selbst bekomme. – Nun ja, das Leben habe ohne den Kranz keinen Wert mehr für sie, sagte die Prinzessin. Es sei ihr einerlei, wohin sie komme und wer sie bekomme, wenn sie nur den Kranz haben dürfe. Darauf kamen die beiden überein, daß er sie in drei Tagen holen solle, und dieser Tag war ein Donnerstag.

Als die Königstochter mit dem Kranz heimkam, freuten sich alle sehr darüber, weil sie sahen, daß auch die Prinzessin wieder vergnügt war, und der König meinte, mit einem weißen Bären fertig zu werden, das könne doch wohl nicht so sehr schwer sein; und am dritten Tage wurde die gesamte Kriegsmacht aufgeboten und rings um das Schloß aufgestellt, den Bären in Empfang zu nehmen. Als aber der weiße Bär ankam, konnte ihn niemand überwinden, denn keine Waffe konnte ihm etwas anhaben; er schlug nur nach rechts und links aus und streckte die Soldaten haufenweise zu Boden. Schließlich wurde es dem König doch zu bunt, und er schickte die älteste Tochter hinaus; der Bär nahm sie auf den Rücken und eilte mit ihr davon.

Als sie eine große Strecke zurückgelegt hatten, begann der weiße Bär zu sprechen.

»Hast du je weicher gesessen und je klarer gesehen?« fragte er.

»Ja, auf dem Schoß meiner Mutter habe ich weicher gesessen und in dem Schloß meines Vaters habe ich klarer gesehen«, antwortete sie.

»Dann bist du nicht die rechte«, sagte der weiße Bär und jagte sie wieder nach Hause.

Am nächsten Donnerstag kam der Bär wieder, und da ging es ganz so zu wie das erste Mal. Die Kriegsmacht wurde aufgeboten und sollte dem weißen Bären entgegentreten. Aber weder Eisen noch Stahl konnten ihm etwas anhaben; und dann schlug er die Soldaten wie Grashalme nieder, daß der König ihn bitten mußte, doch aufzuhören. Nun schickte er seine zweite Tochter hinaus; die nahm der Bär auf den Rücken und trottete mit ihr davon. Nachdem sie eine große Strecke zurückgelegt hatten, begann der weiße Bär zu sprechen.

»Hast du je klarer gesehen und hast du je weicher gesessen?« fragte er.

»Ja«, antwortete sie. »In meines Vaters Schloß habe ich klarer gesehen und auf dem Schoß meiner Mutter habe ich weicher gesessen.«

»Dann bist du nicht die rechte«, sagte der Bär und jagte sie wieder nach Hause.

Am dritten Donnerstag kam er abermals. Da schlug er noch härter drein als die beiden ersten Male, der König aber wollte nicht seine ganze Kriegsmacht erschlagen lassen, und so gab er ihm denn in Gottes Namen seine dritte Tochter hin. Der Bär nahm sie auf den Rücken und trottete mit ihr davon. Es ging weiter und immer weiter, tief in den Wald hinein, und schließlich fragte der Bär auch diese Königstochter wie die beiden anderen, ob sie je weicher gesessen und ob sie je klarer gesehen hätte.

»Nein, niemals«, antwortete sie.

»Ja, du bist die rechte«, sagte er.

Schließlich erreichten sie ein Schloß, das war so prächtig, daß das Schloß ihres Vaters im Vergleich dazu nur eine ganz ärmliche Hütte war. Da sollte die Prinzessin wohnen und es sich wohl sein lassen, und sie sollte nichts anderes zu tun haben, als gut achtzugeben, daß das Feuer auf dem Herd nicht verlösche. Der Bär war am Tage fort, aber bei Nacht war er bei ihr, und da war er ein Mensch. Drei Jahre lang ging alles ausgezeichnet gut. Sie bekam jedes Jahr ein Kind; aber das nahm der Bär gleich weg und brachte es fort, sobald es zur Welt gekommen war. Da wurde die Königstochter immer trauriger, und sie flehte ihn an, sie doch wieder zu ihren Eltern zurückkehren zu lassen. Ja, dem stehe nichts im Wege, meinte der Bär, aber vorher müsse sie ihm etwas versprechen. Sie dürfe das, was der Vater zu ihr sage, wohl befolgen, aber nicht das, was die Mutter sie heiße, sagte er.

Die Königstochter kam also nach Hause, und als die Eltern allein mit ihr waren und sie erzählte, wie es ihr gehe, wollte die Mutter ihr ein Licht mitgeben, damit sie sehen könne, wie ihr Mann aussehe. Aber der Vater sagte, nein, das solle sie nicht tun. »Es bringt dir nur Schaden und keinen Nutzen«, sagte er. Aber wie es nun auch zugegangen sein mochte: Als die Königstochter abreiste, hatte sie das Lichtstümpfchen bei sich; und kaum war der Bär, der nachts ein Mensch war, eingeschlafen, da zündete sie die Kerze an und beleuchtete ihn: Er war so schön, daß sie sich nicht satt sehen konnte; aber während sie das Licht über ihn hielt, fiel ein heißer Talgtropfen auf seine Hand, und er erwachte.

»Ach, was hast du getan!« rief er. »Nun hast du uns beide unglücklich gemacht. Nur noch einen einzigen Monat hättest du aushalten müssen, dann wäre ich erlöst gewesen, denn ein Trollweib hat mich verhext, daß ich bei Tag ein weißer Bär sein muß. Aber nun ist es aus zwischen uns, jetzt muß ich hin zu ihr und sie heiraten.«

Die Königstochter bat und flehte; aber er mußte fort und durfte nicht bleiben. Da fragte sie ihn, ob sie ihn nicht wenigstens begleiten dürfe. Ach nein, das gehe nicht an, sagte er; aber als er in seiner Bärenhaut forttrottete, faßte sie nach seinen Zotteln, schwang sich auf seinen Rücken und klammerte sich fest an ihn. Nun ging es über Berg und Tal, über Stock und Stein, daß ihr die Kleider vom Leibe gerissen wurden und sie schließlich so todmüde war, daß sie das Bärenfell losließ und das Bewußtsein verlor. Als sie erwachte, fand sie sich in einem großen Wald; sie wanderte fort, weiter und weiter, und wußte nicht, wo sie war. Schließlich gelangte sie an eine Hütte, in der zwei Leute waren, eine alte Frau und ein hübsches kleines Mädchen. Die Königstochter fragte die beiden, ob sie nichts von dem weißen Bären König Valemon gesehen hätten.

»O ja, heute morgen in aller Frühe ist er hier vorbeigekommen; aber er lief so schnell, daß du ihn sicher nicht erreichen kannst«, sagten sie.

Das kleine Mädchen hüpfte umher und spielte mit einer goldenen Schere, die so beschaffen war, daß seidene und samtene Stoffe um sie her flogen, sobald sie mit der Schere durch die Luft schnitt. Wo diese Schere war, da war nie Mangel an Kleidern.

»Aber die Frau, die auf so weiten und schlechten Wegen wandern muß«, sagte das kleine Mädchen, »hätte die Schere viel nötiger als ich, um sich Kleider durch sie zu verschaffen.« Und dann fragte das kleine Mädchen die Königstochter, ob es ihr nicht die Schere schenken dürfe. Doch, sagte die Königstochter, sie nehme sie gerne an.

Hierauf wanderte die Königstochter den ganzen Tag und die ganze Nacht hindurch immer weiter durch den Wald, der gar kein Ende nehmen wollte, und am nächsten Morgen gelangte sie wieder an eine Hütte. In dieser fand sie auch zwei Leute, eine alte Frau und ein kleines Mädchen.

»Guten Tag«, sagte die Königstochter. »Habt ihr den weißen Bären König Valemon nicht gesehen?«

»Bist du vielleicht die Königstochter, die ihn hätte heiraten sollen?« fragte die Frau; und als die Königstochter es bejahte, fuhr sie fort: »Ja, gestern kam er hier vorbei, aber er lief so schnell, daß du ihn nie und nimmer einholen wirst.«

Das kleine Mädchen lief in der Stube umher und spielte mit einer Flasche. Diese Flasche war aber derart, daß sie alles einschenkte, was man nur haben wollte; und wer sie hatte, mußte nie Durst leiden.

»Aber die arme Frau, die auf schlechten Wegen so weit wandern muß, wird wohl sehr durstig werden und allerlei Schweres erdulden müssen, und sie wird diese Flasche besser brauchen können als ich«, sagte das kleine Mädchen; und dann fragte es die Königstochter, ob es ihr nicht die Flasche schenken dürfe. O ja, das dürfe es, sagte die Königstochter.

Sie bekam also die Flasche, bedankte sich dafür und wanderte den ganzen Tag und die Nacht hindurch immer in demselben Wald weiter. Am dritten Morgen kam sie wieder an eine Hütte, in der auch eine alte Frau mit einem kleinen Mädchen war.

»Guten Tag«, sagte die Königstochter.

»Guten Tag«, sagte auch die alte Frau.

»Habt ihr den weißen Bären König Valemon nicht gesehen?« fragte sie.

»Vielleicht bist du das Mädchen, das ihn hätte heiraten sollen?« fragte die Frau; und nachdem die Königstochter das bejaht hatte, fuhr die Alte fort: »Ja, er kam gestern abend hier vorüber, aber er lief so schnell, daß du ihn nie und nimmer einholen kannst«, sagte sie.

Das kleine Mädchen spielte auf dem Boden mit einem Tuch, das war derart, daß man nur zu ihm zu sagen brauchte: »Tüchlein mein, deck dich fein!«, dann war es sofort geschehen; und wo dieses Tuch war, fehlte es nie an köstlichen Speisen.

»Aber diese arme Frau, die auf so schlechten Wegen so weit wandern muß«, sagte das kleine Mädchen, »muß vielleicht hungern und viel anderes Ungemach erdulden, sie wird deshalb das Tuch besser brauchen können«; und dann fragte es die Königstochter, ob es ihr nicht das Tuch schenken dürfe. Doch, das dürfe es wohl, antwortete diese.

Die Königstochter nahm das Tuch, bedankte sich schön und wanderte dann immer weiter und weiter, immer durch den großen, dunklen Wald, den ganzen Tag und die ganze Nacht hindurch, und am Morgen kam sie vor eine Felswand, die war so hoch und breit, daß sie gar nicht bis ans Ende sehen konnte. Davor aber war wieder eine Hütte, und als die Königstochter eintrat, waren ihre ersten Worte:

»Guten Tag, wißt ihr nicht, ob der weiße Bär König Valemon diesen Weg genommen hat?«

»Guten Tag«, sagte die Frau. »Du bist vielleicht das Mädchen, das er hatte heiraten wollen?« fragte sie; und als die Königstochter es bejaht hatte, fuhr sie fort: »Ja, vor drei Tagen ist er hier vorbeigekommen und über den Berg hinüber weitergezogen, aber ohne Flügel kann niemand hinübergelangen.«

In dieser Hütte waren viele kleine Kinder, die alle der Mutter am Rock hingen und um etwas zu essen bettelten. Die Frau setzte einen mit kleinen, runden Kieseln gefüllten Suppentopf aufs Feuer. Die Königstochter fragte, was sie denn damit wolle. Ach, sie seien so arm, sagte die Frau, daß sie weder Essen noch Kleider hätten, und es tue ihr so weh, wenn sie die Kinder um Brot betteln höre; aber wenn sie den Topf mit den Kieselsteinen aufs Feuer setze und sage: »Jetzt sind die Kartoffeln bald fertig«, so sei es, wie wenn der Hunger etwas betäubt würde, und die Kinder geduldeten sich eine Weile. Natürlich dauerte es nun nicht lange, bis die Königstochter ihr Tuch und ihre Flasche hervorgeholt hatte, und als die Kinder gesättigt und zufrieden waren, schnitt sie ihnen mit ihrer goldenen Schere Kleider aus der Luft.

»Nun«, sagte die Frau, »da du so herzensgut gegen mich und meine Kinder gewesen bist, wäre es nicht recht, wenn wir nicht auch täten, was in unseren Kräften steht, um dir über den Berg hinüberzuhelfen. Du mußt dich hier gedulden, bis mein Mann heimkommt; er soll dir für Hände und Füße Klauen schmieden, und dann mußt du versuchen, damit über den Berg hinüberzuklettern.«

Als der Schmied heimkam, machte er sich sogleich an die Arbeit, und am nächsten Morgen waren die Klauen fertig. Die Königstochter hatte keine Zeit, sich noch länger aufzuhalten, sondern bedankte sich schön; sie schlug die Krallen in den Berg und kroch und kletterte mit den stählernen Krallen den ganzen Tag und die ganze Nacht hindurch an der Felswand hinauf; aber dann war sie so müde, ach so müde, daß ihr war, als könne sie keine Hand mehr aufheben, sondern müßte, nachdem sie endlich oben angekommen war, den Berg wieder hinunterfallen. Jetzt befand sie sich auf einer großen, weiten Ebene mit großen, weiten Äckern und Wiesen; die Königstochter hätte gar nicht geglaubt, daß es so große geben könnte.

Ganz in der Nähe war ein Schloß, in dem wimmelte es von jeder Art von Handwerkern, gerade wie es in einem Ameisenhaufen von Ameisen wimmelt.

»Was gibt es denn hier?« fragte die Königstochter.

Nun ja, hier wohne das Trollweib, das den weißen Bären König Valemon verzaubert hätte, und in drei Tagen wolle es Hochzeit mit ihm machen. Die Königstochter fragte, ob sie nicht mit dem Trollweib sprechen könne. Nein, was sie denn denke, das sei ganz unmöglich! Nun ging die Königstochter vor dem Schloß unter das Fenster und begann mit der goldenen Schere in die Luft zu schneiden, so daß samtene und seidene Kleider um sie herflogen wie Schneeflocken bei Stöberwetter. Als das Trollweib dies sah, wollte es die Schere kaufen. »Denn soviel auch die Schneider nähen, es verschlägt nichts«, sagte es. »Es sind zu viele da, die gekleidet sein wollen.«

»Nein, für Geld ist mir die Schere nicht feil«, sagte die Königstochter; »aber wenn ich eine Nacht bei Eurem Liebsten schlafen darf, dann will ich sie Euch geben.«

Ja, das dürfe sie gerne, sagte das Trollweib; aber es selbst wolle ihn einschläfern und aufwecken. Nachdem sich dann der weiße Bär König Valemon niedergelegt hatte, gab das Trollweib ihm einen Schlaftrunk, so daß er nicht zu wecken war, sosehr auch die Königstochter rief und weinte.

Am nächsten Tag stellte sich die Königstochter wieder vor die Fenster des Schlosses, und nun schenkte sie aus der Flasche ein. Wie ein Bach quoll Bier und Wein aus der Flasche heraus, und die Flasche wurde nie leer. Als das Trollweib dies sah, wollte es die Flasche kaufen. »Denn so viel meine Leute auch brauen und brennen, es nützt alles nichts, es sind zu viele da, die trinken wollen«, sagte es.

»Nein, für Geld ist sie mir nicht feil«, sagte die Königstochter; »aber wenn Ihr mich heute nacht bei Eurem Liebsten schlafen laßt, dann will ich sie Euch geben.«

Jawohl, das dürfe sie gerne, antwortete das Trollweib, aber es selbst wolle ihn einschläfern und wieder aufwecken. Nachdem dann der weiße Bär König Valemon sich niedergelegt hatte, gab ihm das Trollweib wieder einen Schlaftrunk, so daß es ganz ebenso ging wie in der vergangenen Nacht; er konnte nicht aufgeweckt werden, sosehr auch die Königstochter rief und weinte.

Aber in dieser Nacht war in dem nächsten Zimmer ein Handwerker noch sehr spät bei seiner Arbeit. Er hörte das Weinen nebenan und erriet, wie alles zusammenhing; und am nächsten Tag sagte er zu dem Prinzen, die Königstochter, die ihn hätte retten sollen, müsse angekommen sein.

An diesem Tag ging es mit dem Tuch genauso wie mit der Schere und mit der Flasche; um die Mittagszeit ging die Königstochter vors Schloß hinaus, zog das Tuch heraus und sagte: »Tüchlein mein, deck dich fein!«, und gleich stand so viel zu essen vor ihr, daß es für hundert Mann ausgereicht hätte; aber die Königstochter setzte sich ganz allein an die Mahlzeit. Als nun das Trollweib das Tuch sah, wollte sie es kaufen. »Denn wenn auch noch so viel gekocht und gebraten wird«, sagte es, »es verschlägt alles nichts, es sind zu viele da, die satt werden wollen.«

»Nein, für Geld ist mir das Tuch nicht feil«, sagte die Königstochter. »Aber wenn ich heute nacht bei Eurem Liebsten schlafen darf, dann will ich es Euch geben.«

Ja, das dürfe sie gerne, sagte das Trollweib, aber es selbst wolle ihn einschläfern und ihn auch selbst wieder aufwecken. Als der Prinz sich niedergelegt hatte, kam sie mit dem Schlaftrunk; aber diesmal hütete er sich wohl, ihn zu trinken. Das Trollweib traute ihm auch nur halb, denn sie nahm eine Stopfnadel und stach ihn tief in den Arm, um zu sehen, ob er wirklich schlafe; aber so weh es ihm auch tat, er rührte sich nicht, und nun durfte die Königstochter zu ihm hineingehen.

Ja, nun war alles recht und gut, und wenn sie das Trollweib auf irgendeine Weise loswerden konnten, war der Prinz gerettet. Er ließ nun die Zimmerleute kommen und an der Brücke, die der Hochzeitszug passieren mußte, einen Schwebebalken machen, denn es war dort Sitte, daß die Braut allen anderen vorausritt. Als nun die Braut auf der Brücke war, drehte sich der Schwebebalken mitsamt der Braut und all den Trollweibern, die ihre Brautjungfern waren, herum; aber König Valemon und die Königstochter und alle Hochzeitsgäste fuhren ins Schloß zurück. Dort packten sie von dem Gold und Silber des Trollweibs so viel zusammen, wie sie mitnehmen konnten, und reisten dann in König Valemons Land, wo die richtige Hochzeit stattfinden sollte. Aber auf dem Weg ging König Valemon in die drei Hütten hinein und nahm die drei kleinen Mädchen mit; und nun erfuhr die Königstochter, warum er sie damals weggenommen hatte, nämlich, damit sie später ihrer Mutter helfen könnten. Und dann wurde auf der Hochzeit tüchtig geschmaust und getrunken.

Der Pfarrer und der Küster

Es war einmal ein Pfarrer, der war eine rechte Kratzbürste; sobald er sah, daß ihm jemand auf der Landstraße entgegenfuhr, rief er schon von weitem: »Aus dem Weg! Aus dem Weg! Hier kommt der Herr Pfarrer!«

Als er nun wieder einmal so daherfuhr, kam ihm der König entgegen. »Aus dem Weg! Aus dem Weg!« schrie er schon von weitem. Aber der König fuhr ruhig weiter wie vorher, so daß diesmal der Pfarrer ausweichen mußte. Als nun der König an dem Pfarrer vorüberfuhr, sagte er zu ihm: »Du hast morgen auf dem Schloß vor mir zu erscheinen, und wenn du dann drei Fragen, die ich dir vorlegen werde, nicht beantworten kannst, soll dir um deines Hochmutes willen Talar und Pfarrerskrause abgenommen werden.«

Das klang anders, als was der Pfarrer zu hören gewohnt war. Schreien und befehlen und sich fürchterlich brüsten, das konnte er, aber Fragen beantworten, das war nicht seine Sache. Er ging deshalb zu seinem Küster, von dem man sagte, ihm würde der Pfarrersrock besser anstehen als dem Pfarrherrn. Zu diesem Küster sagte der Pfarrer, er habe nicht die Absicht, ins Schloß zu gehen. »Denn ein Narr kann mehr fragen, als zehn Weise beantworten können«, sagte er, und dann überredete er den Küster, an seiner Statt hinzufahren.

Der Küster fuhr auch wirklich in des Pfarrers Kirchenrock nach dem Schloß. Der König empfing ihn draußen auf dem Söller, mit Krone und Zepter und so prächtig angetan, daß er nur so glänzte und gleißte.

»Nun, bist du da?« fragte der König.

O ja, er war da, das war tatsächlich wahr!

»Sage mir nun zum ersten, wie weit es von Osten nach Westen ist?« frage der König.

»Eine einzige Tagesreise«, antwortete der Küster.

»Wieso?« fragte der König.

»Nun ja, die Sonne geht im Osten auf und im Westen unter, und das vollbringt sie ganz gemächlich an einem Tag«, antwortete der Küster.

»Ja, jawohl«, sagte der König. »Aber nun sage mir, wieviel ich deiner Meinung nach, so wie ich hier vor dir stehe, wert bin?«

»Der Herr Christus wurde auf dreißig Silberlinge geschätzt, also darf ich den Herrn König wohl nicht höher als auf neunundzwanzig anschlagen«, sagte der Küster.

»Nun ja«, sagte der König. »Aber da du in allem so wohl bewandert bist, so sage mir, was ich jetzt eben denke.«

»Ei, Ihr denkt wohl, der hier vor Euch stehe, sei der Pfarrer; aber zu meiner Schande muß ich gestehen, daß Ihr Euch täuscht, denn ich bin der Küster«, sagte er.

»Ei, so geh heim und sei der Pfarrer! Der Pfarrer aber sei fortan der Küster an deiner Statt«, sagte der König. Und so geschah es.

Von den Burschen, die die Trolle im Hedalwalde trafen

In einer Hütte droben in Vaage im Gudbrandtal wohnten einstmals ein paar arme Leute. Die hatten viele Kinder, und zwei von den Söhnen, ein paar halbwüchsige Burschen, mußten beständig in der ganzen Umgegend betteln gehen. Sie waren deshalb mit allen Wegen und Stegen wohlbekannt und wußten auch den Richtweg nach Hedal.

Eines Tages wollten sie auch dahin gehen; da sie aber gehört hatten, daß sich einige Falkenjäger bei Mäla eine Hütte gebaut hätten, wollten sie diese aufsuchen, um die Vögel zu sehen und zugleich zu erfahren, auf welche Weise man sie finge; und so schlugen sie den Weg über das Langmoor ein. Es war aber schon so spät in der Jahreszeit, daß die Sennerinnen alle schon von der Alm herabgezogen waren, und deshalb fanden sie weder ein Obdach noch etwas zu essen. So mußten sie auf dem Wege nach Hedal weitergehen; dieser Weg ist aber nur ein kaum sichtbarer Viehpfad, und als die Dunkelheit hereinbrach, verloren sie den Pfad, fanden auch die Vogelhütte nicht, und ehe sie sich's versahen, waren sie mitten im dichten, wilden Wald. Als die Jungen merkten, daß sie nicht mehr weiterkonnten, hieben sie mit dem Handbeil, das sie bei sich hatten, Zweige von den Tannen, zündeten sich ein Feuer an und bauten sich eine Hütte aus den Zweigen; dann rissen sie Heidekraut und Moos aus und machten sich ein Lager. Als sie eine Weile geruht hatten, hörten sie, daß einer schnaubte und laut mit der Nase schnüffelte. Die Jungen horchten und lauschten, ob diese Töne wohl von Tieren oder von Waldtrollen herrührten. Aber dann wurde das Geschnüffel noch lauter, und eine Stimme sagte: »Ich wittre Christenblut!«

Hierauf hörten sie so schwere Schritte, daß die Erde erbebte, und nun wußten die Jungen, daß Trolle unterwegs waren.

»Gott steh uns bei, was sollen wir tun?« sagte der jüngere von den beiden zu seinem Bruder.

»Bleib nur dort unter der Fichte stehen und mache dich bereit, sobald du die Trolle näherkommen siehst, die Säcke an dich zu reißen und davonzulaufen, ich aber will das Beil nehmen«, sagte der andere.

In demselben Augenblick sahen sie die Trolle daherkommen, und diese waren so gewaltig groß, daß ihre Köpfe bis zu den Baumwipfeln reichten; es waren ihrer drei, aber sie hatten zusammen nur ein Auge, das sie abwechselnd gebrauchten; jeder hatte ein Loch in der Stirn, in dieses legten sie das Auge hinein und richteten es mit der Hand; der, welcher vorausging, mußte es immer haben, die anderen zwei gingen hinterdrein und hielten sich an dem ersten fest.

»Lauf, lauf!« rief der ältere der beiden Jungen. »Aber entflieh nicht gar zu weit, ehe du siehst, wie es geht; da die Trolle das Auge so hoch droben haben, fällt es ihnen schwer, mich zu sehen, wenn ich von hinten auf sie losgehe.«

Nun, der Bruder lief davon, und die Trolle liefen hinter ihm her. Indessen aber griff sie der ältere Junge von hinten an und hieb den letzten der Trolle ins Fußgelenk. Der Troll stieß einen gräßlichen Schrei aus, worüber der erste Troll so erschrak, daß er zusammenfuhr und das Auge fallen ließ. Der Junge war schnell bei der Hand und hob es auf. Es war größer als zwei gegeneinandergestülpte Obertassen und so glänzend hell, daß der Junge, als er hindurchschaute, alles so deutlich sah wie am hellen, lichten Tage, obgleich ringsum stockfinstere Nacht war.

Als die Trolle merkten, daß ihnen der Junge das Auge genommen und einen von ihnen verwundet hatte, drohten sie, ihm alles nur erdenklich Böse anzutun, wenn er ihnen nicht sofort das Auge zurückgäbe.

»Ich fürchte mich weder vor Trollen noch vor Drohungen«, sagte der Junge. »Jetzt habe ich allein drei Augen, und ihr habt keines, und überdies müssen zwei von euch noch den dritten tragen.«

»Wenn wir unser Auge nicht augenblicklich wiederbekommen, verwandeln wir dich in einen Stein!« schrien die Trolle. Aber der Junge dachte, das werde nicht so schnell gehen; er sagte, er fürchte sich weder vor ihrer Prahlerei noch vor ihrer Zauberei, und wenn sie ihn nicht in Ruhe ließen, würde er alle drei verwunden, daß sie wie Gewürm am Boden kriechen müßten.

Als die Trolle dies hörten, wurde ihnen angst und bange, und nun bequemten sie sich, ihn durch gute Worte herumzubringen. Sie baten gar schön, er möge ihnen doch ihr Auge wiedergeben, er solle dann auch Gold und Silber und alles, was er nur haben wolle, von ihnen bekommen. Nun, das gefiel dem Jungen sehr wohl, aber er wollte das Gold und Silber doch erst haben, und so sagte er, wenn einer von den Trollen heimgehen und so viel Gold und Silber holen wolle, daß er und sein Bruder ihre Säcke damit füllen könnten, und wenn sie überdies noch zwei stählerne Flitzbögen bekämen, dann wolle er den Trollen ihr Auge wiedergeben, aber bis dahin würde er es behalten.

Die Trolle wurden sehr aufgebracht und sagten, es könne keiner von ihnen zu der Wohnung gehen, wenn er nicht das Auge hätte, mit dem er sehen könnte. Dann aber fing einer der Trolle an, in den Wald hinein zu schreien, um die Frau herbeizurufen, denn alle drei zusammen hatten auch eine Frau. Nach einer Weile ertönte eine Antwort von einer weit, weit entfernten Bergkuppe herüber. Da riefen ihr die Trolle zu, sie solle zwei stählerne Flitzbögen und zwei Eimer voll Gold und Silber herbeibringen. Und nun dauerte es natürlich nicht lange, bis die Frau da war. Als diese erfuhr, was sich zugetragen hatte, wollte sie ebenfalls mit Zauberei drohen. Aber die Trolle hatten Angst und sagten, sie solle sich nur vor der kleinen Wespe in acht nehmen, sonst sei sie nicht sicher, daß sie nicht auch um ihr Auge käme. Da warf sie dem Jungen die Eimer voll Gold und Silber sowie die beiden Flitzbögen vor die Füße und kehrte mit den Trollen heim in den Berg; und seit jener Zeit hat man nie wieder gehört, daß die Trolle im Hedalwalde Christenblut gewittert hätten.

Der Bursche, der beim König diente

Es war einmal ein Bursche, der bei einem König diente. Derselbe hatte dem König schon so viele Dienste geleistet, daß dieser ihm schließlich seine Tochter zur Frau versprach. Als aber die Hochzeit stattfinden sollte, reute es den König doch und er sagte zu dem Burschen:

»Du bekommst meine Tochter nicht früher, als bis du vom Grunde des Meeres einen goldenen Becher heraufgeholt hast, den ich verloren habe!«

Der Bursche wußte nichts Besseres zu tun, als zur Gieddagäts-Alten zu gehen und dieselbe um Rat zu fragen.

»Wer klopft an meine Tür?« fragte das Zauberweib.

»Ich bin es!« sagte der Bursche; er wußte, daß sie ihn an der Stimme erkannte.

»Was für ein Anliegen hast du?« fragte die Alte.

»Ich soll den goldenen Becher des Königs vom Meeresgrund heraufholen. Kannst du mir keinen Rat geben?«

»Geh hinaus aufs Feld«, sagte die Alte, »und trenne alles, was zusammenhängt!«

Der Bursche ging von dannen, und es dauerte nicht lange, so sah er zwei Lummen, die mit dem Schnabel zusammenhingen und nicht voneinander loskommen konnten. Da trennte sie der Bursche voneinander.

»Wohin willst du gehen?« fragten die Lummen.

»Ich soll einen goldenen Becher, den der König verloren hat, vom Meeresgrund heraufholen und weiß mir nicht zu helfen«, sagte der Bursche.

»Da du gut gegen uns gehandelt und uns voneinander getrennt hast, wollen wir dir helfen«, sagten die Lummen.

Sie tauchten beide dreimal unter; aber erst das dritte Mal konnten sie den goldenen Becher finden; sie übergaben ihn dem Burschen, und dieser brachte ihn dem König: »Hier hast du deinen goldenen Becher, den ich vom Grund des Meeres heraufgeholt habe!«

»Du bekommst trotzdem meine Tochter noch nicht«, antwortete der König, »bevor du nicht alle wilden Tiere des Waldes in meiner Burg zusammenbringst!«

Der Bursche ging wieder zur Gieddagäts-Alten und klopfte an die Tür.

»Wer klopft an meine Tür?« fragte das Zauberweib.

»Ich bin es!« antwortete der Bursche.

»Was willst du?«

»Ich soll alle wilden Tiere des Waldes in die Königsburg zusammenbringen!«

»Geh hinaus aufs Feld«, sagte die Alte, »und trenne alles, was zusammenhängt!«

Der Bursche ging fort und sah bald zwei Wölfe, die mit den Schwänzen zusammenhingen und sich nicht voneinander losmachen konnten. Der Bursche befreite sie voneinander. »Wohin willst du gehen?« fragten die Wölfe.

»Ich soll alle wilden Tiere des Waldes in die Königsburg zusammenbringen und weiß mir nicht zu helfen!«

»Da du uns geholfen hast«, sagten die Wölfe, »so müssen auch wir dir wieder helfen!«

Der Bursche setzte sich, und inzwischen trieben die Wölfe alle Arten von wilden Tieren für ihn zusammen. Hierauf jagten sie dieselben vereint in die Königsburg.

»Du bekommst meine Tochter noch immer nicht«, sagte der König, »sondern erst, wenn du meinen Feind, den Riesen, töten und mir sein Schwert bringen kannst, sollst du sie erhalten!«

»Das ist der gewisse Tod«, sagte der Bursche; »aber ich will es gleichwohl versuchen!« und er eilte rasch wieder zur Gieddagäts-Alten.

»Was willst du?«

»Ich soll dem Riesen das Leben nehmen!«

»Geh und biete dich ihm als Diener an, dann wird sich Rat finden!« Der Bursche tat dies.

»Brauchst du einen Knecht«, sagte der Bursche, »so kannst du mich haben!«

»Warum nicht?« meinte der Riese.

»Was wollen wir zuerst in Angriff nehmen?« fragte der Bursche.

»Ah«, sagte der Riese, »ich möchte gern Balken zuhauen, um mir ein Haus zu bauen!«

So gingen sie denn in den Wald, hieben einen großen Balken zu und sollten nun denselben mit sich nehmen. Vorher aber hieb sich der Bursche noch eine lange Stange zu und machte das eine Ende derselben so scharf wie eine Ahle.

»Was willst du mit der Stange?« fragte der Riese.

»Sie dir in die Augen stechen, wenn du dich umsiehst«, sagte der Bursche.

Der Riese erfaßte nun den Balken und zog ihn hinter sich her; der Bursche aber setzte sich rittlings auf das hintere Ende.

»Ah, oh, das ist schwer!« stöhnte der Riese.

»Schwer ist es?« sagte der Bursche. »Ich, der ich doch so klein bin, finde durchaus nicht, daß es so schwer ist; aber du, du bist groß und hast trotzdem nicht mehr Kraft in dir als ein altes Weib!«

Der Riese zog, so daß er Blut spuckte; aber auch jetzt noch schien es dem Burschen, daß es viel zu langsam vorwärtsgehe. Endlich kamen sie am Abend dahin, wo das Haus erbaut werden sollte. Der Riese war müde und legte sich zur Ruhe. Mitten in der Nacht stand der Bursche auf und stach dem Riesen mit der Stange, die er zugespitzt hatte, die Augen aus. Hierauf lockte er ihn auf einen hohen Berg und stürzte ihn von hier in einen See hinein, so daß er ertrank. Dann nahm er dessen Schwert und ging zum König. Nun war nichts mehr zu tun. Die Hochzeit wurde abgehalten, der Bursche bekam das halbe Reich, und als der König starb, erhielt er das ganze.

[Märchen aus Lappland]

Märchen aus Schweden

Die drei Großmütterchen

Es waren einmal ein Königssohn und eine Königstochter, die sich einander sehr liebten. Die junge Prinzessin war sanft und schön und von allen sehr geliebt, ihr Sinn aber hing mehr an Lust und Spiel als an Handarbeit und häuslichen Beschäftigungen. Dies schien der alten Königin schlimm zu sein, und sie sagte, daß sie keine Schwiegertochter haben wolle, welche nicht ebenso flink wäre, wie sie es selbst in ihrer Jugend gewesen. Die Königin widersetzte sich daher auf jede Art und Weise der Heirat des Prinzen.

Da nun die Königin ihr Wort nicht zurücknehmen wollte, ging der Königssohn zu ihr und sagte, daß man ja doch seine Braut auf die Probe stellen könne, ob sie vielleicht ebenso flink in der Arbeit wie die Königin selbst sei. Dies schien allen ein kühnes Begehren zu sein; denn die Mutter des Prinzen war eine emsige Frau, die spann und nähte und webte bei Tag und Nacht, so daß keine ihr gleichkam.

Gleichwohl wurde beschlossen, daß der Wille des Prinzen erfüllt werden solle. Die schöne Prinzessin wurde in das Frauengemach beschieden, und die Königin sandte ihr ein Liespfund Flachs zum Spinnen. Der Flachs aber mußte gesponnen sein, ehe es tagte, sonst dürfe die Jungfrau nicht mehr daran denken, den Königssohn zum Gemahl zu bekommen.

Als die Prinzessin sich selbst überlassen war, wurde ihr schlimm zumute, denn sie wußte wohl, daß sie den Flachs der Königin nicht spinnen könne, und wollte doch nicht den jungen Prinzen verlieren, den sie so liebhatte. Sie wandelte daher im Zimmer umher und weinte, weinte unaufhörlich. Währenddem öffnete sich die Tür sehr leise, leise, und es trat ein kleines, kleines altes Weib herein, von seltsamem Aussehen und mit noch seltsameren Gebärden. Das alte Weib hatte ungeheuer große Füße, so daß jeder, der sie sah, sich darüber wundern mußte. Sie grüßte: »Gottes Frieden!«

»Gottes Frieden mit Euch!« antwortete die Königstochter.

Die Alte fragte: »Warum ist die schöne Jungfrau diesen Abend so traurig?«

Die Prinzessin antwortete: »Ich muß wohl traurig sein, die Königin hat mir befohlen, ein Liespfund Flachs zu spinnen; wenn ich es morgen nicht getan habe, ehe es Tag wird, verliere ich den Königssohn, der mich so herzlich liebhat.«

Die Alte entgegnete: »Seid getrost, schöne Jungfrau! Wenn es nur das ist, so kann ich Euch helfen. Dann aber sollt Ihr mir eine Bitte erfüllen, die ich jetzt nennen will.«

Bei dieser Rede freute sich die Prinzessin über die Maßen und fragte nach dem Begehren des alten Weibes.

»Nun denn«, sagte die Alte, »ich heiße Storfota-mor (die Mutter mit dem großen Fuß) und verlange keinen anderen Lohn für meinen Beistand, als bei Eurer Hochzeit zu sein. Ich bin auf keiner Hochzeit gewesen, seitdem die Königin, Eure Schwiegermutter, Braut war.«

Die Königstochter willigte gern in dies Begehren, und so schieden sie voneinander. Die Alte ging ihres Weges, wie sie gekommen war. Die Prinzessin aber legte sich schlafen, obschon sie kein Auge während der ganzen ewig langen Nacht zutun konnte.

Früh am Morgen, ehe der Tag graute, öffnete sich die Tür, und die kleine Alte trat wieder herein. Sie ging zur Königstochter hin und reichte ihr ein Bündel Garn. Das Garn aber war weiß wie Schnee und fein wie ein Spinnengewebe. Das Weib sagte: »Siehst du, so schönes Garn hier habe ich nicht gesponnen, seit ich für die Königin spann, als sie sich vermählen sollte. Das ist aber nun schon lange her.« So sprechend verschwand das kleine Weib, und die Prinzessin verfiel in einen wohltuenden Schlummer. Es dauerte aber nicht lange, als sie von der alten Königin geweckt wurde, die vor dem Bett stand und fragte, ob der Flachs fertiggesponnen sei.

Die Königstochter bejahte es und reichte ihr das Garn. Die Königin mußte sich so diesmal zufriedengeben; die Prinzessin aber konnte wohl wahrnehmen und merken, daß es ihr nicht vom Herzen ging.

Als es nun Tag wurde, sagte die Königin, daß sie die Königstochter auf eine andere Probe stellen wolle. Sie schickte das Garn in das Frauengemach zugleich mit dem Webstuhl und anderen Gerätschaften und befahl der Prinzessin, es zu weben. Das Gewebe aber mußte fertig sein, ehe die Sonne aufging, sonst dürfe die Jungfrau nicht mehr daran denken, den jungen Königssohn zu bekommen.

Als die Prinzessin allein war, ward ihr wieder schlimm zumute, denn sie wußte, daß sie das Garn der Königin nicht weben könne, und gleichwohl wollte sie den Königssohn nicht verlieren, den sie so liebte. Sie wankte daher im Zimmer umher und weinte bitterlich. Als dies geschah, öffnete sich die Tür sehr leise, sehr leise, und es trat ein sehr kleines altes Weib herein, von seltsamer Gestalt und mit noch seltsameren Gebärden. Die kleine Alte hatte ein ungeheuer großes Gesäß, so daß jeder, der sie sah, sich darüber wundern mußte. Sie grüßte: »Gottes Frieden!«

»Gottes Frieden mit Euch!« antwortete die Königstochter.

Die Alte fragte: »Warum ist die schöne Jungfrau so allein und kummervoll?«

»Je nun«, sagte die Prinzessin, »ich muß wohl traurig sein, die Königin hat mir befohlen, dies Garn zu verweben; wenn ich es aber nicht am Morgen getan habe, ehe es Tag wird, verliere ich den Königssohn, der mich so herzlich liebhat.«

Das Weib entgegnete: »Seid getrost, schöne Jungfrau! Wenn es nur das ist, so will ich Euch helfen. Dann aber sollt Ihr mir eine Bedingung erfüllen, die ich jetzt nennen will.«

Ob dieser Rede freute sich die junge Prinzessin über die Maßen und fragte nach dem Begehren des alten Weibes.

»Nun denn«, sagte die Alte, »ich heiße Storgumpa-mor (die Mutter mit dem breiten Gesäß) und will keinen anderen Lohn haben, als bei Eurer Hochzeit zu sein. Ich bin auf keiner Hochzeit gewesen, seit Eure Schwiegermutter Braut war.«

Die Königstochter willigte gern in dies Begehren, und so schieden sie voneinander. Die Alte ging ihres Weges, wie sie gekommen war, die Königstochter aber legte sich schlafen, obschon sie kein Auge während der ewig langen Nacht zutat.

Frühmorgens, ehe der Tag anbrach, öffnete sich die Tür, und das kleine Weib trat wieder ein. Sie ging jetzt zur Königstochter hin und reichte ihr ein Gewebe; das Gewebe aber war weiß wie Schnee und fein wie ein Fell, so daß keiner desgleichen je gesehen hatte. Die Alte sagte: »Siehst du, so wie dieses hier habe ich nichts gewebt, seit ich für die Königin webte, als sie sich vermählen sollte. Das ist nun aber schon lange her.« Hierauf verschwand das Weib, und die Prinzessin erquickte sich durch einen angenehmen, aber kurzen Schlummer, denn es dauerte nicht lange, als sie von der alten Königin geweckt wurde, die an ihrem Bett stand und fragte, ob das Gewebe fertig sei. Die Königstochter bejahte es und reichte ihr das schöne Gewebe. Die Königin mußte sich so das zweite Mal zufriedengeben; die Prinzessin aber konnte wohl sehen und merken, daß sie es nicht gerne tat.

Die Königstochter dachte nun, von einer weiteren Probe befreit zu sein; die Königin aber war anderer Meinung, denn nach einer Weile schickte sie das Gewebe in das Frauengemach hinab mit dem Auftrag, daß die Prinzessin es zu Hemden für ihren Bräutigam nähen solle. Die Hemden müßten aber fertig sein, ehe die Sonne aufging, sonst solle die Jungfrau nicht hoffen, den Königssohn je zum Gemahl zu bekommen.

Als die Prinzessin wieder allein war, ward ihr schlimm zumute, denn sie wußte, daß sie die Leinwand der Königin nicht nähen könne, und sie wollte doch nicht den jungen Prinzen verlieren, den sie so liebhatte. Sie wandelte im Zimmer umher und weinte. Währenddem öffnete sich die Tür sehr leise, sehr leise, und ein kleines, sehr altes Weib trat ein, von wunderlichem Aussehen und mit noch wunderlicheren Gebärden. Die kleine Alte hatte einen unglaublich großen Daumen, so daß jeder, der ihn sah, sich darüber wundern mußte. Sie grüßte: »Gottes Frieden!«

»Gottes Frieden mit Euch!« antwortete die Königstochter.

Die Alte fragte: »Warum ist die schöne Jungfrau so allein und traurig?«

»Je nun«, sagte die Prinzessin, »ich muß wohl traurig sein, die Königin hat mir befohlen, diese Leinwand für den Königssohn zu Hemden zu nähen. Wenn ich es aber nicht bis morgen getan habe, ehe die Sonne aufgeht, verliere ich meinen Bräutigam, der mich so herzlich liebhat.«

Da entgegnete das Weib: »Seid getrost, schöne Jungfrau! Ist es nichts anderes, so kann ich Euch helfen. Dann aber sollt Ihr mir eine Bedingung erfüllen, die ich jetzt nennen werde.«

Bei dieser Rede freute sich die Prinzessin über die Maßen und fragte nach dem Verlangen des alten Weibes.

»Je nun«, sagte das Weib, »ich heiße Stortumma-mor (die Mutter mit dem großen Daumen), und ich will keinen anderen Lohn haben, als bei Eurer Hochzeit zu sein. Ich bin auf keiner Hochzeit gewesen, seit die Königin, Eure Schwiegermutter, Braut war.« Die Königstochter willigte gerne in ihre Bedingung, und so schieden sie voneinander. Die Alte ging ihres Weges, wie sie gekommen war, die Prinzessin aber legte sich schlafen und schlief so schlecht, daß sie nicht einmal von ihrem Bräutigam träumte.

Früh am Morgen, ehe die Sonne aufging, öffnete sich die Tür, und die kleine Alte trat wieder ein. Sie ging zur Königstochter hin, weckte sie und gab ihr einige Hemden. Die Hemden aber waren mit so großer Kunst genäht und gestickt, daß man nicht ihresgleichen fand. Die Alte sagte: »Siehst du, so gut wie diese habe ich keine genäht, außer denen, die ich für die Königin nähte, als sie Braut war. Es ist aber auch schon sehr lange her.«

Mit diesen Worten verschwand das Weib, denn die Königin stand gerade in der Tür und fragte, ob die Hemden fertig seien. Die Königstochter bejahte es und reichte die schön genähten Hemden hin. Da wurde die Königin so erzürnt, daß ihre Augen funkelten, und sie sagte: »Nun, so nimm ihn denn! Ich konnte nicht glauben, daß du so schnell sein würdest, wie du gewesen.« Dann ging sie ihres Weges und warf die Tür zu, daß das Schloß knarrte.

Der Königssohn und die Königstochter sollten nun einander bekommen, wie die Königin versprochen hatte, und es ward eine Hochzeit veranstaltet. Die Prinzessin aber war nicht besonders fröhlich an ihrem Hochzeitstag, denn sie dachte, ob die wunderlichen Gäste wohl kommen werden. Die Zeit kam heran, und die Hochzeit fand nach alter Sitte mit Lust und Freude statt; keine alten Weiber aber erschienen, wie sich die Braut auch nach allen Seiten umsehen mochte. Spät endlich, als die Gäste zu Tisch gehen sollten, erblickte die Königstochter die drei kleinen Weiber, die in einer Ecke des Hochzeitsaales allein bei einem Tische saßen. Da stand der König auf und fragte, was das für Gäste seien, die er früher nicht gesehen hatte. Das älteste von den drei alten Weibern entgegnete: »Ich heiße Storfota-mor, und ich habe deshalb so große Füße, weil ich in meinem Leben so viel gesponnen habe.«

»Ist's so«, sagte der König, »dann soll meine Schwiegertochter nie mehr spinnen.«

Er wandte sich hierauf zu dem zweiten Weib und fragte, was der Grund ihres wunderlichen Aussehens sei.

Die Alte antwortete: »Ich heiße Storgumpa-mor, und ich habe deshalb ein so breites Gesäß, weil ich in meinem Leben sehr viel gewebt habe.«

»Ist's so«, sagte der König, »dann soll meine Schwiegertochter auch nie mehr weben.«

Er wandte sich hierauf zu dem dritten alten Weib und fragte nach ihrem Namen. Da erhob sich Stortumma-mor und sagte, daß sie einen so großen Daumen bekommen, weil sie in ihrem Leben so viel genäht habe.

»Ist dem also«, sagte der König, »dann soll meine Schwiegertochter auch nie mehr nähen.«

Und dabei blieb es. Die schöne Königstochter erhielt den Prinzen und war jetzt sowohl vom Spinnen und Weben als auch vom Nähen für ihr ganzes Leben befreit.

Als die Hochzeit zu Ende war, zogen die Großmütterchen ihres Weges, und niemand sah, welchen Weg sie nahmen, gleichwie niemand wußte, woher sie gekommen. Der Prinz aber lebte mit seiner Gemahlin glücklich und vergnügt; nur ging alles viel stiller und ruhiger, weil die Prinzessin nicht so tätig war wie die strenge Königin.

Das Schloß, das auf Goldpfählen stand

Es war einmal ein Kätner mit seiner Frau, die wohnten in einem tiefen Wald. Er hatte zwei Kinder, einen Knaben und ein Mädchen. Sonst war er sehr arm; eine Kuh und eine Katze bildeten seinen ganzen Reichtum.

Der Kätner und seine Frau lebten beständig in Zank miteinander; wenn der Mann etwas wollte, so wollte die Alte ganz sicher gerade das Gegenteil.

Eines Tages nun hatte die Alte Grütze zum Abendessen gekocht. Als die Grütze fertig war und jeder seinen Teil erhalten, wollte der Mann zuletzt den Topf ausschrappen. Aber die Alte widersetzte sich heftig; sie glaubte nämlich, sie allein und kein anderer habe das Recht, den Topf auszuschrappen. Sie gerieten in heftigen Streit, und keiner wollte dem anderen nachgeben. Schließlich nahm die Alte Topf und Kelle und lief ihrer Wege; aber der Kätner ergriff den Quirl und lief hinterher. So ging es über Wald und Berg, die Frau voran und der Mann hinterher; aber das Märchen erzählt nicht, wer endlich den Topf ausgeschrappt hat.

Als einige Zeit vergangen war und die Alten nichts von sich hören ließen, wußten sich die Kinder nicht zu helfen; sie wollten daher in die Welt hinaus, um ihr Glück zu suchen, jedes auf seine Weise. Sie kamen überein, die Habe zu teilen und jedes sein Erbteil mitzunehmen. Aber wie es zu gehen pflegt, war die Teilung eine furchtbar schwere Sache. Es war nämlich nichts vorhanden außer einer Kuh und einer Katze, und die Kinder wollten beide die Kuh haben. Als sie gerade miteinander ratschlagten, kam die Katze zu der jungen Kätnerstochter, tat schön, schmiegte sich an ihr Knie und miaute: »Nimm mich! Nimm mich!«

Da nun der Junge von der Kuh nicht lassen wollte, so ließ ihn das Mädchen gewähren und begnügte sich mit der Katze. Die Geschwister nahmen darauf voneinander Abschied. Der Junge nahm die Kuh und zog seiner Wege. Aber das Mädchen und die Katze wanderten den Waldsteig entlang, und es begegnete ihnen nichts Merkwürdiges, bis sie an einen großen prächtigen Königshof gelangten, der am Wege lag.

Als sich die beiden Wanderer dem schönen Königshof näherten, begann die Katze ein Gespräch mit ihrer Herrin und sagte: »Wenn du jetzt meinem Rat folgst, so wird es dir Glück bringen!«

Das Mädchen hatte viel Vertrauen zu der Klugheit ihrer Begleiterin und versprach deshalb, ganz nach ihrem Wunsche zu tun. Da sagte die Katze: »Lege deine alten Kleider ab und steige auf einen hohen Baum. Ich will unterdessen auf den Königshof gehen und erzählen, eine Königstochter sei da; sie sei von Wegelagerern überfallen und all ihrer Habe und Kleider beraubt worden.«

Die Kätnerstochter tat, wie die Katze ihr sagte; sie legte ihre alten Lumpen ab und kletterte auf den Baum. Darauf lief die Katze ihres Weges; aber das Mädchen wartete in großer Angst, ob ihr Plan gelingen werde.

Als der König, der über das Land gebot, hören mußte, daß eine fremde Prinzessin solche Not und Gewalttat erlitten habe, war er sehr erbittert und schickte seine Diener aus, um sie zu sich einzuladen. Die junge Maid wurde erst reichlich mit Kleidern ausgestattet und allem, was sie sonst nötig hatte, und folgte darauf den Sendboten des Königs. Auf dem Königshof waren alle von ihrer Schönheit und ihren höfischen Manieren bezaubert; die größten Huldigungen aber brachte ihr der Königssohn selbst dar, und er meinte, nicht mehr ohne sie leben zu können. Aber die Königin witterte Verdacht und fragte, wo die liebe Prinzessin ihren Königshof habe. Das Mädchen antwortete, wie die Katze ihr gesagt hatte: »Ich wohne weit weg auf einem Schloß, das heißt die Katzenburg.«

Die alte Königin war jedoch nicht zufrieden, sondern nahm sich vor, weiter auszuforschen, ob die fremde Jungfrau wirklich eine Königstochter sei oder nicht. Deshalb ging sie abends in das Fremdenzimmer, bereitete das Bett der Kätnerstochter mit weichen Seidenkissen, aber legte heimlich eine Bohne unter das Laken. Sie dachte nämlich bei sich: »Ist es eine Prinzessin, so wird sie es sicher merken.«

Die schöne Jungfrau wurde darauf unter großen Ehrenbezeugungen in ihr Schlafgemach geleitet. Aber die Katze merkte die List der Königin und erzählte es ihrer Herrin. Als der Morgen dämmerte, trat die Königin ein und fragte, wie der Gast in der Nacht geschlafen habe. Das Mädchen antwortete, wie die Katze ihr gesagt: »O ja, ich habe ganz gut geschlafen, denn ich war sehr müde von meiner Wanderung. Aber es kam mir so vor, als läge ich auf einem großen Berge. In meinem Bett auf der Katzenburg schlief ich viel besser.«

Die Königin glaubte jetzt zwar, daß die Jungfrau sehr vornehm erzogen sei, aber sie sagte im stillen zu sich selbst, sie wolle noch einmal die Wahrheit ihrer Aussage auf die Probe stellen.

Am anderen Abend ging die Königin wieder in das Fremdenzimmer, bereitete das Bett des Kätnermädchens mit weichen, seidenen Kissen und legte ein paar Erbsen unter das erste Kissen; sie dachte nämlich bei sich: »Wenn sie wirklich eine Königstochter ist, wie sie behauptet, so wird sie es sicher merken.«

Das junge Mädchen wurde darauf unter großen Ehrenbezeugungen in ihr Schlafgemach geleitet. Aber die Katze hatte den Anschlag der Königin gemerkt und erzählte es ihrer Herrin.

Als der Morgen dämmerte, trat die Königin wieder ein und fragte ihren Gast, wie er die Nacht geschlafen habe. Das Mädchen antwortete, wie die Katze ihr gesagt: »Ach ja, ich habe ganz gut geschlafen, denn ich war sehr müde; aber ich hatte das Gefühl, als ob ich auf großen Steinen läge. In meinem Bett in der Katzenburg schlief ich viel besser.«

Die alte Königin fand jetzt zwar, daß die Jungfrau ihre Probe bestanden habe. Aber doch konnte sie ihre Zweifel nicht ganz unterdrücken und nahm sich vor, noch einmal zu erproben, ob die fremde Jungfrau so vornehm sei, wie sie selbst sagte.

Als nun der dritte Abend kam, ging die Königin wieder in das Fremdenzimmer, bereitete das Bett der Kätnerstochter mit weichen Seidenkissen und legte einen Strohhalm unter das zweite Kissen. Sie dachte nämlich bei sich: »Wenn sie eine Königstochter ist, so wird sie es ganz gewiß merken.«

Das junge Mädchen wurde darauf unter großen Ehrenbezeugungen in ihr Schlafgemach geleitet. Aber die Katze merkte die List der Königin und warnte ihre Herrin.

Als der Morgen dämmerte, trat die Königin ein und fragte ihren Gast, wie er die Nacht geschlafen habe. Das Mädchen antwortete, wie die Katze ihr gesagt:

»Oh, ich habe ganz gut geschlafen, denn ich war sehr müde; aber mir war so, als läge ich auf einem großen Baum. Als ich in meinem Bett auf der Katzenburg schlief, sorgte man besser für mich.«

Die Königin merkte jetzt wohl, daß sie auf solche Weise niemals die Wahrheit herauskriegen könne; deshalb beschloß sie achtzugeben, wie sich die Jungfrau in allem übrigen benehmen würde.

Am folgenden Tage schickte die Königin ihrem Gast ein prächtiges Kleid; das war mit Seide gestickt und hatte eine lange, lange Schleppe, wie sie vornehme Frauen zu tragen pflegen. Die Kätnerstochter dankte für das liebe Geschenk und machte sich keine Gedanken darüber. Aber die Katze war gleich zur Stelle und warnte ihre Herrin, die alte Königin wolle sie von neuem auf die Probe stellen.

Als einige Zeit vergangen war, fragte die Königin, ob die Prinzessin einen Spaziergang mit ihr machen wolle. Die Kätnerstochter erklärte sich gern bereit, und sie machten sich auf den Weg. Als sie nun in den Garten gekommen waren, nahmen die Hofdamen sich sehr in acht, daß sie nicht den Saum ihrer Kleider beschmutzten. Es hatte nämlich in der Nacht geregnet; aber die fremde Jungfrau wanderte ihres Weges, ohne sich darum zu kümmern, ob ihre lange Schleppe auf dem Boden schleife.

Da sagte die Königin: »Liebste Prinzessin, gebt auf Euer Kleid acht!«

Die Kätnerstochter antwortete stolz:

»Oh, Ihr habt wohl mehr Kleider als dies eine. Als ich noch in meinem Schloß auf der Katzenburg war, da hatte ich es viel besser.«

Jetzt war die Königin ganz überzeugt, daß die Jungfrau immer nur seidene Kleider getragen habe, und sie zog daraus den Schluß, sie müsse eine Königstochter sein. Die Königin legte darum der Werbung ihres Sohnes kein weiteres Hindernis in den Weg, und die Kätnerstochter gab schließlich auch ihr Jawort und ihre Einwilligung.

Einmal saßen der Prinz und seine Braut zusammen und sprachen miteinander. Da blickte die Jungfrau zum Fenster hinaus und bemerkte ihre beiden Eltern, wie sie aus dem Wald gelaufen kamen; die Alte mit dem Topf voran und der Alte mit der Kelle hinterdrein. Da konnte das Mädchen sich nicht halten, sondern brach in lautes Lachen aus. Der Prinz fragte, worüber sie so herzlich lache.

Da antwortete die Jungfrau, wie die Katze ihr gesagt: »Ich kann nichts dafür, ich muß lachen, wenn ich daran denke, daß Euer Schloß nur auf Steinpfählen steht, aber mein Schloß steht auf Goldpfählen.«

Als der Prinz das hörte, wunderte er sich sehr und sagte: »Immer steht dein Sinn nach der schönen Katzenburg. Da mußt du ja alles besser und reicher haben als hier bei uns. Wir müssen mal hinfahren und deine schöne Katzenburg sehen, mag der Weg noch so weit sein.«

Bei diesen Worten war der Kätnerstochter schlecht zumute. Sie glaubte, in die Erde versinken zu müssen; sie wußte ja sehr wohl, daß sie keinen Hof hatte, viel weniger noch ein Schloß. Aber es war nichts zu machen; sie ließ deshalb nichts merken, sondern sagte, sie wolle sich überlegen, welcher Tag sich am besten für die Reise eigne.

Als nun die Jungfrau für sich allein war, gab sie sich ganz ihrer Verzweiflung hin und weinte bitterlich; denn sie dachte daran, was für eine Schande es für sie sein würde, wenn man ihre Eitelkeit und Falschheit entdeckte. Während sie noch so weinte, kam die kluge Katze herein, schmiegte sich an ihr Knie und fragte, warum sie so traurig sei.

Die Kätnerstochter erwiderte: »Ich kann ja nicht anders, ich muß traurig sein. Der Königssohn hat mir gesagt, wir wollen nach der Katzenburg reisen, und nun muß ich es teuer entgelten, daß ich deinem Rat gefolgt bin.«

Aber die Katze hieß sie guten Mutes sein; sie würde es so einrichten, daß alles besser ausliefe, als sie sich vorstellen könnte. Zugleich erklärte sie ihrer Herrin, sie müßten sich sofort auf den Weg begeben, je eher, desto besser. Da nun die Jungfrau schon so viele Beweise von der Klugheit der Katze hatte, so war sie gern einverstanden, aber diesmal doch mit schwerem Herzen; denn sie konnte sich nicht anders denken, als daß ihre Fahrt ein schimpfliches Ende nehmen würde. Früh am Morgen ließ der Königssohn Wagen und Pferde zurüsten und alles, was man sonst noch für die lange Reise nach der Katzenburg nötig hatte. Darauf setzte sich der Zug in Bewegung. Der Prinz und seine Braut fuhren voran, in einem vergoldeten Wagen mit sieben Glasscheiben; viele Ritter und Pagen begleiteten sie, und die Katze lief voraus, um den Weg zu zeigen, wie sie es selbst gewünscht hatte. Als sie so eine Weile gefahren waren, da sah die Katze einige Hirten, die eine große Schar der allerprächtigsten Ziegen auf der Weide hüteten.

Da ging sie zu den Hirten, grüßte sie freundlich und sagte: »Guten Tag, ihr Hirten! Wenn der Königssohn vorbeifährt und fragt, wem die schönen Ziegen gehören, so sollt ihr antworten, sie gehören der jungen Prinzessin auf der Katzenburg, die an der Seite des Prinzen fährt. Wenn ihr das tut, werdet ihr reich belohnt werden. Tut ihr es nicht, so werde ich euch in Stücke reißen.«

Als die Hirten solche Worte vernahmen, waren sie sehr erstaunt und versprachen der Katze, ihren Wunsch zu erfüllen.

Sie lief darauf ihres Weges.

Aber nach einer Weile kam der Königssohn mit seinem ganzen Hof vorbeigefahren. Als er nun die schönen Ziegen auf der Weide bemerkte, hielt er seinen Wagen an und fragte die Hirten, wem die prächtige Herde gehöre. Die Ziegenhirten antworteten, wie die Katze es ihnen gesagt: »Die Ziegen gehören der jungen Prinzessin auf der Katzenburg, die an Eurer Seite fährt.«

Da wunderte sich der Königssohn sehr und dachte bei sich, seine Braut müsse eine stolze Prinzessin sein; aber die Kätnerstochter wurde frohen Sinnes und fand, sie habe bei der Erbteilung mit ihrem Bruder keinen schlechten Tausch gemacht. Sie zogen weiter, und die Katze lief voran, wie sie es zu tun pflegte. Als sie eine Weile gefahren waren, trafen sie eine Menge Leute, die auf einer Wiese Heu einfuhren. Da ging die Katze hin, begrüßte sie freundlich und sagte: »Guten Tag, liebe Leute. Wenn der Königssohn vorbeifährt und fragt, wem die schöne Wiese gehört, so sollt ihr antworten: Sie gehört der Prinzessin auf der Katzenburg, die an der Seite des Prinzen fährt. Wenn ihr das tut, werdet ihr reich belohnt werden; tut ihr nicht so, wie ich gesagt habe, so werde ich euch in tausend Stücke reißen.«

Als die Männer das hörten, waren sie sehr betroffen und gelobten der Katze, ihren Wunsch zu erfüllen. Darauf lief sie ihres Weges. Aber als eine Weile vergangen war, kam der Königssohn mit seinem Gefolge gefahren. Als er nun die fruchtbare Wiese bemerkte und die vielen Leute, ließ er seinen Wagen halten und fragte, wem das Land gehöre.

Die Männer antworteten, wie die Katze es ihnen gesagt: »Die Wiese gehört der jungen Prinzessin auf der Katzenburg, die an Eurer Seite fährt.«

Da wunderte sich der Königssohn noch mehr und dachte bei sich, seine Braut müsse über die Maßen reich sein, da sie so vortreffliche Heuwiesen besitze.

Sie zogen nun weiter; und die Katze lief wie immer voran. Als sie eine Weile gefahren waren, kamen sie zu einem mächtigen Ackerland; aber auf dem Acker war ein Gewimmel von Männern und Frauen, die gerade beim Mähen waren.

Da ging die Katze zu dem Schnittervolk hin, grüßte und sagte: »Guten Tag, liebe Freunde! Glück zur Arbeit! Wenn der Königssohn hier gleich vorbeigefahren kommt und fragt, wem die großen Kornfelder gehören, dann sollt ihr antworten: Sie gehören der Prinzessin auf der Katzenburg, die an der Seite des Prinzen fährt. Wenn ihr das sagt, werdet ihr reich belohnt werden; handelt ihr aber wider mein Gebot, so werde ich euch in so kleine Stücke reißen wie die Blätter, die im Herbst auf dem Boden liegen.«

Als die Schnitter solche Worte hörten, waren sie sehr bestürzt und versprachen, so zu antworten, wie die Katze es verlangte.

Darauf lief sie ihrer Wege.

Aber nach einer Weile kam der Königssohn mit seinem Hof vorbeigefahren. Als er die großen Felder sah, ließ er seinen Wagen halten und fragte, wem das schöne Ackerland gehöre. Die Schnitter antworteten, wie die Katze es ihnen gesagt: »Die Felder gehören der jungen Prinzessin auf der Katzenburg, die an Eurer Seite fährt.«

Jetzt wurde der Königssohn über die Maßen froh, aber die Kätnerstochter wußte nicht recht, was sie von all ihren Reiseerlebnissen halten sollte.

Es war schon spät am Abend, und der Prinz machte mit seinem Hof halt, um zu übernachten.

Aber die Katze ruhte nicht, sondern lief immer weiter, bis sie eine prächtige Burg sah; die war hoch gebaut mit Türmen und Zinnen und stand auf goldenen Pfählen. Die prächtige Burg gehörte einem grausamen Troll, der herrschte über die ganze Gegend. Aber er war gerade nicht zu Hause. Die Katze lief daher zum Burgtor hinein und verwandelte sich in ein großes Stück Brot. Darauf steckte sie sich in das Schlüsselloch und wartete, bis der Riese wieder nach Hause kam.

Früh am Morgen, vor Tagesgrauen, kam der häßliche Riese aus dem Wald getrottet; er war so groß und schwer, daß der Boden zitterte, wo er hintrat. Als er jetzt an das Burgtor kam, konnte er es nicht aufkriegen wegen des großen Brotes, das im Schlüsselloch steckte. Da wurde er furchtbar zornig und rief: »Mach auf! Mach auf!«

Die Katze erwiderte: »Warte nur ein kleines Weilchen, erst will ich dir meine Geschichte erzählen: Erst dörrten sie mich und dörrten mich fast zu Tode –«

»Mach auf! Mach auf!« schrie der Riese wieder.

Aber die Katze antwortete wie vorher: »Warte nur ein kleines Weilchen, erst will ich dir meine Geschichte erzählen: Erst dörrten sie mich und dörrten mich fast zu Tode; dann mengten sie mich und mengten mich fast zu Tode –«

»Mach auf! Mach auf!« schrie der Riese erbittert; aber die Katze fuhr von neuem fort: »Warte nur ein kleines Weilchen, erst will ich dir meine Geschichte erzählen: Erst dörrten sie mich und dörrten mich fast zu Tode; dann mengten sie mich und mengten mich fast zu Tode; dann piekten sie mich und piekten mich fast zu Tode –«

Jetzt wurde der Riese zornig und brüllte so laut, daß die ganze Burg wackelte: »Mach auf! Mach auf!«

Aber die Katze ließ sich nicht stören, sondern sagte wie vorher: »Warte nur ein kleines Weilchen, erst will ich dir meine Geschichte erzählen: Erst dörrten sie mich und dörrten mich fast zu Tode; dann mengten sie mich und mengten mich fast zu Tode; dann piekten sie mich und piekten mich fast zu Tode; dann buken sie mich und buken mich fast zu Tode!« –

Da wurde dem Riesen ängstlich zumute, und er bat so schön, ach, so schön: »Mach auf! Mach auf!«

Aber es half ihm nichts, das Brot saß noch immer wie vorher im Schlüsselloch. Im selben Augenblick rief die Katze: »Ach, sieh da, die schöne Jungfrau, die zum Himmel hinaufreitet!«

Als der Troll sich umdrehte, ging gerade die Sonne über dem Wald auf. Aber als der Riese in die Sonne sah, fiel er rücklings um und platzte, und da war er tot.

Das Brot verwandelte sich jetzt wieder in eine Katze, und sie beeilte sich, alles für ihre Gäste in Ordnung zu bringen. Als dann eine

Weile vergangen war, kam der Königssohn mit seiner jungen Braut und seinem ganzen Hof angefahren. Die Katze lief ihnen entgegen und hieß sie auf der Katzenburg willkommen. Sie wurden jetzt auf das prächtigste bewirtet, und es fehlte weder an Speise und Trank noch anderer köstlicher Verpflegung.

Aber das schöne Schloß war so voll Gold, Silber und allerhand Kostbarkeiten, daß niemand weder vorher noch nachher je dergleichen gesehen hat.

Kurz darauf fand die Hochzeit des Prinzen mit der schönen jungen Maid statt, und alle, die ihren Reichtum sahen, fanden es vollauf berechtigt, daß sie gesagt hatte: »In meinem Schloß auf der Katzenburg hatte ich es viel besser.«

Der Königssohn und die Kätnerstochter lebten jetzt viele, viele Jahre lang glücklich zusammen; aber wie es der Katze ergangen ist, habe ich nicht in Erfahrung gebracht; man kann sich aber wohl denken, daß sie keine Not gelitten. Ich bin nicht länger dabei gewesen.

Der Knabe, der das Kind des Riesen in den Brunnen fallen ließ

Es waren einmal Riesenleute, die im Wald wohnten. Um ihre Stube herum waren üppige Wiesen, so daß das Vieh des Riesen immer gut gehalten war; aber die Leute in den nächsten angebauten Gegenden hatten schlechte und unfruchtbare Weiden. Dies verdroß sie, und sie ließen zuweilen ihr Vieh auf den Gründen des Riesen weiden. Dieses aber lief nicht immer gut ab; denn der Riese, welcher sehr grausam war, überfiel die Hirten und ermordete sie.

Nicht weit vom Hofe des Riesen wohnte eine arme Frau, die hatte einen einzigen Sohn. Er war zart und klein gewachsen, aber sehr verschmitzt und dreisten Sinnes. Eines Tages sagte der Knabe zu seiner Mutter, daß sie drei Käse gerinnen lassen sollte. Die Frau tat nach seinem Begehren. Als nun die Käse fertig waren, rollte sie der Knabe in die Asche, so daß sie grau und widerlich aussahen. Hierüber wurde die Mutter verdrießlich und schalt ihn aus, daß er die Gaben Gottes unnütz vergeude. Der Knabe aber bat sie, sich zufriedenzugeben, sie könnte nicht wissen, was er im Sinne hätte.

Früh am Morgen zog der Knabe mit dem Vieh seiner Mutter zum Wald und trieb das Vieh auf die Weideplätze des Riesen. Hier schweifte er ungehindert umher, solange die Sonne am Himmel stand; gegen Abend rief er sein Vieh zusammen und machte sich bereit, wieder nach Hause zu kehren. Aber während der Zeit hatte der Riese seinen Besuch bemerkt und kam ihm jetzt mit großen Schritten entgegen. Der Riese war sehr erzürnt und so grimmig anzuschauen, daß den Knaben trotz seiner Beherztheit die Angst befiel.

»Was tust du hier in meinem Gehege?« brüllte der Riese.

Der Knabe antwortete, daß er gegangen war, um eine Weide für sein Vieh zu finden.

Der Riese entgegnete: »Pack dich sogleich fort, sonst will ich dich zerdrücken, wie ich jetzt diesen Stein zermalme.« Hierbei faßte er einen großen grauen Stein, der am Boden lag, und zerdrückte ihn, so daß der Stein in tausend Fetzen zerstob.

Der Knabe sagte: »Du bist sehr stark; aber ich bin nicht geringer an Kräften, obschon ich klein gewachsen bin.«

Er nahm einen von seinen Käsen heraus und drückte ihn, daß die Molke herausrann. Als der Riese dies sah, verwunderte er sich sehr und meinte, daß darin irgendein Betrug verborgen sein möchte. Der Riese nahm wieder einen Stein von der Erde und zermalmte ihn in kleine Stücke, der Knabe aber nahm den andern Käse und drückte das Wasser daraus wie früher. Hierauf erneuerte sich das Spiel noch einmal, und der Knabe drückte das Wasser aus dem dritten Käse.

Da sagte der Riese: »Ich dachte nicht, daß du so stark wärst. Folge mir zu meinem Hof und diene mir treu, so werde ich dir drei Scheffel Gold geben. Aber wenn du nicht nach meinem Sinne bist, will ich drei breite Riemen aus deinem Rücken schneiden.«

Der Knabe erwiderte: »Dies scheint mir eine gute Bedingung zu sein, aber jetzt muß ich mein Vieh nach Hause treiben.« Sie kamen dahin überein, daß sie sich den Tag darauf begegnen würden, und hiermit endigte für diesmal ihr Gespräch.

Den andern Tag ging der Knabe zum Wald und traf den Riesen, wie verabredet war. Sie gingen jetzt zur Stube des Riesen. Das Weib des Riesen aber war so groß und von so widerlichem Aussehen, daß der Knabe sie mehr fürchtete als den Riesen selbst.

Als eine Stunde verstrichen, sollten der Riese und sein Knecht zum Wald gehen und Holz hauen. Der Riese sagte: »Weil du so stark bist, kannst du meine Axt tragen.« Die Axt aber war so groß und schwer, daß der Knabe sie kaum heben konnte. Er entgegnete: »Vater, es ist besser, Ihr tragt Eure Axt selbst, so kann ich vorausgehen und den Weg weisen.« Hiermit war der Riese zufrieden, und sie zogen zur Stätte. Als sie nun zur Stelle kamen, blieb der Riese bei einem großen Baum stehen. Er sagte: »Weil du so stark bist, kannst du den ersten Hieb tun, ich will den andern tun.«

»Nein«, erwiderte der Knecht, »ich bin nicht imstande, mit einer so kleinen Axt zu hauen. Ihr könnt selbst den ersten Hieb führen, ich will dann den anderen tun.«

Der Riese ließ sich hiermit zufriedenstellen, hob die Axt und hieb gewaltig in die Wurzel; der Hieb aber war so stark, daß der Baum mit einem starken Krachen zur Erde fiel. Der Knecht war somit befreit, diesmal eine Probe seiner Stärke zu zeigen.

Da nun der Baum heimgebracht werden sollte, fragte der Riese: »Willst du am Wipfel oder an der Wurzel tragen?:

Der Knecht antwortete: »Ich will am Wipfel tragen.«

Der Riese hob den Baum auf die Schultern, der Knabe aber rief, daß er sich besser beugen solle. Der Riese tat, wie ihm gesagt wurde, und trug zuletzt das ganze Bauholz im Gleichgewicht auf den Achseln. Hierauf hüpfte der Knabe selbst hinauf und verbarg sich unter den Zweigen des Baumes. Als sie nun zum Hofe gekommen, war der Riese sehr müde, der Knecht aber meinte, daß dieses kaum eine schwere Arbeit war.

Den Tag darauf sagte der Riese, daß er fortgehen wolle; der Knecht solle daheim bleiben und der Mutter Butter machen helfen. Das Riesenweib nahm nun ein Butterfaß voll mit Milch; aber das Butterfaß war so groß, daß der Knabe den Stab des Fasses kaum zu heben vermochte. Er sagte: »Mutter, dies scheint mir eine leichte Arbeit zu sein, aber ich will gerne, daß ihr mir zeigt, wie ich mich dabei zu benehmen habe.«

Das Riesenweib tat nach seinem Begehren und fing zu buttern an; der Knabe stand dabei und sah zu. Gerade als dies geschah, begann das Riesenkind zu schreien. Da sagte das Weib: »Nimm die Kleine mit dir zum Brunnen und wasche sie rein, ich will buttern, während du fort bist.«

Der Knabe ging und beeilte sich nicht. Als er nun zum Brunnen kam und die Kleine waschen sollte, die kaum kleiner als er selbst war, dünkte es ihm besser, daß er das Riesenkind in das Wasser hinabrolle und ertränke. Der Knecht meinte, es wäre ein geringer Schaden, dachte aber, daß es von nun an nicht ratsam wäre, länger bei den Riesenleuten zu bleiben.

Als der Knabe wieder zur Stube kam, hatte das Weib zu buttern aufgehört. »Du hast lange gezaudert«, sagte sie zum Knecht, »aber was hast du mit meinem Kinde gemacht?«

Der Knabe antwortete: »Ja, als ich es gewaschen hatte, sprang es zum Wald, um seinem Vater zu begegnen.«

»Ja so«, antwortete das Weib, »dann kommen sie wohl bald zusammen nach Hause.«

Gegen Abend kam der Riese vom Wald heim und war sehr ermüdet. Das Weib rief ihm entgegen: »Vater, was hast du mit unserm Mädchen getan?«

Der Riese antwortete: »Ich habe kein Mädchen gesehen!«

Da erschrak das Riesenweib und begann fürchterlich zu schreien und zu jammern. Der Knabe sagte, daß er und der Riese fortgehen wollen, um das Kind zu suchen.

Sie zogen nun in den Wald und suchten auf allen Plätzen, konnten aber niemanden finden. Als der Riese und sein Knecht lange umhergeirrt waren, kamen sie zuletzt an die Grenze der Besitzungen des Riesen. Da sagte der Hirtenknabe: »Vater, ich bin jetzt nicht weit von der Heimat. Erlaubt mir, zu meiner Mutter zu gehen, die mich erwartet. Am Morgen will ich wiederkommen und Euch suchen helfen.«

Der Riese entgegnete: »Du kannst gehen, weil du mir so treu gewesen, komm aber bald zurück.«

Bei diesen Worten nahm der Riese drei Scheffel Gold hervor und gab die dem Knaben als Lohn für seinen Dienst. Der Knecht aber dankte ihm und sagte, das nächste Mal wolle er noch besser dienen. Der Riese und der Hirtenknabe zogen nun jeder nach seinem Wohnort. Der Knabe ging zu seiner Mutter heim und gab ihr all das Vermögen, das er gewonnen, so daß sie von diesem Tage an reich und glücklich waren. Der Riese aber streifte im Walde umher, um sein Kind zu suchen. Dort gehen er und sein Weib und suchen noch heute.

Das schöne Hirtenmädchen

Es war einmal ein König, der hatte eine einzige Tochter. Sie war so schön und sanft, daß sie von allen geliebt wurde, die sie sahen. Die Gemahlin des Königs, die Königin, hatte gleichfalls nur eine Tochter; diese aber war von häßlichem Aussehen und von so böser Sinnesart, daß sie bei niemandem in gutem Leumund war. Hierüber grämte sich die Königin sehr und gönnte der Tochter des Königs nichts Gutes. Als nun der König tot war, wurde die Königin sehr böse gegen ihre Stieftochter, und gebrauchte sie zu allerhand geringen Arbeiten. Das arme Mädchen aber klagte nie, sondern war stets geduldig und ergeben.

Es ereignete sich eines Tages, daß die Königin ihre Stieftochter auf den Boden schickte, um das Getreide zu bewachen. Während sie nun so saß und es hütete, kamen die kleinen Vögel des Himmels und flogen zwitschernd um den Getreidehaufen, als wollten sie um Korn bitten. Da tat es der Königstochter um die kleinen Tiere leid, und sie warf ihnen von dem Haufen Getreide zu. Sie sagte: »Meine armen kleinen Vögel! Ihr seid so hungrig; hier habt ihr Korn, klaubt es schnell auf und eßt euch satt.« Als nun die Sperlinge gegessen hatten, flogen sie fort, setzten sich auf das Dach und hielten Rat, wie sie der Jungfrau für ihr gutes Herz lohnen sollten. Da sprach der eine Vogel: »Ich vergelte es ihr dadurch, daß unter ihren Tritten rote Rosen wachsen.«

Der andere sagte: »Ich, daß sie jeden Tag schöner und schöner wird.«

»Und ich«, sagte der dritte, »will es ihr damit vergelten, daß jedesmal, wenn sie lacht, ein roter Goldring aus ihrem Munde fällt.«

So sprachen sie und flogen davon. Alles aber ging in Erfüllung, wie die Vögel gesagt hatten, und von dem Tage an ward die Königstochter noch liebenswürdiger als früher, so daß keine schönere Frau zu finden gewesen wäre, hätte man auch in sieben Königreichen gesucht.

Als dies alles die Königin vernahm, wurde sie noch neidischer als früher und überlegte bei sich, wie ihre Tochter ebenso schön wie ihre Schwester werden möge. In dieser Absicht sandte sie die Prinzessin gleichfalls auf den Boden, das Getreide zu bewachen. Das Mädchen ging, obschon es sie sehr schmerzte, daß man ihr eine so geringe Beschäftigung gegeben. Als sie nun so die Wache hielt, kamen die Vögel des Himmels und flogen zwitschernd um den Getreidehaufen, als wollten sie um etwas Korn bitten. Da ward die böse Jungfrau erbost, sie faßte den Kehrbesen, jagte die kleinen Vögel fort und sagte zornig: »Was wollt ihr hier, ihr häßlichen Vögel; bildet ihr euch etwa ein, daß eine vornehme Jungfrau wie ich ihre Hände beschmutzen werde, um euch Speise zu geben?« Die Sperlinge entflohen, setzten sich auf das Dach und beratschlagten, wie sie die böse Prinzessin ihre harten Worte entgelten lassen könnten. Da sagte der eine: »Ich vergelte es dadurch, daß unter ihren Tritten Disteln und Dornen wachsen.«

Der andere sagte: »Ich, daß sie jeden Tag häßlicher und häßlicher werde.«

»Und ich«, setzte der dritte hinzu, »lasse es sie damit entgelten, daß jedesmal, wenn sie lacht, Frösche und Kröten aus ihrem Munde heraushüpfen sollen.«

So sprechend flogen sie davon. Alles aber ging in Erfüllung, wie die Sperlinge gesagt hatten, und von dem Tage an ward die Tochter der Königin noch häßlicher und noch böswilliger, als sie früher gewesen.

Die Stiefmutter und ihre böse Tochter konnten nun die schöne Königstochter nicht länger vor ihren Augen leiden und schickten sie daher in den Wald, das Vieh zu weiden. Die arme Jungfrau schweifte so in der Einöde umher wie andere Hirtenmädchen; und es schien ihr oft, daß sie große Not und Unrecht litt. Die böse Prinzessin aber blieb bei ihrer Mutter am Königshof und freute sich in ihrem falschen Herzen, daß niemand die schöne Königstochter sehen oder etwas von ihrer Schönheit vernehmen konnte.

Es ereignete sich eines Tages, daß das schöne Hirtenmädchen im Walde saß und an einem Fausthandschuh stickte, während ihr Vieh auf die Weide ging. Da kamen einige junge Männer vorbeigefahren. Als sie die schöne Jungfrau sahen, wie sie saß und emsig nähte, wurden sie von ihrer Schönheit sehr angezogen, gingen hin, grüßten höflich und fragten: »Warum sitzt die schöne Jungfrau hier und stickt so fleißig?«

Die Königstochter sang:

»Schnapp, Schnapp, freue dich,
Ich denke, den Sohn des Königs von Dänemark zu bekommen.«

Bei diesen Worten wunderten sich die jungen Männer und baten die Jungfrau, mit zum Königshof zu kommen. Die Jungfrau aber wollte nicht auf ihre Worte hören, sondern gab ihnen goldene Ringe, damit sie sie in Frieden lassen sollten. Die jungen Männer zogen hierauf ihres Weges und kamen heim. Sie konnten aber nicht müde werden, von dem schönen Hirtenmädchen zu erzählen, das ihnen im Wald begegnete, und es wurde sehr viel am ganzen Königshof von ihrer Schönheit und ihrem Reichtum gesprochen.

Als dieses alles der junge Königssohn vernahm, bekam er große Lust, die schöne Jungfrau zu sehen und zu erkunden, ob alles wahr sei, was die jungen Männer erzählt hatten. Er zog nun mit seinen Habichten und Hunden auf die Jagd und kam weithin in den Wald zu der Stelle, wo die Königstochter saß und an ihrem Fausthandschuh stickte. Der Prinz ging hin, grüßte höflich und fragte: »Warum sitzt Ihr hier, schöne Jungfrau, und näht so fleißig?« Die Jungfrau sang:

»Schnapp, Schnapp, freue dich,
Ich denke, den Sohn des Königs von Dänemark zu bekommen.«

Als dies der Königssohn hörte, ward ihm wunderlich zumute, und er fragte, ob das Hirtenmädchen ihm zum Königshof heim folgen wolle. Da lachte die Prinzessin; im selben Augenblick fiel ein goldener Ring aus ihrem Munde, und als sie sich bereit machte, um zu gehen, sieh, da sprossen rote Rosen aus ihren Fußspuren empor. Da faßte der Königssohn eine Neigung zu ihr, so daß er bekannte, wer er war, und fragte, ob nicht die junge Maid seine Königin werden wolle. Die Prinzessin willigte ein und ließ ihn zugleich wissen, daß sie dem Geschlecht und der Herkunft nach nicht geringer als er sei. Hierauf zogen sie zusammen zum Königshof, und die Königstochter ward die Gemahlin des Prinzen. Alle aber waren ihr gut, und der Königssohn hielt sie lieb vor allem anderen in der Welt.

Bei diesen Nachrichten wurde die böse Stiefmutter noch neidischer in ihrem Herzen und dachte auf nichts so sehr, als wie sie ihrer Stieftochter einen Schaden zufügen und ihre eigene Tochter zur Königin statt ihrer machen könne. Da ereignete es sich, daß ein großer Krieg ausbrach, so daß der Königssohn fortziehen mußte. Die Königin aber war schwanger und sollte in die Wochen kommen. Nun wartete die Stiefmutter die Gelegenheit ab, zog zum Königshof hin und zeigte sich sehr freundlich gegen alle. Als aber die junge Königin krank wurde und niemand bei ihr war, nahm die Stiefmutter ihre Zuflucht zur List, legte ihre eigene Tochter an ihre Stelle und verwandelte die rechte Königin in eine kleine Ente, die schwamm im Fluß vor dem Königshof. Einige Zeit danach ging der Krieg zu Ende, und der junge König zog heim, voll Sehnsucht, seine schöne Frau wiederzusehen.

Als er nun in das Schlafgemach kam und die häßliche Stiefschwester im Bett fand, war er sehr traurig und fragte, warum das Aussehen seiner Gemahlin sich so verändert habe. Die listige Stiefmutter war sogleich bereit und antwortete: »Es kommt von ihrer Krankheit und geht wohl vorüber.«

Der König fragte weiter: »Früher entfielen jedesmal goldene Ringe ihrem Munde, wenn meine Gemahlin lachte, nun aber Frösche und Kröten; früher aber wuchsen rote Rosen in ihren Fußspuren, nun wuchern Disteln und Dornen darin; was mag wohl die Ursache von diesem allem sein?«

Die böse Königin aber nahm schnell das Wort und antwortete: »Also ist sie, bleibt sie und wird nicht anders, bis daß der König das Blut einer kleinen Ente bekommen kann, die im Fluß umherschwimmt.«

Der König fragte: »Wie soll ich das Blut der Ente erhalten können?«

Die Stiefmutter sagte: »Je nun, es soll zwischen dem abnehmenden und dem Neumond genommen werden.«

Der König gab jetzt Befehl, daß man die kleine Ente fangen soll; der Vogel aber entkam allen Schlingen, wie man sie auch legen mochte.

An einem Donnerstag, nachts, während alle in ihrem Schlummer lagen, bemerkten die Wächter, wie ein weißer Schatten, der in allem der Königin glich, aus dem Fluß auftauchte und in die Küche ging. Die Prinzessin hatte einen kleinen Hund besessen, den sie sehr liebte. Er hieß Schnappe. Als sie nun auf den Hausflur kam, sagte sie:

»Kleiner Schnappe, mein Hund,
Hast du etwas Speise, um sie mir abends zu geben?«

»Nein, ich habe nichts, meine Frau«, antwortete der Hund.

Die Königstochter fragte:

»Die Hexe schläft wohl bei meinem kleinen Prinzen, im obersten Stockwerk?«

»Ja, das tut sie, meine Frau!« sagte der Hund.

Die Königstochter sagte wieder: »Nun komme ich noch zwei Donnerstagabende hierher, und dann nie mehr.«

Hierauf seufzte sie schwer, ging zum Fluß hinab und verwandelte sich in eine kleine Ente, wie früher. Die nächste Donnerstagnacht trug sich dasselbe zu. Als die Leute zur Ruhe gegangen, bemerkten die Wächter eine weiße Gestalt, die aus dem Fluß emportauchte und in die Küche ging. Da nun alle die junge Königin liebten, wunderten sie sich sehr darüber und gingen heimlich, um zu lauschen, was sie sagen und tun würde. Als aber die Königstochter auf den Hausflur gekommen war, sang sie:

»Kleiner Schnappe, mein Hund,
Hast du etwas Speise, um sie mir abends zu bringen?«

»Nein, ich habe nichts, meine Frau!« entgegnete der Hund.

Die Königstochter fragte wieder:

»Schläft die Hexe noch bei meinem kleinen, jungen Prinzen im obersten Stock?«

»Ja, das tut sie, meine Herrin!« sagte der Hund.

Die Königin fuhr fort: »Nun komme ich noch einen Donnerstagabend hierher, und dann komme ich nie mehr.«

Hierauf begann sie bitterlich zu weinen und kehrte zum Fluß zurück, wo sie sich in eine kleine Ente verwandelte, die im Wasser umherschwamm. Als aber die Männer all dieses vernommen, kam es ihnen wunderlich vor, so daß sie heimlich zu ihrem Herrn gingen und ihm erzählten, was sie gehört und gesehen.

Da verfiel der König in tiefe Gedanken, und er befahl den Wächtern, ihn zu benachrichtigen, wenn die Gestalt sich das dritte Mal zeigen sollte.

Die dritte Donnerstagnacht, als alle zur Ruhe gegangen, tauchte die Königstochter wieder aus dem Wasser empor und ging zum Königshof hin. Als sie auf den Hausflur gekommen, wie sie es gewohnt war, sagte sie zu ihrem Hund und sang:

»Kleiner Schnappe, mein Hund,
Hast du etwas Speise, um sie mir abends zu geben?«

»Nein, ich habe nichts, meine Herrin!« antwortete der Hund.

Die Königstochter fragte wieder:

»Die Hexe schläft wohl bei meinem kleinen, jungen Prinzen im obersten Stock?«

»Ja, das tut sie, meine Herrin!« antwortete der Hund.

Da seufzte die Königin schwer und sagte: »Nun komme ich nie mehr hierher.«

Hierauf begann sie bitterlich zu weinen und ging hinaus, um zum Fluß zurückzukehren. Der König aber stand hinter dem Tor und lauschte auf ihr Gespräch. Als nun die Gestalt ihres Weges gehen wollte, nahm er sein silberbeschlagenes Messer und verwundete ihren kleinen Finger, so daß drei Blutstropfen hervorkamen. Da schwand der Zauber, die Königin erwachte wie aus einem schweren Traum und sagte: »Ha, ha, stehst du hier?« Hierauf fiel sie freudig ihrem Manne um den Hals, und er trug sie hinauf in ihr Frauengemach.

Die junge Königstochter erzählte nun ihrem Gemahl alles, was ihr widerfahren, und freute sich vom Herzen, daß sie sich einander wieder besaßen. Der König ging zur Stiefmutter, die am Bett ihrer Tochter saß; die falsche Königin aber hatte das Kind auf ihrem Arm und stellte sich sehr schwach nach ihrer Krankheit. Als nun der König hereinkam, grüßte er die alte Hexe und fragte: »Wenn jemand meine kranke Königin umbringen und in den Fluß werfen wollte, sag mir, was würde er wohl verdienen?« Die böse Stiefmutter dachte nicht, daß ihr Betrug verraten worden, sondern antwortete sogleich: »Er wäre wert, in eine Tonne mit nach innen vorstehenden Nägeln gelegt und vom Berge hinabgerollt zu werden.« Da ward der König zornig, stand auf und sagte: »Damit hast du dir nun dein eigen Urteil gesprochen, und es soll dir so geschehen, wie du selbst gesagt hast.« Die Hexe wurde in eine solche Tonne gelegt und vom Berge hinabgerollt, und ihre Tochter, die falsche Königin, erlitt dieselbe Strafe. Der König aber nahm seine rechte Königin und lebte mit ihr in Frieden und glücklich. Weiter habe ich nichts erfahren.

Das Goldpferd, die Mondlampe und die Jungfrau im Zauberkäfig

Es waren einmal zwei arme Knaben, die weder Vater noch Mutter hatten, sondern in angebaute Gegenden gehen und ihren Unterhalt erbetteln mußten. Während sie so umherwanderten, kamen sie eines Tages zu einem Ackerfeld, wo das Getreide mehr als mannshoch stand. Da sagte der Älteste. »Laß uns einige Ähren lesen, wir haben noch kein Mittagsmahl bekommen.« Der jüngere Bruder stimmte bei, und die Knaben gingen. Währenddem kam ihnen ein Mann entgegen, er war nicht gerade klein und hatte dazu ein sehr unfreundliches Aussehen. Der Riese fragte: »Wer hat euch Erlaubnis gegeben, Ähren auf meinem Acker zu lesen?«

Die Knaben antworteten: »Wir dachten, du würdest darob nicht zürnen; wir waren so hungrig, und du hast doch noch viele übrig.«

Nun stellte sich der Riese ganz freundlich und sagte: »Ich bin auch nicht zornig; wenn ihr mir aber heim folgen wollt, sollt ihr euch satt essen, und ihr braucht nicht mehr umherzugehen, um Ähren zu suchen.«

Dieser Vorschlag gefiel dem ältesten Knaben über die Maßen; sein Bruder aber dachte, daß der Riese wohl irgendeine List im Sinne haben könne, und wollte sich daher nicht in seine Macht geben. Die Knaben beratschlagten miteinander. Der Älteste sagte: »Ich glaube, wir gehen mit ihm.«

»Nein«, entgegnete der Jüngere, »ich halte es für das beste, wir lassen es bleiben.«

Der Älteste wandte ein: »Wir könnten ja mitfolgen; wenn es dort nicht gut ist, gehen wir einfach heim.«

Der Riese fragte nun, ob die Knaben mit ihm kommen wollten oder nicht. »Ja gewiß, wir kommen«, antwortete der Ältere, und so folgten die Brüder dem Riesen zu seiner Hütte.

Als sie dorthin gekommen, führte sie der Riese in eine kleine Kammer hinein und gab ihnen so gute Verpflegung, daß sie es nie besser hatten. Er ging hierauf hinaus und versperrte wieder die Tür. Da sagte der ältere Knabe: »War ich nicht klug, daß ich dem Riesen folgen wollte? Nun haben wir es gut und brauchen nicht mehr in den bebauten Gegenden umherzugehen, die Nahrung zu suchen.« Der Jüngere antwortete: »Wir haben noch nicht gesehen, wie alles enden wird; das gefällt mir nicht, daß wir eingesperrt sind und nicht gehen und kommen können, wie wir es gewohnt sind.« Der ältere Knabe wollte nicht auf diese Worte hören, sondern legte sich nieder, um zu schlafen; der jüngere aber stellte sich bei der Tür auf die Lauer, um zu spähen, was sich außen in der Stube zutrug. Dies währte so einige Tage, die Brüder hatten keinen Mangel an Speise, aber noch immer wurden sie eingesperrt gehalten.

Eines Abends, als der Knabe nach seiner Gewohnheit auf der Lauer stand und durch einen Riß der Wand guckte, bemerkte er, wie der Riese in die Stube kam und zu essen wünschte. Währenddem fragte der Riese sein Weib, ob nicht die beiden Knaben hinlänglich gemästet wären. Das Riesenweib antwortete: »Der eine ist fett genug, aber der andere ist so, wie er kam.« Der Riese sagte: »Ich sollte glauben, daß beide fett geworden sein müssen, wenn du ihnen stets genug Essen gegeben hast. Ich gehe nun fort und lade unsere Verwandten zum Essen ein, du kannst während der Zeit die Knaben schlachten, so daß wir sie morgen aufessen können.«

Als der Knabe dies Gespräch vernahm, ging er zu seinem Bruder hin, weckte ihn und erzählte ihm, was er gehört und gesehen hatte. »Es kann nicht wahr sein, wie du sagst«, sagte der Älteste und schlich sich erschreckt zur Wand. Als er nun durch die Öffnung guckte, hatte der Riese gerade seine Mahlzeit beendet und rief der Dienstmagd, daß sie ihm Wasser geben solle.

»Hast du vergessen«, sagte der Riese, »daß ich jedesmal trinken will, wenn ich gegessen habe?«

Die Dienerin entschuldigte sich, daß es so dunkel wäre, sie könnte den Weg nicht zum Brunnen finden.

»Nimm dann meine Goldlampe«, entgegnete der Riese mit rauher Stimme. Die Dienerin nahm nun von der Wand eine Lampe, die gleich dem Vollmonde schien, und ging, um Wasser zu holen. Als der Riese getrunken hatte, sprach er wieder zu seinem Weibe: »Ich sattle nun mein Goldpferd und reite fort, die Gäste zu laden. Führe unterdessen die Knaben heraus, damit du sie nicht vergißt.« Hierauf ging er fort.

Als aber der älteste Knabe dieses Gespräch vernommen, fürchtete er sich sehr und bat seinen jüngeren Bruder, auf Rat zu sinnen, um ihr Leben zu retten. Der Knabe antwortete: »Sei getrost, ich dürfte wohl irgendeinen Ausweg finden.« Als die Abendstunde herangekommen war, kam das Riesenweib zu den beiden Knaben herein. Sie stellte sich sehr freundlich und sprach manches schöne Wort. »Kommt her, meine Kleinen«, sagte sie, »seht euch in der Stube um, dort werdet ihr die Nacht zubringen.« Die Brüder taten, wie sie bat, obgleich der älteste sich sehr fürchtete. Das Weib ließ sie nun zu Bett gehen, legte sich selbst daneben und schlief ein. Als die Mitternacht herangenaht, stand der jüngste Knabe auf und legte einen Feuerstein über das Haupt des Riesenweibes, denn er wußte wohl, daß der Stein über Riesen und andere Gespenster Macht habe, so daß sie fortschlafen, wenn er über ihnen liegt, und nicht erwachen können, bis es tagt. Das Weib fiel nun in einen tiefen Schlaf und schlief bis zum anderen Tag; der Knabe aber weckte seinen Bruder und schlich sich mit ihm aus der Stube, worauf die Brüder eilig davonliefen.

In der Morgendämmerung kamen die Knaben zu einem großen Gehöft, wo sie anklopften und um Herberge baten. Der Bauer, der den Hof besaß, fragte, woher sie wären, weil sie so spät zur Herberge kamen. Die Brüder erzählten nun ihr Abenteuer, wie sie mit großer Not dem Riesen entflohen waren. Da nahm sie der Mann gut auf und gab ihnen Speise, Trank und was sie noch brauchten. Er sagte: »Es gibt nicht viele, die mit dem Leben der Gewalt des Riesen entkommen. Hütet euch nur, daß er euch nicht wieder verlockt. Er hat aber keine Macht, solange ihr nicht über den breiten Graben geht, der zwischen unseren Äckern läuft.« Die Knaben dankten dem Bauern für seinen guten Rat und versprachen, in allem zu handeln, wie er gesagt hatte.

Um die Mittagszeit kam der Riese auf seinem Goldpferd angeritten und blieb an dem breiten Graben stehen. Sein Zelter aber hatte goldenes Haar, das war so schön, daß es glänzte und schimmerte, wo immer er hinging. Als jetzt der Riese die beiden Knaben sah, rief und fragte er, warum sie ihm davongelaufen seien. Er begann zugleich, sehr freundlich zu sprechen und sagte: »Folgt mir zurück, meine Kleinen, ich will dem einen von euch mein Goldpferd geben, der andere soll eine schöne Königstochter erhalten, die ich in meiner Gewalt habe.« Die Knaben aber hörten nicht auf seine Verlockungen, sondern entliefen und fingen wieder an, in den bewohnten Gegenden umherzugehen und zu betteln.

Als sie lange umhergewandert waren, kamen sie endlich zu einem großen Königshof, wo sie hineingingen und einen Dienst begehrten. Der König, der über den Königshof herrschte, fand an dem Jüngsten ob seiner Behendigkeit Gefallen und nahm ihn unter seine Diener auf; der ältere Bruder aber ging umher und bettelte wie früher. Es währte so eine geraume Zeit, und der Junge war von allen wohl gelitten. Als aber der ältere Bruder erfuhr, welches Glück sein Bruder bei Hofe machte, ward er sehr neidisch und wollte sich nicht zufriedengeben, bis auch er in den Dienst des Königs gekommen wäre. Der Höfling bat nun für seinen Bruder, und dieser wurde als Stalljunge aufgenommen. Wenn aber auch alle dem jüngeren Knaben wohlwollten, so konnten sie doch den Stalljungen wegen seiner Falschheit und Bosheit nicht leiden. Hierüber trug er großen Schmerz in seinem Herzen, und er dachte an nichts so sehr, als wie er seinen Bruder verderben und selbst die Gunst des Königs gewinnen könne.

Der König ging eines Tages zum Stall, um seine Füllen zu beschauen. Als er sie alle rundumher beschaut, blieb er bei dem Zelter stehen, auf dem er selbst zu reiten pflegte, streichelte ihm die Lenden und sagte zu seinen Hofleuten: »Sagt mir, wo sah man in der Welt ein Pferd, so gut wie dieses?« Der Stalljunge nahm sogleich das Wort: »Herr und König! Fürwahr, Euer Zelter ist schön, ich weiß aber einen andern, der ihn weit übertrifft.« Der König ward nun aufmerksam und fragte: »Wo findet man dieses Pferd, und wer kann es mir beschaffen?« Der Stalljunge sagte: »Ich glaube, daß keiner das Füllen beschaffen kann außer meinem Bruder. Er weiß auch am besten, wo es zu finden ist.« Der König bekam große Lust, das Pferd zu besitzen, wovon er so viel reden gehört, und befahl dem Höfling, fortzugehen und es zu bringen. Der Höfling war wohl nicht sehr furchtsam; gleichwohl wäre er lieber daheimgeblieben. Der Stalljunge aber freute sich in seinem Herzen und meinte, daß sein Bruder wohl kaum von der Reise wiederkommen werde. Der Höfling rüstete sich nun und begann seine Fahrt. Als er zum Hof des Bauern kam, ging er hinein, grüßte ihn höflich und bat um einen guten Rat, wie er des Königs Auftrag vollziehen könne. Als aber der Bauer den Knaben wiedererkannte, der dem Riesen entlaufen war, empfing er ihn freundlich und versprach seinen Beistand in allem, was er vermochte. Sie überlegten so miteinander, und es wurde beschlossen, was ich nun erzählen will.

Am Abend, als die Sonne hinter dem Wald unterging, schlich sich der Höfling zur Wohnung des Riesen hin. Er hatte einen Stock an das Ende eines Seiles gebunden und warf den Stock durch das Stalloch. So kletterte er die Wand hinauf; als er zum Loch hinaufgekommen war, zog er das Seil nach sich und ließ sich hinab in den Stall des Riesen. Hierauf sattelte er das Goldpferd des Riesen, öffnete die Tür und ritt eiligst hinweg. Als er zum Hof des Bauern kam, herrschte eine große Freude, daß sein Unternehmen so gut abgelaufen. Der Höfling aber wollte nicht lange dort verweilen, sondern machte sich sogleich wieder auf und ritt zum Königshof heim. Da wunderten sich alle sehr über das schöne Goldpferd, und am allermeisten verwunderte sich der König selbst. Von dem Tage an stieg der Höfling immer mehr in der Gunst seines Herrn; der Stalljunge härmte sich über sein Glück und gönnte seinem Bruder nichts Gutes.

Eines Tages ging der König zum Stall, um seine Füllen zu beschauen, wie es seine Gewohnheit war. Als er sie alle rundumher beschaut, blieb er bei dem Goldpferd des Riesen stehen, streichelte es an den Lenden und sagte zu seinen Leuten: »Sagt mir, wo sah man wohl in der Welt eine solche Kostbarkeit wie diese?« Die Männer stimmten bei, daß dergleichen kaum zu finden wäre. Der betrügerische Stalljunge aber war sogleich bereit und sagte: »Herr und König! Fürwahr, Euer Goldpferd ist ein seltenes Kleinod, ich weiß aber einen anderen teureren Schatz, der es weit an Kostbarkeit übertrifft.« Als der König auf diese Worte aufmerksam wurde, fragte er, wovon die Rede war. Da begann der Stalljunge weit und breit von der schönen Lampe zu erzählen, die schöner als der Vollmond scheine. Der König nahm hierauf das Wort: »Wo findet man die Lampe, und wer kann sie mir beschaffen?« Der Stalljunge sagte: »Ich glaube, daß keiner die Lampe Euch beschaffen kann außer meinem Bruder, er weiß auch am besten, wo man sie findet.« Der König bekam nun große Lust, die Mondlampe zu besitzen, wovon er so viel sprechen gehört, und befahl dem Höfling, fortzuziehen und sie zu holen. Der Höfling war nicht sehr furchtsam, gleichwohl wäre er gerne geblieben, wo er war. Der Stalljunge aber freute sich in seinem falschen Herzen und meinte, daß sein Bruder von der Reise kaum wiederkommen werde.

Der Höfling rüstete sich nun und begab sich auf den Weg. Als er zum Hof des Bauern kam, ging er hinein, dankte für den letzten Dienst und bat ihn um guten Rat, wie er des Riesen Mondlampe erhalten könne. Der Bauer empfing ihn sehr freundlich und versprach seinen Beistand in allem, was er konnte. Als sie sich besprochen hatten, nahm der Höfling Abschied und begab sich allein auf den Weg zu dem fürchterlichen Riesen.

Gegen Abend, als es dämmerig wurde, kam der Riese aus dem Wald heim. Er war den ganzen Tag außer Haus und sehr hungrig.

Als er nun sein Abendessen beendigt, hatte die Dienerin vergessen, Wasser zu holen. Da ward der Riese übellaunig und sagte: »Hast du vergessen, daß ich trinken will, jedesmal wenn ich gegessen habe?« Die Dienerin entschuldigte sich, daß es so dunkel wäre, sie könnte den Weg nicht zum Brunnen finden. »Nimm dann meine Mondlampe«, rief der Riese mit zorniger Stimme. Das Weib ließ sich dies nicht zweimal sagen, sondern nahm die schöne Lampe von der Wand und eilte zum Brunnen fort. Doch ihr Gang sollte anders enden, als sie dachte, denn als sie sich herniederlegte, war der Höfling bereit, faßte sie bei den Füßen und warf sie über Hals und Kopf in den Brunnen. Hierauf nahm er die schöne Lampe, die gleich dem Vollmond schien, und lief eilig davon. Als er nun zum Hof des Bauern kam, hatten sie eine große Freude über das Gelingen seines Unternehmens. Der Höfling aber wollte dort nicht länger verweilen, sondern machte sich sogleich bereit und fuhr zum Hof des Königs. Hier wunderte man sich sehr über die kostbare Mondlampe, und am meisten verwunderte sich der König selbst. Seit dem Tage wurde der Höfling von seinem Herrn noch mehr geliebt und als der vornehmste unter seinen Dienern geachtet. Der Stalljunge aber trug Haß gegen ihn in seinem Herzen und sann immer auf Rat, wie er seinen Bruder verderben könne.

Einige Tage darauf ging der König wieder zum Stall, um seine Füllen zu besehen. Als er alle beschaut hatte, wandte er sich an seine Leute und sagte: »Findet sich irgendwo ein König, der sich rühmen kann, daß er größere Kostbarkeiten besitze als ich; ich kenne nichts, was mir fehlt.« Alle bejahten es; der böswillige Stalljunge aber war sogleich bereit und erwiderte: »Herr und König! Fürwahr, du besitzt manch kostbare Schätze, ich weiß aber ein Kleinod, das alle weit übertrifft.« Als der König dies hörte, war er sehr verwundert und fragte: »Wovon sprichst du, und wer kann mir das Kleinod beschaffen?« Da begann der Stalljunge lang und breit von der schönen Königstochter zu erzählen, die im Hof des Riesen war, und schloß so seine Rede: »Ich kann dir die junge Maid nicht beschaffen, ich kenne auch niemand anderen, der es tun kann, außer meinem Bruder. Er weiß auch am besten, wo sie zu finden ist.« Der König bekam nun große Lust, die Prinzessin zu besitzen, deren Schönheit so hoch gepriesen wurde, und befahl dem Höfling, fortzuziehen und sie zu holen. Der Höfling war nicht sehr furchtsam, gleichwohl wäre er lieber geblieben, wo er war. Der Stalljunge aber freute sich und meinte, daß dies wohl die letzte Reise seines Bruders sein dürfte.

Der Höfling rüstete sich und ritt zum Hof des Bauern, wie früher. Er ging hinein, dankte für den letzten Dienst und bat um guten Rat, wie er die Königstochter aus dem Hof des Riesen entführen könne. Als sie miteinander beratschlagten, sagte der Bauer: »Dein Vorhaben ist schwer, und ich weiß nicht, wie es ablaufen wird, denn die Königstochter sitzt auf dem hohen Boden in einem Zauberkäfig. Gleichwohl ist mein Rat, daß du in der Wand Eisenkeile befestigst und so zu ihr hinaufsteigst. Dann steht zu erwarten, ob das Glück dir günstig sein will.« Der Höfling dankte dem Greis für seinen Rat und versprach, diesen zu befolgen. Er nahm hierauf Abschied und wanderte zur Stube des Riesen; der Bauer aber wollte ihm wohl und wartete mit Unruhe seine Rückkunft ab.

Am Abend, als es dunkel wurde, befestigte der Höfling Keile in der Wand und kam so auf den hohen Boden. Der Käfig der Prinzessin, in dem sie gefangensaß, war aber verzaubert, so daß nur der das Schloß öffnen konnte, der vom Schicksal dazu bestimmt war, der Bräutigam der Jungfrau zu werden. Als nun die Königstochter den beherzten Jüngling sah, freute sie sich herzlich, das Schloß aber sprang von selbst auf, so daß der Höfling in den Käfig kam. Er erzählte hierauf sein Unternehmen und fragte, ob die Prinzessin ihm folgen wolle. Sie willigte ein und machte sich sogleich bereit. Als sie nun die Wand hinabgingen, hielt der Jüngling sie fest, damit sie nicht falle, was das Mädchen sich gern gefallen ließ. Hierauf zogen sie schnell weiter und kamen zum Hof des Bauern. Der Höfling aber wollte nicht verweilen, sondern nahm von dem klugen Greis Abschied und machte sich bereit, heimzureiten. Sie reisten zum Königshof; unterwegs aber faßte der Junge eine heftige Liebe zu der schönen Maid, so daß er glaubte, es würde sein Tod sein, wenn sie irgendein anderer besäße.

Als sie nun hingekommen waren, herrschte große Freude über den ganzen Hof des Königs, daß der Höfling zurückgekommen; denn alle liebten ihn, nur nicht sein Bruder, der boshafte Stalljunge. Der König ging hierauf, seine junge Braut zu schauen, und es schien ihm, daß er nie eine schönere Frau gesehen. Als er aber zu ihr sprechen wollte, sieh! – da kam der Zauberkäfig zurück, und keiner konnte das Schloß öffnen außer dem, der die Prinzessin aus der Gewalt des Riesen befreit hatte. Nun begriff der König, daß die Maid nicht bestimmt war, ihm zuzugehören. Er ließ daher eine prächtige Hochzeit veranstalten und gab dem tapferen Höfling die Königstochter zur Braut, der für sie so viele Gefahren bestanden. Als die Hochzeit lange Zeit mit Lustbarkeit und Spiel gewährt hatte, nahm der König von den beiden Abschied und sandte sie mit großem Gefolge zum Vater der Prinzessin heim. Hier herrschte keine geringe Freude über das ganze Reich, daß der König seine einzige Tochter wieder erhalten. Der Höfling aber und seine Gemahlin lebten glücklich zusammen noch viele, viele Jahre. Und als der König, der Vater der Prinzessin, starb, ward der Höfling zum König über das ganze Reich erwählt. Dort lebt, und wie ich sagen gehört, beherrscht er glücklich das Land noch heute.

Silfwerhwit und Lillwacker

Es war einmal ein König, der hatte eine Königin, die er sehr liebte. Nach einiger Zeit aber starb die Königin und hinterließ eine einzige Tochter. Als nun der König Witwer wurde, wandte er seine ganze Liebe der kleinen Prinzessin zu und liebte sie wie seinen Augapfel. Die junge Königstochter wuchs heran und wurde die schönste Jungfrau, von der man je sprechen gehört.

Als die Prinzessin fünfzehn Winter alt war, ereignete es sich, daß dort ein großer Krieg ausbrach und ihr Vater gegen die Feinde des Landes fortziehen mußte. Da der König niemanden hatte, dem er seine Tochter während seiner Abwesenheit anvertrauen konnte, so ließ er einen hohen Turm im Wald bauen, versah ihn reichlich mit Lebensmitteln und schloß seine Tochter mit ihrer Dienerin da ein. Zugleich ließ er ein Gebot ergehen, daß kein Mann, wer er auch sei, bei Lebensstrafe dem Turm sich nähern solle, in dem die Jungfrauen sich befanden. Der König meinte nun alles wohlgetan zu haben, um die Ehre seiner Tochter zu schützen, und zog so fort in den fernen Krieg. Unterdessen saß die Prinzessin im Turm mit ihrer Dienerin und machte seidene Gewirke.

In der Stadt aber waren manch tapfere Königssöhne und andere Jünglinge, deren Sinn nach der schönen Jungfrau stand, und sie wünschten sehr, mit ihr zusammenzukommen. Als sie bemerkten, daß solches nicht geschehen konnte, waren sie auf den König sehr erbittert und sannen auf Rache. Zu dem Zwecke berieten sie sich mit einem alten Weibe, die mehr als andere wußte, und baten sie, es einzurichten, daß die Königstochter und ihre Dienerin ihre Ehre verlören, wenn sie auch nicht in der Gewalt eines Mannes gewesen.

Das Weib versprach ihren Beistand hierzu. Sie bezauberte ein paar Äpfel, legte sie in einen Korb und ging zu dem einsamen Turm, wo die Jungfrauen saßen.

Als die Königstochter und ihr Mädchen das alte Weib gewahrten, wie sie vor dem Windauge saß, bekamen sie große Lust, die schönen Äpfel zu kosten. Sie riefen dem Weibe zu, daß sie von den köstlichen Früchten kaufen wollten. Das Trollweib aber antwortete, daß sie diese nicht feilbiete. Als nun die Jungfrauen nicht zu bitten aufhörten, sagte die Alte, daß sie einer jeden einen Apfel schenken wolle, sie sollten nur einen Korb über die Mauer des Turmes herablassen. Die Prinzessin und ihr Mädchen dachten an keine Falschheit, sondern taten, wie die Hexe gesagt hatte, und so erhielt jede einen Apfel. Die verzauberten Früchte aber hatten eine wunderbare Kraft; denn beide Jungfrauen wurden auf einmal schwanger, und ehe ein Jahr um war, gebar jede einen kleinen Sprößling. Der Sohn der Königstochter wurde Silfwerhwit genannt, der Sohn der Dienerin Lillwacker*. Die beiden Knaben wuchsen heran und wurden größer und stärker als die anderen Kinder. Sie hatten dabei ein schönes Aussehen und glichen einander wie zwei Beeren, so daß jedermann sehen und wahrnehmen konnte, daß sie Geschwister waren.

Es währte nun sieben volle Jahre, und der König sollte vom Kriege heimkehren. Da wurde den beiden Jungfrauen sehr bange, und sie fürchteten, daß er ihre Unehre erfahren würde. Sie überlegten nun miteinander, wie sie ihre Kinder verbergen konnten, aber keine wußte hierzu Rat. Als man nun keine andere Hilfe fand, nahmen die Jungfrauen mit großen Schmerzen von ihren Söhnen Abschied und ließen sie über Nacht vom Turm herab, damit sie selbst ihr Glück in der Welt versuchen sollten. Beim Abschied schenkte die Königstochter dem Silfwerhwit ein kostbares Messer als Andenken an seine Mutter. Die Dienerin aber hatte nichts, ihrem Sohne zur Erinnerung mitzugeben.

* Silberweiß und kleiner Wächter.

Die beiden Brüder begannen nun ihre Wanderung in die Welt hinaus. Als sie einige Zeit gereist waren, kamen sie zu einem dunklen Wald; im Wald begegneten sie einem Mann, der groß gewachsen war und von wunderlichem Aussehen. Der Mann trug zwei Schwerter an der Seite und führte sechs große Hunde mit sich. Er grüßte freundlich: »Guten Tag, kleine Knaben! Woher seid ihr gekommen, und wohinaus geht euer Weg?« Die Jungen erzählten, daß sie von einem hohen Turm gekommen und willens seien, ihr Glück in der Welt zu versuchen. Der Mann entgegnete: »Ist es so, wie ihr sagt, weiß ich eure Herkunft besser als irgendein anderer. Und damit ihr irgendein Angedenken von eurem Vater besitzt, will ich einem jeden von euch ein Schwert und drei Hunde geben. Eines aber müßt ihr mir versprechen, daß ihr nie euch von euren Hunden trennt, sondern sie mit euch führt, wohin ihr auch immer geht.« Die Knaben dankten für die gute Gabe des Mannes und versprachen zu tun, wie er gesagt hatte. Hierauf schieden sie von ihm und zogen weiter.

Als sie lange umhergereist waren, kamen sie zuletzt zu einem Kreuzweg. Da sagte Silfwerhwit: »Mir scheint, es geht uns besser, wenn jeder für sich sein Glück versucht. Laß uns darum scheiden.«

Lillwacker antwortete: »Dein Rat ist gut; wie kann ich aber da künftig wissen, ob es dir in der Welt gutgeht?«

»Ja, so«, sagte Silfwerhwit, »es soll dir ein Zeichen sein, daß ich lebe, solange das Wasser dieser Quelle klar ist; wenn aber das Wasser rot und trübe wird, dann bin ich tot, und ich glaube sicherlich, daß du meinen Tod rächen wirst.«

Silfwerhwit tauchte nun sein Messer in die Quelle; hierauf nahm er Abschied von seinem Bruder, und sie zogen jeder ihren Weg. Lillwacker kam bald darauf an einen Königshof, wo er einen Dienst erhielt. Jeden Morgen aber wanderte er zur Quelle, um zu schauen, wie es seinem Bruder gehe.

Silfwerhwit setzte nun allein seinen Weg über hohe Berge und tiefe Täler fort, bis er eine große Stadt erblickte. In der Stadt aber schien etwas Schlimmes geschehen zu sein, denn die Häuser waren schwarz überhangen, und die Einwohner gingen still und traurig einher, als wenn sich dort ein großes Unglück ereignet hätte. Silfwerhwit ging hinein und fragte, was die Ursache all dieser Betrübnis sei. Die Leute antworteten: »Fürwahr, du mußt gewiß ein Fremdling sein, da du nicht vernommen, wie der König und die Königin in Seenot gewesen und gezwungen worden sind, ihre drei Töchter zu verloben. Schon morgen soll der Meertroll kommen und die älteste Prinzessin holen.« Bei diesen Neuigkeiten aber ward der Junge froh und er dachte, daß er nun eine gute Gelegenheit hätte, Vermögen und Ruhm zu gewinnen, wenn ihm das Glück günstig sein wolle.

Als es Tag war, band Silfwerhwit sein Schwert an die Seite, rief seine Hunde und wanderte allein zum Meer hinab. Als er am Meeresstrand saß, sah er die Königstochter aus der Stadt mit einem Höfling kommen, der es ihr versprochen hatte, sie zu befreien. Die Prinzessin aber war sehr betrübt und weinte bitterlich. Da ging Silfwerhwit ihr entgegen und grüßte die schöne Jungfrau. Als die Königstochter und ihr Begleiter den schönen Jüngling erblickten, erschraken sie sehr, denn sie dachten, daß es der Meertroll wäre, der herankomme. Der Höfling aber lief vor großer Angst davon und verbarg sich auf einem hohen Baum, der nahe am Meere stand. Als Silfwerhwit diese Bestürzung bemerkte, sagte er: »Schöne Jungfrau! Fürchtet Euch nicht vor mir, ich werde Euch nichts zuleide tun.«

Die Königstochter antwortete: »Bist du es nicht, der kommt, um mich zu nehmen?«

»Nein«, entgegnete Silfwerhwit, »ich bin hierher gekommen, um Euch zu befreien.«

Da freute sich die Prinzessin, daß ein so tapferer Kämpe für sie kämpfen wolle, und sie sprachen lange und freundlich miteinander. Während des Gesprächs bat Silfwerhwit, daß die Jungfrau ihm eine Bitte gewähren möchte, nämlich ihn zu lausen. Die Königstochter willigte in sein Begehren, und Silfwerhwit legte seinen Kopf auf ihre Knie; während er aber so ruhte, nahm die Prinzessin einen Goldring und befestigte ihn unbemerkt in den Haarlocken des Jungen.

Während dies geschah, tauchte der Meertroll aus der Tiefe empor, so daß Schaum und Wogen weit umherstoben. Als der Troll Silfwerhwit sah, ward er zornig und sagte: »Warum sitzt du jetzt bei meiner Prinzessin?«

Der Jüngling erwiderte: »Ich denke, daß sie mehr mein als dein ist.«

Der Meertroll sagte: »Das wollen wir sehen; zuerst aber sollen wir unsere Hunde miteinander kämpfen lassen.« Silfwerhwit war gleich dabei, hetzte seine Hunde gegen die Hunde des Trolls, und es entstand ein großer Kampf. Das Spiel aber endete damit, daß die Hunde des Jünglings die Oberhand gewannen und die Seehunde totbissen. Da zog Silfwerhwit eiligst ein Schwert, ging dem Meertroll entgegen und führte einen gewaltigen Hieb, so daß der Kopf des Untiers in den Sand rollte; der Troll aber schrie erschrecklich und fuhr in die See hinaus, so daß das Wasser hoch gegen die Wolken des Himmels anschwoll. Hierauf nahm der Junge sein in Silber gefaßtes Messer, schnitt aus dem Kopf des Trolls die Augäpfel und verbarg sie bei sich. Er grüßte sodann die schöne Prinzessin und ging eilig seines Weges.

Als nun der Kampf vorbei war und der Jüngling sich entfernt hatte, kroch der Höfling vom Baum herab und drohte der Prinzessin mit dem Tode, wenn sie nicht vor allen sagen wolle, daß er und kein anderer sie befreit habe. Die Königstochter wagte nicht, sein Begehren zu verweigern, denn sie fürchtete für ihr Leben. Sie kehrte mit dem Höfling an den Königshof heim, wo sie mit großen Ehren und Ruhmesbezeugungen empfangen wurden. Da herrschte aber im Lande keine geringe Freude, als das Volks erfuhr, daß die älteste Prinzessin vom Meertroll befreit worden war.

Am anderen Tag lief alles auf dieselbe Art ab. Silfwerhwit ging zum Strand und begegnete der mittleren Prinzessin, als sie dem Troll überliefert werden sollte. Als aber die Königstochter und ihr Begleiter ihn gewahrten, waren sie sehr erschrocken, denn sie dachten, daß es der Meertroll wäre, der komme. Der Höfling kroch nun auf den Baum wie früher. Die Prinzessin aber kam dem Wunsch des Jungen nach und lauste ihn, wie ihre Schwester getan hatte. Sie band dabei einen Goldring in Silfwerhwits langes Haar.

Nach einer Weile hörte man ein großes Getöse aus dem Meer, und da kam ein Meertroll hervor, der drei Hunde und drei Köpfe hatte. Silfwerhwits Hunde aber behielten den Sieg über die Seehunde, und der Jüngling selbst erschlug den Troll mit seinem Schwert. Hierauf nahm er sein in Silber gefaßtes Messer hervor, schnitt die Augäpfel des Trolls aus und ging seines Weges. Der Hofmann aber, nicht faul, kroch vom Baum herab und zwang die Prinzessin, den Eid zu leisten, daß er und kein anderer sie befreit habe. Sie kehrte wieder zum Königshof zurück, wo der Höfling mit großen Ehren empfangen und für den tapfersten Kämpen gehalten wurde.

Den dritten Tag band Silfwerhwit das Schwert an die Seite, rief seine drei Hunde und wanderte wieder zum Meer hinab. Als er nun am Seestrand saß, sah er, wie die jüngste Königstochter aus der Stadt gezogen kam und mit ihr der tapfere Höfling ging, der, wie man glaubte, ihre Schwestern befreit hatte. Die Prinzessin aber war sehr betrübt und weinte trostlos. Da ging Silfwerhwit hin und grüßte höflich die schöne Jungfrau. Als nun die Königstochter und ihr Begleiter den schmucken Jungen erblickten, waren sie sehr erschrokken, denn sie glaubten, daß es der Meertroll wäre, der komme. Der Höfling aber lief davon und verbarg sich auf einem hohen Baum, der am Meere stand. Als Silfwerhwit ihre Furcht bemerkte, sagte er:

»Schöne Jungfrau! Fürchtet Euch nicht vor mir, ich werde Euch nichts zuleide tun.« Die Königstochter antwortete: »Bist du es nicht, der mich nehmen soll?«

»Nein«, entgegnete Silfwerhwit, »ich bin hierher gekommen, um Euch zu befreien.«

Da freute sich die Prinzessin, daß ein so tapferer Kämpe für sie kämpfen wolle, und sie sprachen lange und freundlich miteinander. Während des Gespräches bat Silfwerhwit, daß die schöne Jungfrau ihm eine Bitte gewähren wolle, nämlich, ihn zu lausen. Die Königstochter willigte gerne in seinen Wunsch, und Silfwerhwit legte sein

Haupt auf ihre Knie. Als die Prinzessin aber die Goldringe sah, welche ihre Schwestern in das Haar des Jünglings gebunden hatten, wunderte sie sich und flocht unbemerkt noch einen Ring in seine Locken.

Während dies geschah, tauchte der Meertroll aus der Tiefe mit vielem Getöse empor, so daß Schaum und Wogen hoch gegen den Himmel fuhren. Das Untier hatte diesmal sechs Köpfe und neun Hunde. Als nun der Troll Silfwerhwit gewahrte, wie er bei der jungen Königstochter saß, wurde er zornig und rief: »Was hast du mit meiner Prinzessin zu tun?«

Der Jüngling erwiderte: »Ich denke, daß sie eher mein als dein wird.«

Der Troll sagte: »Darum wollen wir miteinander streiten, vorher aber wollen wir unsere Hunde miteinander kämpfen lassen.« Silfwerhwit zauderte nicht, sondern hetzte seine Hunde zum Streit gegen die Seehunde, und es entstand ein hitziger Kampf. Das Spiel aber endete damit, daß die Hunde des Jungen siegten und alle neun Seehunde totbissen. Sogleich zog Silfwerhwit sein blankes Schwert, ging auf den Meertroll los und hieb zu, so daß alle sechs Köpfe in den Sand rollten. Das Ungeheuer aber schrie entsetzlich und fuhr in die See hinaus, so daß das Wasser hoch gegen die Wolken schwoll. Der Jüngling nahm hierauf sein in Silber gefaßtes Messer und schnitt die zwölf Augäpfel des Trolls aus. Er grüßte die junge Königstochter und zog eilig seines Weges.

Als nun der Kampf beendet und der Junge fortgegangen war, stieg der Höfling vom Baume herab, zog sein Schwert und drohte der Prinzessin mit dem Tode, wenn sie nicht sagen wolle, daß er sie von dem Troll befreit habe, gleichwie er ihre beiden Schwestern befreit habe. Die Königstochter wagte nicht, sein Begehren zu verweigern, denn sie fürchtete für ihr Leben. Sie wanderten hierauf zusammen nach dem Königshof. Als aber der König beide am Leben sah, herrschte große Freude am ganzen Hof, und sie wurden mit großen Ehrenbezeugungen empfangen. Nun erschien der Höfling freilich als ein anderer Mann, als wie er auf den Baum hinaufgekrochen und dort oben saß. Der König ließ ein prächtiges Gastmahl zubereiten, mit Lust und Spiel und Tanz und Saitenspiel, und versprach dem Höfling seine jüngste und liebste Tochter zum Lohn für seinen Mannesmut.

Mitten unter den Hochzeitsfreuden, während der König mit seinen Mannen zu Tische saß, wurde die Tür geöffnet, und Silfwerhwit kam mit seinen Hunden. Der Junge trat kühn hinein in den Gastsaal und grüßte den König. Als aber die drei Königstöchter ihn wiedererkannten, wurden sie sehr erfreut, sprangen vom Tisch auf und liefen dem Fremdling entgegen. Hierüber wunderte sich der König sehr und fragte, was solches zu bedeuten habe. Da erzählte die jüngste Prinzessin, wie alles sich zugetragen, vom Anfang bis zu Ende, und daß Silfwerhwit derjenige war, der sie befreit hatte, während der Höfling oben im Baume saß. Zu noch größerer Gewißheit suchten die Königstöchter jede ihren Goldring, den sie in Silfwerhwits Haare geflochten hatten. Der König aber wußte noch nicht recht, was er von all diesem denken sollte. Da sagte Silfwerhwit: »Herr und König! Damit du nicht an den Worten deiner Töchter zweifelst, kannst du hier die Augäpfel der Meertrolle schauen, die ich getötet habe.« Nun erkannten der König und alle seine Mannen, daß die Prinzessinnen die Wahrheit erzählt hatten. Der betrügerische Höfling erlitt nun seine wohlverdiente Strafe; Silfwerhwit aber gelangte zu großen Ehren und gewann die jüngste Königstochter und mit ihr das halbe Reich.

Als nun die Hochzeit zu Ende war, zog Silfwerhwit mit seiner jungen Braut zu einem großen Königsschloß und lebte mit ihr in Frieden und im Glück. Da ereignete es sich eines Nachts, während alles schlief, daß es an das Windauge klopfte und man eine Stimme rufen hörte: »Silfwerhwit, komm, ich will mit dir reden.« Der König wollte seine junge Frau nicht wecken, sondern stand schnell auf, band sein Schwert an die Seite, rief nach seinen Hunden und ging hinaus. Als er unter freien Himmel kam, stand vor ihm ein Troll, der groß und grimmig aussah. Der Troll sagte: »Silfwerhwit! Du hast meine drei Brüder ermordet, und ich bin gekommen, ihren Tod zu rächen. Daher ist mein Vorschlag, daß du mit mir zum Seestrand gehst und daß wir dort miteinander kämpfen.«

Dieser Vorschlag gefiel dem Jungen, und er folgte dem Troll ohne Widerspruch. Als sie nun gegen das Meer gekommen, lagen dort drei große Hunde, die der Troll mit sich geführt. Sogleich hetzte Silfwerhwit seine Hunde gegen die Trollhunde, und es enstand ein wütender Kampf; das Spiel aber endete damit, daß die Trollhunde weichen mußten. Hierauf zog der König sein Schwert, ging tapfer auf den Troll los, und es fielen manch treffliche Hiebe, und ein gewaltiger Kampf entstand. Als aber der Troll merkte, daß der Kampf sich zu seinem Nachteil wende, erschrak er und lief schnell hinweg zu einem hohen Baum. Silfwerhwit und seine Hunde liefen nach, und die Hunde bellten heftig. Da begann der Troll, für sein Leben zu bitten, und sagte: »Lieber Silfwerhwit, ich will für meine Brüder Strafgeld geben. Bringe aber deine Hunde zum Schweigen, während wir miteinander sprechen.« Der König befahl nun seinen Hunden stillzuschweigen; es half aber nichts, sondern die Tiere bellten stärker als früher. Da nahm der Troll drei Haare von seinem Kopf, reichte sie Silfwerhwit und sagte: »Lege ein Haar über jeden Hund, so werden sie sich ruhig verhalten.« Der König tat, wie er gesagt, sogleich schwiegen die Hunde und lagen regungslos, als wenn sie an die Erde festgeschmiedet wären. Nun merkte Silfwerhwit, daß er betrogen worden war; es war aber zu spät. Der Troll stieg nun vom Baum herab, zog sein Schwert und fing den Zweikampf von neuem an; sie hatten aber noch nicht viele Hiebe miteinander gewechselt, als Silfwerhwit die Todeswunde empfing und in seinem Blute am Boden lag.

Wenden wir uns nun zu Lillwacker. Er ging am Morgen zur Quelle am Kreuzweg und fand sie voll mit Blut. Da wußte er, daß Silfwerhwit tot war, und er erinnerte sich seines Versprechens, seinen Pflegebruder zu rächen. Er rief seine Hunde, band sein Schwert an die Seite und wanderte fort, bis er zu einer großen Stadt kam. In der Stadt aber war alles vollauf vor Freude, das Volk schwärmte auf den Straßen und die Häuser waren mit Scharlach überhangen und mit anderen prächtigen Stoffen. Lillwacker fragte, was die Ursache all dieser Lustbarkeit wäre. Das Volk antwortete: »Gewiß mußt du aus der Ferne sein, da du nicht weißt, daß ein tapferer Kämpe hierhergekommen, namens Silfwerhwit; er hat unsere drei Prinzessinnen befreit und ist unseres Königs Eidam.« Lillwacker fragte nun, wie dies alles zugegangen sei; hierauf wanderte er seines Weges, bis er abends zum Königshof kam, wo Silfwerhwit mit seiner schönen Braut wohnte.

Als nun Lillwacker in das Tor der Burg eintrat, begrüßten ihn alle als den König; denn er war seinem Pflegebruder so ähnlich, daß keiner sie voneinander unterscheiden konnte. Als der Junge in das Schlafgemach kam, glaubte auch die Königin, daß es Silfwerhwit wäre; sie ging ihm daher entgegen und sagte: »Herr und König! Wo bliebst du so lange? Ich habe mit Kummer deine Heimkunft erwartet!« Lillwacker antwortete nicht viel auf diese Rede, sondern war schweigsam und wortkarg. Er ging hierauf mit der Königin zu Bett, legte aber ein blankes Schwert zwischen sich und sie. Die junge Frau wußte nicht, was sie von all diesem denken sollte, da ihr Gemahl diese wunderliche Gewohnheit früher nicht gehabt hatte. Aber sie dachte: »Es ist nicht gut, nach seinem Geheimnis zu fragen«, und sagte daher nichts.

Nachts, während alles schlief, klopfte es an das Windauge, und man vernahm das Rufen einer Stimme: »Lillwacker! Komm, ich wünsche mit dir zu sprechen.« Der Junge stand sogleich auf, griff nach seinem Schwert, rief seine Hunde und ging hinaus. Als er nun unter freien Himmel kam, stand vor ihm derselbe Troll, der Silfwerhwit getötet hatte. Der Troll sagte: »Lillwacker! Folge mir, so sollst du deinen Pflegebruder treffen.« Der Junge war sogleich bereit mitzugehen, der Troll ging voraus. Als sie nun zum Meeresstrand kamen, waren dort drei große Hunde, die der Troll mit sich führte. Etwas weiter davon, wo der Kampf bestanden, lag Silfwerhwit in seinem Blut, und neben ihm lagen seine Hunde, an die Erde festgebannt. Da erst wußte Lillwacker, wie sich alles zugetragen, und dachte, daß er gerne sein Leben wagen wolle, um seinen Pflegebruder zu rächen.

Sogleich hetzte er seine Hunde gegen die Trollhunde, und es entstand ein wütender Kampf; das Spiel aber endete damit, daß Lillwackers Hunde den Sieg behielten. Der Junge zog hierauf sein Schwert und ging mit einem großen und herzhaften Hieb auf den Troll los. Als aber der Troll merkte, daß ihm der Kampf verlorenging, lief er hinweg und floh auf einen hohen Baum. Lillwacker und seine Hunde liefen nach, und die Hunde bellten heftig. Da begann der Troll um sein Leben zu bitten, und sagte: »Lieber Lillwacker! Ich will Sühngeld für deinen Pflegebruder geben, bringe aber deine Hunde zum Schweigen, während wir miteinander sprechen.« Zugleich reichte ihm der Troll drei Kopfhaare und sagte: »Lege über jeden Hund eines davon, so werden sie sich dann still verhalten.« Lillwacker aber merkte, daß ein Betrug dahintersteckte, nahm hierauf die drei Kopfhaare und legte sie statt über die seinen, über die Trollhunde. Sogleich fielen diese zur Erde und lagen regungslos, als wenn sie ohne Leben wären.

Als nun der Troll sah, daß sein Anschlag nicht gelungen, erschrak er sehr und sagte: »Lieber Lillwacker! Ich will dir Sühngeld für deinen Bruder geben, lasse mich aber in Frieden.«

Der Jüngling fragte: »Was könntest du mir wohl geben, das mir so teuer wäre wie das Leben meines Pflegebruders?«

Der Troll entgegnete: »Hier gebe ich dir zwei Flaschen. In der einen ist ein Wasser, das die Kraft hat, einen Toten wieder lebendig zu machen, wenn du ihn damit bestreichst. Wenn du aber mit dem Wasser aus der anderen Flasche irgendeine Stelle bestreichst, so bleibt jeder, der diese Stelle berührt, dort hängen und kommt nicht mehr los. Ich glaube, daß man kaum größere Kostbarkeiten als diese beiden finden wird.«

Lillwacker sagte: »Dein Vorschlag gefällt mir, und ich will ihn annehmen. Aber eines mußt du mir hierbei versprechen: daß du die Hunde meines Pflegebruders losmachst.«

Der Troll ging hierauf ein, stieg vom Baum herab und blies die Hunde an, daß sie wieder frei wurden. Hierauf nahm Lillwacker die beiden Flaschen und wanderte mit dem Troll vom Meeresstrand fort.

Als sie nun ein Stück zusammen gegangen waren, kamen sie zu einer großen Steinhöhle, die dicht am Wege lag. Da eilte Lillwacker voraus und strich unbemerkt etwas aus der einen Flasche auf den Stein. Als nun der Troll dort vorbeigehen sollte, hetzte der Junge alle seine sechs Hunde auf einmal, so daß der Troll floh und es sich so fügte, daß er die Steinhöhle berührte. Der Troll war nun festgebannt und vermochte sich nicht von der Stelle zu bewegen; nach einer Weile aber kam der Tag im Osten herauf und beleuchtete den Stein. Als nun der Troll die Sonne sah, barst er, und das war sein Ende.

Lillwacker sprang hierauf zu seinem Pflegebruder hin und besprengte ihn mit dem Wasser aus der anderen Flasche, so daß er wieder zum Leben kam. Da war eine große Freude, wie man sich wohl denken mag. Die Pflegebrüder begaben sich hierauf zum Königshof und erzählten unterwegs ihre Schicksale und Abenteuer. Lillwacker erzählte, wie er die Not seines Freundes erfahren und wie er zum Königshof gekommen und dort für den jungen König gehalten wurde. Er scherzte zugleich darüber, daß er mit der Königin zu Bett gegangen sei, ohne daß sie es merkte, daß es ein anderer als ihr rechter Gemahl war. Als aber Silfwerhwit dieses gehört hatte, dachte er, daß Lillwacker die Königin zu Unehren gebracht, und er war so aufgebracht, daß er im Zorn sein Schwert zog und es in den Leib seines Pflegebruders stieß. Lillwacker fiel nun tot zu Boden, und Silfwerhwit ging allein zum Königshof heim. Die Hunde des Jungen aber wollten ihren Herrn nicht verlassen, sondern legten sich heulend um seinen Körper und leckten an seiner Wunde. Am Abend, als der junge König und seine Gemahlin zu Bett gehen sollten, fragte ihn die Königin, warum er so schweigsam und wortkarg war. Silfwerhwit antwortete hierauf wenig. Da sagte die Königin: »Ich habe mich sehr gewundert über das, was sich während der letzten Tage zugetragen; aber doch möchte ich gern wissen, warum du in der Nacht zwischen uns ein blankes Schwert legtest?«

Nun ging Silfwerhwit ein Licht auf, er begriff, daß sein Pflegebruder unschuldig ermordet worden war, und bereute es bitter, daß er Lillwacker so schlecht für sein Leben gelohnt hatte. Der König stand hierauf sogleich auf und ging zum Ort hin, wo sein Pflegebruder lag. Er nahm Lebenswasser aus seiner Flasche und wusch die Wunde des Jungen, und sogleich lebte Lillwacker wieder auf, und die beiden Pflegebrüder wanderten fröhlich und freudig wieder zum Königshof.

Als sie nun zurückgekommen, erzählte Silfwerhwit seiner Gemahlin, wie Lillwacker sein Leben gerettet hatte und was für andere Abenteuer sie zusammen bestanden hatten. Da herrschte Lust und Freude am ganzen Königshof, und die Jungen wurden von allen mit großen Ehren empfangen.

Nachdem aber Lillwacker dort einige Zeit geblieben war, freite er um die mittlere Prinzessin und erhielt ihr und ihrer Freunde Jawort und Einwilligung. Hierauf wurde die Hochzeit mit großem Pomp gefeiert, und Silfwerhwit teilte das halbe Reich mit seinem Bruder.

Die beiden Brüder aber lebten zusammen in Frieden und Einigkeit, und wenn sie nicht tot sind, werden sie wohl heute noch leben.

Die kleine Rosa und die lange Leda

Es war einmal ein König und eine Königin, die hatten eine einzige Tochter. Man nannte sie die kleine Rosa, weil sie so lieblich und verständig war; alle, die sie sahen, hatten sie gern.

Nach einiger Zeit aber starb die Königin, und der König heiratete eine andere Gemahlin. Die neue Königin hatte ebenfalls eine einzige Tochter, aber diese war hochfahrend von Gemüt und häßlich von Aussehen; sie mußte sich daher gefallen lassen, daß man sie die lange Leda nannte. Die beiden Stiefschwestern wuchsen nun zusammen auf dem Königshof auf; aber jeder, der sie sah, merkte den großen Unterschied zwischen ihnen.

Die Königin und die lange Leda waren sehr neidisch auf die kleine Rosa und taten ihr alles erdenkliche Unrecht an. Aber die Königstochter war immer freundlich und ergeben und tat alle Arbeit, wenn sie auch noch so schwer war. Das erbitterte die Königin noch mehr, und sie wurde immer böser, je mehr Klein-Rosa es ihr in allem recht zu machen suchte.

Eines Tages gingen die Königin und die beiden Prinzessinnen im Garten spazieren, der neben dem Königshof lag. Da hörte sie, wie der Gärtner mit seinem Burschen sprach und ihn bat, eine Axt zu holen, die zwischen den Bäumen liegengeblieben war. Als die Königin das hörte, sagte sie, Klein-Rosa solle die Axt holen. Der Gärtner sträubte sich und meinte, so geringe Dienste schickten sich nicht für eine Königstochter; aber die Königin ließ nicht nach und bekam ihren Willen.

Als nun Klein-Rosa in den Hain gegangen war, wie die Königin ihr befohlen hatte, sah sie dort die Axt liegen; aber drei weiße Tauben hatten sich auf den Stiel gesetzt, um auszuruhen. Da nahm die Königstochter ein Stück Brot, zerbröckelte es in der Hand, reichte es den kleinen Tauben und sagte freundlich: »Meine armen kleinen Tauben! Geht jetzt bitte von hier fort, denn ich muß die Axt meiner Stiefmutter bringen.«

Die Tauben aßen der Jungfrau aus der Hand und gaben willig den Stiel frei; Klein-Rosa nahm die Axt, wie man ihr befohlen hatte.

Aber sie war noch nicht weit gekommen, da fingen die Tauben untereinander ein Gespräch an und überlegten sich, welchen Lohn sie dem jungen Mädchen geben sollten, das so freundlich zu ihnen gewesen.

Die eine sagte: »Mein Geschenk soll sein, daß sie doppelt so schön wird, wie sie schon ist.«

Die andere sagte: »Mein Geschenk soll sein, daß ihr Haar sich in Goldhaar verwandelt.«

Und die dritte fügte hinzu: »Jedesmal, wenn sie lacht, soll ein roter Goldring aus ihrem Mund kommen.«

Nachdem sie so gesprochen, flogen die Tauben davon; aber alles ging in Erfüllung, wie sie gesagt hatten.

Als nun Klein-Rosa zu ihrer Stiefmutter zurückkam, staunten alle über ihre unvergleichliche Schönheit, über ihre leuchtend gelbes Haar und die roten Goldringe, die ihr immer aus dem Munde kamen, wenn sie lachte. Aber die Königin ließ sich genau erzählen, wie alles gegangen sei, und von Stund an hegte sie noch tieferen Haß gegen ihre Stieftochter als zuvor. Die böse Stiefmutter dachte nun Tag und Nacht nur daran, wie ihre eigene Tochter ebenso schön werden könnte wie Klein-Rosa. Deshalb ließ sie heimlich den Gärtner rufen und gab ihm Anweisung, wie er es machen solle. Darauf ging sie mit den beiden Prinzessinnen im Garten spazieren, wie sie zu tun pflegte. Als sie nun am Gärtner vorbeikam, sagte er, er habe seine Axt im Hain vergessen. Der Bursche solle sie holen. Da sagte die Königin, die lange Leda solle die Axt suchen. Der Gärtner widersetzte sich dem natürlich und meinte, so geringe Dienste ständen einer vornehmen Jungfrau nicht an; aber die Königin beharrte auf ihren Worten und setzte ihren Willen durch.

Als nun die lange Leda in den Hain gekommen war, wie die Königin ihr befohlen hatte, da sah sie die Axt dort liegen; aber drei strahlend weiße Tauben hatten sich auf den Stiel gesetzt, um auszuruhen. Da konnte die böse Jungfrau ihre Schlechtigkeit nicht unterdrücken, sondern warf Steine auf die Vögel, schalt sie und sagte: »Fort mit euch, häßliche Vögel! Was untersteht ihr euch, dazusitzen und die Axt zu beschmutzen, die ich mit meinen weißen Händen anfassen soll?«

Bei diesen Scheltworten flogen die Tauben davon, und die lange Leda nahm die Axt, wie ihr befohlen war. Aber sie war noch nicht weit gekommen, da fingen die Tauben untereinander ein Gespräch an und überlegten, welchen Lohn sie der häßlichen Jungfrau für ihre Bosheit geben sollten. Da sagte die eine: »Mein Geschenk soll sein, daß sie doppelt so häßlich wird, wie sie schon ist.«

Die andere hinwieder sagte: »Mein Geschenk soll sein, daß ihr Haar wie Dornen aussieht.«

»Und ich«, fügte die dritte hinzu, »schenke ihr, daß immer ein Frosch aus ihrem Mund hüpft, wenn sie zu lachen anfängt.«

Nachdem sie so gesprochen, flogen die drei Tauben davon; aber alles ging in Erfüllung, wie sie gesagt hatten.

Als nun die lange Leda wieder zu ihrer Mutter zurückkam, wunderten sich alle über ihr abstoßend häßliches Aussehen, über ihr Haar, das einem Dornenbusch glich, und über den Frosch, der jedesmal aus ihrem Mund hüpfte, wenn sie lachen wollte. Aber die Königin war sehr betrübt über dies große Unglück, und die Leute erzählen sich, daß sie und ihre Tochter seit diesem Tage selten gelacht hätten.

Die Stiefmutter konnte jetzt Klein-Rosa nicht länger vor Augen sehen, sondern trachtete danach, sie zu verderben und umzubringen. In dieser Absicht ließ sie heimlich einen Schiffer rufen, der sollte sie in ein fernes Land fahren, und sie versprach ihm viel Gut, wenn er die Königstochter an Bord nehmen und sie in die Tiefe des

Meeres versenken würde. Der Schiffer wurde vom Gold betört, das ja immer so viel Unheil in dieser Welt anrichtet, und entführte Klein-Rosa des Nachts, wie es die Stiefmutter gewünscht hatte. Aber als das Fahrzeug in See gegangen und weit auf das trügerische Meer hinausgekommen war, entstand ein heftiger Sturm, und das Schiff ging mit Mann und Maus unter, ausgenommen allein Klein-Rosa. Sie wurde von den Wellen getragen, bis sie an eine grüne Insel kam, fern im Meer. Hier fristete sie eine Zeitlang ihr Leben, ohne einen Menschen zu sehen oder zu hören; ihre Nahrung bestand aus wilden Beeren und Wurzeln, die im Walde wuchsen. Als Klein-Rosa eines Tages am Meeresstrand wanderte, fand sie Kopf und Gebein eines Hirschkalbes, das von wilden Tieren zerrissen war. Aber da noch frisches Fleisch daran saß, nahm die Königstochter das Gerippe und steckte es an eine Stange, damit die kleinen Vöglein es sehen und sich daran satt essen konnten.

Darauf legte sie sich auf den Boden und tat einen kleinen Schlaf. Aber sie hatte nicht lange geschlafen, da wurde sie von einem lieblichen Gesang geweckt, der war viel schöner, als man sich vorstellen kann. Klein-Rosa lauschte und glaubte zu träumen; denn sie hatte niemals etwas so Liebliches empfunden oder gehört. Als sie sich nun umblickte, da hatte sich das Gerippe, das sie den kleinen Vöglein des Himmels zur Nahrung hingestellt hatte, in eine grüne Linde verwandelt, und der Kopf des Hirschkalbes war zu einer kleinen Nachtigall geworden; die saß ganz oben in der Krone der Linde. Aber jedes einzelne kleine Lindenblatt fing an in seltsamer Weise zu klingen, so daß die Töne eine wunderbare Harmonie gaben; und die kleine Nachtigall oben im Wipfel sang ihre schönsten Weisen: wer es hörte, der mußte wähnen, im Himmel zu sein.

Nach diesem Tage schien es der Königstochter nicht mehr so schwer zu sein, einsam auf der grünen Insel zu leben. Wenn sie traurig war, brauchte sie nur zu der klingenden Linde zu gehen, und sie wurde wieder froh. Und doch konnte sie ihre Heimat nicht ganz und gar vergessen, sondern setzte sich oft an den Strand und blickte mit großer Sehnsucht übers Meer, dessen Wellen von Land zu

Land wandern. Als Klein-Rosa eines Tages wie gewöhnlich am Strand saß, bemerkte sie ein schönes Fahrzeug, das über das weite Meer segelte. Auf dem Schiff befanden sich viele rüstige Seefahrer, deren Anführer ein Königssohn war. Als sich nun das Fahrzeug der Insel näherte und die Schiffsleute den lieblichen Gesang hörten, der über das Wasser erklang, da dachten sie, es müsse ein verzaubertes Land sein, und wollten gleich wieder in See gehen. Aber ihr Anführer sagte, sie dürften nicht wegfahren; erst müsse er wissen, woher der wunderbare Gesang käme. Da ließen sie ihm seinen Willen.

Als nun der Königssohn an Land gekommen war und das Spiel der Linde und den Gesang der Nachtigall hörte, da wurde ihm wunderlich zumute. Und es kam ihm vor, als wenn er etwas so Liebliches und Schönes nie vernommen. Aber noch seltsamer wurde er bewegt, als er näher kam und unter der grünen Linde eine Jungfrau sitzen sah, deren Haar wie Gold glänzte und deren Antlitz strahlte wie der weißeste Schnee. Der Königssohn grüßte die schöne Jungfrau und fragte, ob ihr die Insel gehöre. Klein-Rosa bejahte es. Der Königssohn fragte darauf, ob sie eine Seejungfrau sei oder ein menschliches Wesen. Da erzählte ihm die Jungfrau die Abenteuer, die sie erlebt hatte, und wie sie vom Sturm an die einsame Insel geworfen sei; zugleich sagte sie, woher sie stamme und aus welchem Geschlecht. Da wurde der Königssohn frohen Sinnes und konnte die Schönheit und Anmut des jungen Mädchens nicht genug preisen. Sie sprachen lange miteinander; schließlich fragte der Königssohn, ob Klein-Rosa ihn nach Hause begleiten und seine Königin werden wolle; sie gab ihr Jawort und ihre Einwilligung. Darauf segelten sie von der Insel fort und kamen zum Reich des Königssohnes. Aber Klein-Rosa nahm die grüne Linde mit sich und pflanzte sie auf den Königshof. Und das Laub der Linde klang, und die Nachtigall sang, daß die ganze Gegend ihre Lust und Freude daran hatte.

Als Klein-Rosa eine Zeitlang verheiratet war, wurde sie Mutter eines schönen Jungen. Da dachte sie an ihren alten Vater und schickte ihm Nachricht von allem, was sie erlebt hatte. Aber sie wollte ihn nicht wissen lassen, daß die Königin schuld an ihrem Unglück sei. Über diese Nachricht freute sich der König sehr und mit ihm seine Mannen; denn alle hatten Klein-Rosa lieb. Aber die Königin und die lange Leda waren sehr aufgebracht, daß Rosa noch am Leben sei, und beratschlagten untereinander, wie sie der Königstochter ein Leid antun könnten.

Die falsche Stiefmutter machte sich darauf zurecht und sagte, sie wolle zu Klein-Rosa fahren und sie besuchen. Als sie hinkam, wurde sie aufs allerbeste empfangen; denn die Königstochter wollte nicht an all das Böse denken, das ihr die Stiefmutter zugefügt hatte; die Königin aber stellte sich sehr freundlich und sagte viele schöne Worte.

Eines Tages sagte die Stiefmutter zu Klein-Rosa, sie wolle ihr eine Liebesgabe geben zur Erinnerung an ihre Verwandten. Die Stieftochter hatte kein Arg daran, sondern bedankte sich für das Geschenk. Da zog die Königin ein seidenes Hemd hervor, das mit Gold gestickt war. Aber das schöne Hemd war auf die scheußlichste Weise verzaubert; als Klein-Rosa es anzog, wurde sie plötzlich in eine Gans verwandelt, die flog zum Fenster hinaus und warf sich ins Meer. Aber da die Königstochter schönes gelbes Haar hatte, so bekam die Gans goldene Federn. Im selben Augenblick hörte die Linde auf zu klingen und die Nachtigall zu singen, und der ganze Königshof wurde von Sorge und Kummer befallen. Am meisten von allen aber trauerte der Gemahl Klein-Rosas, der junge König, und er wollte sich gar nicht trösten lassen.

Wenn nachts der Mond schien und die Fischer des Königs auf dem Meer waren, um ihre Netze einzuziehen, bemerkten sie eine schöne Gans mit goldenen Federn, die schaukelte sich auf den Wellen. Darüber wunderten sie sich sehr, und es schien ihnen ein merkwürdiges Wahrzeichen zu sein. Aber eines Nachts schwamm die schöne Gans zum Boot des Fischers hin und begann ein Gespräch mit ihm. Sie grüßte und fragte ihn:

»Guten Abend, Fischer! Wie steht es zu Hause auf dem Königshof?

Klingt meine Linde noch?
Singt meine Nachtigall?
Weint mein Bübchen klein?
Freut sich mein Herr Gemahl?«

Als der Fischer das hörte und die Stimme der Königin erkannte, wurde ihm wunderlich zumute, und er antwortete:

»Zu Hause auf dem Königshof steht es schlecht:
Deine Linde klingt nicht mehr,
Deine Nachtigall singt nicht mehr,
Dein Bübchen weint bei Tag und Nacht,
Nichts deinem Herren Freude macht.«

Da seufzte die schöne Gans und schien sehr betrübt zu sein. Sie sagte:

»Ach, ich Arme!
Hin ist all mein Glück,
Nie komm' ich nach Hause zurück!
Gute Nacht, Fischer! –
Ich komme noch zweimal her
Und dann niemals mehr.«

Im selben Augenblick verschwand der Vogel. Aber der Fischer fuhr nach Hause und erzählte dem jungen König, seinem Herrn, was er gesehen und gehört habe.

Der König gab jetzt Befehl, man solle die goldene Gans fangen, und versprach den Fischern eine große Belohnung, wenn sie seinen Auftrag ausführen würden.

Da machten die Männer ihre Schlingen zurecht und ihre anderen Fischergeräte und begaben sich auf die See, um ihre Netze zu prüfen. Als der Mond aufgegangen war, kam die schöne Goldgans wieder auf den Wellen zu ihrem Boot geschwommen. Sie grüßte und sagte:

»Guten Abend, Fischer! Wie steht es zu Hause auf dem Königshof?

Klingt meine Linde noch?
Singt meine Nachtigall?
Weint mein Bübchen klein?
Freut sich mein Herr Gemahl?«

Der Fischer antwortete wieder wie voriges Mal:

»Zu Hause auf dem Königshof steht es schlecht:
Deine Linde klingt nicht mehr,
Dein Nachtigall singt nicht mehr,
Dein Bübchen weint bei Tag und Nacht,
Nichts deinem Herren Freude macht.«

Da wurde die schöne Gans sehr traurig und sagte:

»Ach, ich Arme!
Hin ist all mein Glück,
Nie mehr komm' ich nach Hause zurück!
Gute Nacht, Fischer! –
Ich komme noch einmal her
Und dann niemals mehr!«

Bei diesen Worten wollte der Vogel wieder fortschwimmen; aber die Fischer warfen schnell ihre Schlingen über sie. Da fing die Gans an, mit den Flügeln zu schlagen und kläglich zu schreien.

»Laßt los oder haltet fest!
Laßt los oder haltet fest!«

Zugleich vertauschte sie ihre Gestalt und wurde zu Schlangen, Drachen und anderem furchtbaren Getier. Als die Fischer das merkten, da bangten sie um ihr Leben und ließen die Schlingen los, so daß der Vogel entkam.

Aber als der König den Ausgang ihrer Fahrt vernahm, da wurde ihm schlecht zumute, und er sagte, sie dürften sich nicht durch ein Blendwerk erschrecken lassen. Er ließ darauf neue und stärkere Schlingen herstellen, um die goldene Gans zu fangen, und verbot den Fischern bei Lebensstrafe, sie entkommen zu lassen, wenn sie sich nächstes Mal wieder zeigen würde.

Als in der dritten Nacht der Mond aufgegangen war, ruderten die Fischer des Königs wieder aufs Meer, um ihre Netze zu prüfen. Sie warteten lange, aber keine Goldgans kam. Endlich kam sie wieder über die Wellen gefahren und schwamm zu ihrem Boot hin. Der Vogel grüßte sie wie zuvor:

»Guten Abend, Fischer! Wie steht es zu Hause auf dem Königshof?

Klingt meine Linde noch?
Singt meine Nachtigall?
Weint mein Bübchen klein?
Freut sich mein Herr Gemahl?«

Der Fischer entgegnete:

»Zu Hause auf dem Königshof steht es schlecht:
Deine Linde klingt nicht mehr,
Deine Nachtigall singt nicht mehr,
Dein Bübchen weint bei Tag und bei Nacht,
Nichts deinem Herren Freude macht.«

Da seufzte die schöne Gans und sagte:

»Ach, ich Arme!
Hin ist all mein Glück,
Nie mehr komm' ich nach Hause zurück!

Gute Nacht, Fischer!
Jetzt komm' ich niemals mehr her!«

Die Gans wollte darauf fortschwimmen, aber die Fischer warfen ihre Schlingen und hielten sie fest. Da wurde der Vogel sehr ängstlich, schlug heftig mit den Flügeln und schrie:

»Laßt los oder haltet fest!
Laßt los oder haltet fest!«

Sie wechselte darauf ihre Gestalt und wurde zu Schlangen, Drachen und anderen gefährlichen Tieren. Aber die Fischer fürchteten den Zorn des Königs und hielten getreulich die Schlingen fest. Da gelang es ihnen, die goldene Gans zu fangen, und sie brachten sie zum Königshof, wo man sie streng bewachte, daß sie nicht entkommen könnte. Aber der Vogel war still und mürrisch und wollte nicht sprechen; da wurde der Kummer des Königs noch größer, als er vorher gewesen. Einige Zeit später geschah es, daß ein altes Weib von seltsamem Aussehen auf den Königshof kam und den König zu sprechen wünschte. Die Wache antwortete, wie ihr befohlen war, der König sei aus Kummer und Betrübnis für niemanden zu sprechen; aber die Alte ließ sich nicht abweisen, und da wurde sie vorgelassen.

Der König fragte sie, was sie wünsche. Die Alte antwortete: »Herr König! Man hat mir erzählt, daß deine Königin in eine goldene Gans verwandelt sei und daß du Tag und Nacht über dieses große Unglück trauerst. Jetzt bin ich hergekommen, um den Zauber zu lösen und dir deine Gemahlin wiederzugeben; nur mußt du mir versprechen, eine Bedingung zu erfüllen.«

Als der König das hörte, wurde er sehr froh und fragte, was es denn für eine Bedingung sei, die sie stelle.

»Ich habe ein Haus auf dem Berge, der auf der anderen Seite des schwarzen Flusses liegt. Ich bitte dich darum, du mögest eine Steinmauer rund um den Berg ziehen lassen, damit deine Rinder mich nicht erschrecken, wenn sie auf die Weide gelassen werden.«

Dieser Wunsch schien dem König gering zu sein, und er versprach der Alten, er wolle ihn gern erfüllen. Aber doch zweifelte er noch, ob die Alte ihr Wort halten würde. Die Alte fing nun an, umständlich alles zu erzählen, was Klein-Rosa von ihrer bösen Stiefmutter erlitten hatte. Aber der König wollte es erst nicht glauben, denn er konnte sich gar nicht denken, daß die alte Königin so falsch sei. Da bat ihn die Alte, er möge ihr das schöne Seidenhemd zeigen, das Klein-Rosa von ihrer Stiefmutter zum Geschenk erhalten hatte.

Der König ließ das Hemd holen, und darauf gingen sie zusammen in das Zimmer, wo die Goldgans eingeschlossen war. Als sie dorthin gekommen waren, ging die Zauberin zur schönen Gans und zog ihr das Hemd an. Da löste sich der Zauber. Klein-Rosa bekam ihre rechte Gestalt wieder, und statt der goldenen Gans stand eine schöne Frau da, mit goldgelbem Haar wie ehedem. Aber im selben Augenblick begann die Linde wieder zu klingen und die Nachtigall in ihrem Wipfel zu singen, daß es eine Lust war. Jetzt herrschte Freude am ganzen Königshof; und der König erkannte, daß ihm die alte Frau die Wahrheit gesagt habe, und hielt ehrlich sein Versprechen, das er ihr gegeben.

Klein-Rosa und ihr Gemahl rüsteten sich darauf, um zu dem alten König, dem Vater Rosas, zu fahren.

Als sie dort angekommen waren, freute sich der König so sehr, daß er von neuem jung wurde, und mit ihm freute sich sein ganzes Reich; denn alle hatten zu ihrer Betrübnis von dem Unglück erzählen hören, daß die Königstochter betroffen hatte. Aber eine war da, die wurde nicht froh, und das war die alte Königin; denn sie merkte sehr wohl, daß ihre Falschheit entdeckt und ihre Zeit vorüber sei. Als nun der alte König alles Böse erfuhr, daß seine Tochter von ihrer bösen Stiefmutter erlitten hatte, wurde er sehr zornig und verurteilte die Königin zum Tode. Aber Klein-Rosa bat um das Leben ihrer Stiefmutter, und da ließ der König ihr den Willen und warf seine Gemahlin auf Lebenszeit in den Turm. Die Tochter der Königin, die lange Leda, mußte dieselbe Strafe auf sich nehmen wie ihre Mutter.

Aber der junge König und Klein-Rosa kehrten in ihr eigenes Reich zurück.

Und da klingt die Linde,
Da singt die Nachtigall,
Da weinte der Prinz weder bei Tag noch bei Nacht,
Und der König freut sich alleweil und lacht.

Märchen aus Dänemark

Die Prinzessin im Hügel

Vor langer Zeit war Gunnar, ein tapferer Schwede, mit Norwegen verfeindet und hatte dieses Land überfallen; zuerst gingen seine Streifzüge in die Gegend Jather, jenen Küstenstrich südlich von Stavanger. Hier verbrannte er alles, mordete blindlings, und es machte ihm Freude, Straßen und Wege von Leichen übersät und blutdurchtränkt zu sehen. Während anderen Wikingern nicht viel am Morden, sondern nur am Rauben lag, wollte Gunnar vor allem Mord und Totschlag, und am liebsten sättigte er diesen unheilvollen Drang mit dem Abschlachten von Menschen. Und so nimmt es denn auch nicht wunder, daß die Einwohner dieser Grausamkeit zuvorkommen wollten und sich alle flugs unterwarfen.

Der greise König der Normannen aber, Regnaldus, ließ, kaum hatte er vom Wüten des Tyrannen gehört, eine Höhle graben und verschloß seine Tochter Drota darin. Er gab ihr Nahrung und eine Dienerschaft für eine lange Zeit mit. Kunstvoll geschmiedete Schwerter und den königlichen Hausrat verbarg er desgleichen in dieser Höhle; denn ein Schwert, das er selber nicht mehr bedienen konnte, wollte er nicht den Feinden überlassen. Und damit sich die Höhle nicht über dem Boden erhob und somit zu sehen war, ließ er die ausgegrabene Erde dem Boden gleichmachen.

Dann zog er in den Krieg, und da er mit seinen altersschwachen Gliedern nicht mehr in die Schlacht gehen konnte, stützte er sich auf die Schultern seiner Begleiter und kam so nur mühsam vorwärts. Er kämpfte zwar mit Eifer, aber mit wenig Glück. Und alsbald fiel er im Kampf, und sein Tod brachte seinem Land eine schwere Schmach. Um nämlich die Feigheit des besiegten Volkes ungewöhnlich schmachvoll zu bestrafen, setzte Gunnar als Herrscher über sie einen Hund ein, und sie mußten ihre hochmütigen Nacken vor dem Beller beugen. Das war aber noch nicht genug der Schmach: Gunnar bestellte auch Statthalter, die im Namen des Hundes alle privaten und öffentlichen Aufgaben besorgen sollten. Und der Adel mußte in bestimmter und fester Reihenfolge Hofdienst beim Hund machen. Doch noch nicht genug! Wenn einer der Höflinge sich im Dienst des Herrschers widerwillig zeige und seinen Sprüngen hin und her nicht ehrfurchtsvoll und ergeben nachlaufe, der solle mit dem Verlust von Gliedern büßen, so bestimmte es Gunnar. Auch legte er dem Volk eine zwiefache Aufgabe auf: die eine sollten sie mit ihren Herbstvorräten, die andere sollten sie im Frühjahr bezahlen. Damit wollte er den Norwegern ihren Hochmut austreiben.

Als aber Gunnar zu Ohren gekommen war, daß die Tochter des Königs in einem weit entlegenen Versteck verborgen war, strengte er sich mit all seinen Geisteskräften an, sie aufzuspüren.

So geschah es, während er selbst an der Suche teilnahm, daß er von weitem ein Gemurmel undeutlich unter der Erdoberfläche hörte. Er ging dem Schritt für Schritt nach und vernahm dann ganz klar den Klang menschlicher Stimmen. Und sogleich ließ er die Erde an dieser Stelle abtragen, und es tat sich vor ihm eine Höhle auf mit gewundenen Gängen. Als Drotas Diener nun die Zugänge zur Höhle schützen wollten, wurden sie sogleich niedergehauen. Die Prinzessin aber wurde samt den dort versteckten Schätzen herauf ans Tageslicht geholt. Nur die Schwerter hatte sie einem anderen Versteck anvertraut; sie wurden nicht gefunden.

Und Gunnar, grausam und gierig wie er war, tat ihr Gewalt an. Als die Zeit nun gekommen war, gebar Drota einen Sohn, Hildiger.

Der Salbyer Rabe

Es war einmal eine Frau, die einen einzigen Sohn hatte, der so faul war, daß er sich nicht einmal jucken mochte und seine Mutter alles für ihn besorgen mußte. Eines Tages saß er und sah aus dem Fenster, da gewahrte er einen großen Raben, der auf einem Apfelbaum saß und die Äpfel anpickte. Das ärgerte den Jungen, und er machte sich daher die Mühe, eine Büchse von der Wand zu nehmen und auf den Raben zu schießen. Er schien ihn getroffen zu haben, denn der Rabe fiel in demselben Augenblick ein wenig tiefer am Baume hinab. Der Junge schoß daher nochmals, und der Rabe fiel wieder etwas tiefer hinab. Er schoß zum drittenmal, da fiel der Rabe ganz zur Erde und blieb dort wie tot liegen.

Jetzt ging der Junge in den Garten hinaus und zum Raben hin; allein er mochte sich nicht zu ihm herunterbücken, daher ließ er sich platt auf ihn niederfallen. Aber in demselben Augenblick fuhr der Rabe in die Höhe, entfaltete seine breiten Schwingen und flog mit dem Jungen hoch in die Luft empor. Dem Jungen blieb nichts anderes übrig, als sich selbst um dessen Hals zu klammern, während derselbe seinen Flug fortsetzte; und er flog weit über das wilde Meer hinaus. Plötzlich senkte sich der Rabe hinab, so daß der Junge bis an den Leib ins Wasser getaucht wurde. »Ach nein«, schrie der Junge, »ich glaubte, ich wäre dort geblieben.«

»Ja, das glaubte ich auch, als du zum erstenmal auf mich schossest«, sagte der Rabe.

Und dann schwang er sich wieder hoch zu den Wolken empor und flog weit, weit über das wilde Meer hinaus. Dann senkte er sich plötzlich wieder hinab, so daß der Junge bis an das Kinn eingetaucht wurde. »Ach nein«, schrie der Junge, »jetzt glaubte ich wirklich, ich wäre dort geblieben.«

»Ja, das glaubte ich auch, als du zum zweitenmal auf mich schossest«, sagte der Rabe.

Dann schwebte er wieder empor und flog noch weiter über das Meer hinaus, bis er sich plötzlich in dasselbe hinabfallen ließ, so daß die Wellen über dem Kopf des Jungen zusammenschlugen. »Ach nein«, schrie er, »jetzt glaubte ich doch wahrhaftig, ich wäre dort geblieben.«

»Das glaubte ich auch«, sagte der Rabe, »als du zum drittenmal auf mich schossest.«

Dann schwang er sich wieder hoch in die Luft und flog immer weiter, zuerst übers Meer und dann über Land, bis er zu einem einzeln liegenden Bauernhof kam. Dort senkte er sich hinab und setzte den Jungen auf dem Feld hin und sagte, er möge in den Hof hineingehen und vom Salbyer Raben grüßen, man solle ihm eine Schüssel voll Grütze mit zwölf Butterlöchern geben. Wenn er das erhielte, sollte er zwölf Löffel voll davon essen und jeden in ein Butterloch tauchen. Für jeden Löffel voll, den er äße, erhielte er die Stärke eines Knechtes. Wenn man ihn auf dem Hofe nach Neuigkeiten frage, solle er stillschweigen und tun, als ob er nichts wüßte. Wenn er die Grütze bekommen habe, solle er hinausgehen und sich nach dem Salbyer Raben umsehen; sähe er dann denselben nicht, so werde er wohl einen kleinen weißen Lappen an einem roten Faden in der Luft schweben sehen. Wenn er dem nur folge, werde er schon den Raben finden.

Der Junge machte es, wie der Rabe ihm gesagt hatte, ging in den Hof und grüßte vom Salbyer Raben, man solle ihm eine Schüssel Grütze mit zwölf Butterlöchern geben; die erhielt er, und mit den zwölf Löffeln voll erhielt er die Stärke von zwölf Knechten. Die Leute auf dem Hofe wollten ihn ausfragen, aber er schwieg still und ging hinaus, um nach dem Raben zu sehen, aber er konnte keinen Raben erblicken. Da sah er einen weißen Lappen an einem roten Faden oben in der Luft flattern, und als er demselben folgte, kam er endlich zu dem Raben, der ihn wieder auf seinen Rücken nahm und weit weg mit ihm flog, bis sie in die Nähe eines Edelhofes kamen. Dort setzte der Rabe ihn nieder und schickte ihn mit demselben Gruße vom Salbyer Raben dort hinein. Er erhielt wieder eine Schüssel Grütze mit zwölf Butterlöchern und gewann die Stärke weiterer zwölf Männer; er schwieg zu den Fragen der Leute still und fand wieder den Raben, indem er dem weißen Lappen an dem roten Faden folgte. Der Rabe flog dann weiter mit ihm zu einem großen Schloß, wo er auch hineinging und auf den Namen des Salbyer Raben Grütze mit zwölf Butterlöchern erhielt; und er hatte jetzt die Stärke von sechsunddreißig Männern. Als er von dort herauskam, vermochte er keinen Raben zu erblicken, sondern nur den weißen Lappen an dem roten Faden, und dem folgte er, aber der Weg ging einen sehr steilen Hügel hinan, und als der Junge auf dem Gipfel anlangte und den Lappen und den Faden noch in weiter Ferne sah, war er zu faul, um den Hügel hinunterzugehen, und legte sich daher nieder und ließ sich denselben hinabrollen. Aber er stieß sich an Stümpfen und Steinen, so daß er jämmerlich zerschlagen ward, ehe er am Fuße des Hügels ankam. Dort lag er nun und rief laut zum Salbyer Raben um Hilfe in seiner Not. Der Rabe kam denn auch herangesaust und nahm ihn auf, allein erst schlug er ihn tüchtig mit seinen starken Flügeln, weil er sich seiner alten Faulheit überlassen hatte.

Der Rabe flog jetzt mit dem Jungen auf seinem Rücken weit über Land und Meer, bis sie ein großes Königsschloß erblickten. Dort setzte er ihn nieder und sagte zu ihm: »In dies Schloß mußt du hineingehen und dich als Küchenjunge verdingen. Gib jetzt acht, daß du der Heerstraße dahin folgst. Und kommst du jemals in eine Gefahr, aus der du dich selber nicht erretten kannst, so rufe nach mir nur mit den Worten: ›Salbyer Rabe, hilf mir jetzt, denn jetzt bin ich in Not!‹« Als der Rabe dies gesagt hatte, erhob er sich auf seinen breiten Schwingen und schwebte so hoch empor, daß er dem Jungen bald außer Sicht kam.

Als der starke Bursche jetzt allein war, dachte er: Allerdings hat der Salbyer Rabe gesagt, ich solle der Heerstraße zum Schloß folgen; aber ich sehe ja, daß sie viele Windungen macht und wohl ihre drei Meilen lang ist; gehe ich dagegen gerade hinüber, so ist es nur eine Viertelmeile bis dahin. Ich müßte doch also toll sein, wenn ich nicht den nächsten Weg einschlüge. Damit schritt er geradeaus; aber dieser Richtweg war ein Irrweg, denn bald saß er in einem grundlosen Morast zwischen spitzen Dornen fest, so daß er weder vorwärts noch zurück konnte. Da rief er: »Salbyer Rabe, hilf mir jetzt, denn ich bin in Not!« Da kam der Rabe angesaust, ergriff ihn mit seinen Krallen und zauste ihn tüchtig zwischen den Dornen herum und sagte, das gebühre ihm für seinen Fürwitz. Dann brachte er ihn auf dieselbe Stelle wie vorhin und schwang sich in die Lüfte. Jetzt war der Bursche durch Schaden klug geworden und er folgte der Heerstraße, bis er zum Schloß kam. Dort ging er in die Küche hinein und bat, man möge ihm einen Dienst als Küchenjunge geben. Er wurde auch angenommen, und dort trug er Wasser und Feuerung herbei, daß es eine Art war; Kräfte genug hatte er ja.

Im übrigen stand es schlimm dort auf dem Schloß, denn der König hatte einmal in Wassernot seine Tochter dem Meermann versprochen, und kurz nachdem der junge Bursche dort in Dienst getreten war, ließ jener Meermann sagen, jetzt wolle er die Königstochter haben, und am nächsten Tag solle sie an den Strand zu ihm kommen, sonst werde er das ganze Reich verwüsten. Das gab eine Trauer und einen Jammer ohnegleichen. Der König bot seine Tochter und das halbe Reich dem, welcher ihn davon befreien könnte, dem Meermann sein Wort zu halten.

Nun war ein vornehmer Herr dort auf dem Schloß, welcher Ritter Rot hieß. Er versprach hoch und teuer, mit dem Meermann zu kämpfen und die Prinzessin zu retten. Am nächsten Morgen begleitete Ritter Rot auch die Prinzessin an den Strand; aber sobald er eine hohe Woge sich von weit draußen her ans Land wälzen sah, dachte er, es sei der Meermann, und da lief er in den Wald hinein und kletterte auf einen Baum und überließ die Prinzessin sich selbst.

Der Küchenjunge hatte sich mittlerweile an demselben Morgen aus der Küche und an den Strand hinabgeschlichen. Er sah dieselbe hohe Woge sich heranwälzen, vor welcher Ritter Rot das Hasenpanier ergriff. Aber er blieb da und sah genauer zu, und er sah die Woge sich brechen und ans Land schäumen, aber es war kein Meermann darin: Sie benetzte nur die Füße der Prinzessin und flutete dann zurück. Kurz darauf kam eine zweite Woge, größer als die erste; die benetzte die Prinzessin bis zum Gürtel, aber sie barg auch keinen Meermann. Sobald sie verronnen war, kam eine Woge, so hoch wie ein Haus aus der Tiefe herangerollt, und die schlug über dem Haupte der Prinzessin zusammen, und in dieser Woge war der Meermann. Aber gerade als er sie ergreifen wollte, schoß der Küchenjunge herbei und packte ihn, und die beiden rangen jetzt miteinander am Meeressaum, so daß der Sand berghoch um sie her lag. Freilich bedurfte der Bursche der Stärke aller sechsunddreißig Männer zu dem Kampf; aber das Ende war doch, daß er den Sieg errang und dem Meermann den Garaus machte, so daß die Welle seine Leiche ins Meer trug.

Nach diesem Kampf war der Bursche so müde, daß er am Strand niedersank und in einen tiefen Schlaf fiel. Da ging die Prinzessin zu ihm hin und flocht einen goldenen Ring in sein Haar und eilte dann dem Schlosse zu, um ihrem Vater die gute Botschaft zu bringen. Aber als sie in den Wald kam, kletterte Ritter Rot eiligst vom Baum herab und bedrohte ihr Leben, wenn sie nicht seine Aussage bestätigen wolle, daß er und kein anderer sie vor dem Meermann gerettet habe. Sie gingen also miteinander zum Schloß, wo Ritter Rot lang und breit von seiner Tapferkeit erzählte, wie er dem Meermann den Garaus gemacht und die Tochter des Königs gerettet habe. Da ward große Freude und Lust, und Ritter Rot sollte jetzt in acht Tagen mit der Prinzessin Hochzeit feiern und dann das halbe Reich als Mitgift erhalten.

Der Hochzeitstag erschien, und die Gäste stellten sich ein, und es war eine Pracht, derengleichen man noch nie im Königsschloß gesehen hatte. Doch an der Hochzeitstafel ergriff die Prinzessin plötzlich das Wort und sagte: Wer sie gerettet und dem Meermann den Garaus gemacht habe, das wisse sie nicht; aber das wisse sie, daß sie ihren goldenen Ring in sein Haar geflochten habe, als er, ermüdet von dem schweren Kampf, am Meeresstrand in Schlaf gefallen sei; daher wolle sie keinen anderen zum Mann haben als den, welcher den Ring hätte. Jetzt stand es schlecht um Ritter Rot; denn er hatte ihren goldenen Ring nicht, und der König ließ daher den Befehl durchs Land ergehen, daß alle Männer im ganzen Reich aufs Schloß kommen und in Augenschein genommen werden sollten, ob der goldene Ring der Prinzessin ihnen ins Haar geflochten sei. Sie wurden also alle in Augenschein genommen, so viel ihrer im Reiche waren; aber kein goldener Ring war zu finden.

Da begann der König zornig zu werden und zu sagen, den goldenen Ring wolle die Prinzessin ihnen wohl aufbinden; aber sie fuhr fort zu behaupten, es müsse noch jemand da sein, der nicht in Augenschein genommen worden sei; und da fiel ihnen ein, daß draußen in der Küche des Königs ein großer Küchenjunge sei, den man noch nicht besichtigt habe, und der König sandte daher zwei seiner stärksten Diener ab, um ihn zu holen, er möge wollen oder nicht. Sie kamen zu dem Burschen und sagten, er solle gleich zum König hereinkommen, der wolle mit ihm reden. Aber der Bursche sagte, er habe nichts mit dem König zu reden. Wenn der König etwas von ihm wolle, so könne er zu ihm kommen. Die Diener packten ihn daher und wollten ihn mit Gewalt hineinführen; aber da kamen sie an den Richtigen, denn er warf sie wie ein paar Waschlappen zur Erde; und sobald sie sich wieder auf die Beine machen konnten, liefen sie zum König hinein und sagten, der Bursche wolle nicht kommen und sie könnten seiner nicht Herr werden. Da schickte der König zehn seiner besten Mannen nach ihm aus; aber es erging den zehn wie den zweien; und nicht besser ging es, als der König seine vierundzwanzig stärksten Hünen absandte: der Bursche sagte auch da noch, er habe nichts mit dem König zu reden; wolle der König etwas von ihm, so könne er zu ihm kommen. Und als sie Gewalt brauchen wollten, nahm er sie und schlug sie je zwei und zwei zusammen und warf sie Kopf voraus zur Tür hinaus.

Jetzt mußte der König also seinen eigenen Diener machen und in die Küche gehen und den Burschen hübsch bitten, ihn in den Saal hinauf zu begleiten, und das tat er denn auch; und als er dort hinaufkam, so schmutzig er war und mit seiner roten Mütze auf dem Kopf, mußte ihn der König sogar schön bitten, die Mütze einen Augenblick abzunehmen; und sobald er die abnahm, sahen sie alle den goldenen Ring der Prinzessin in seinem Haar blitzen. »Bist du es, der meine Tochter von dem Meermann errettet hat?« fragte der König.

»Jawohl«, sagte der Bursche.

»Wie ist das zugegangen, daß du sie retten konntest?« fragte der König weiter.

»Es ist so zugegangen, daß ich die Stärke von sechsunddreißig Männern habe, und nur einer ist stärker als ich, und das ist der Salbyer Rabe, der hat die Stärke von siebenunddreißig Männern.«

»Ja«, sagte die Prinzessin, »er und kein anderer war es, der mit dem Meermann kämpfte und mein Leben rettete, während Ritter Rot im Walde saß und in einen Baum geklettert war, ehe der Meermann kam.«

Da wandte sich der König zu seinen Leuten und sagte: »Ergreift jetzt gleich den falschen Ritter Rot und hängt ihn in den höchsten Baum in dem Wald, wo er sich versteckte, als er die Prinzessin schützen sollte!« Aber zu dem Burschen sagte er, er könne jetzt die Prinzessin und das halbe Reich erhalten; das gebühre ihm für seine Tat. Der Bursche dankte ihm für das freundliche Anerbieten, sagte aber, er habe noch nicht daran gedacht, sich zu verheiraten und fest niederzulassen; er wolle daher weder die Prinzessin noch das Reich, aber er wolle wohl dem König noch eine Weile länger dienen. So wurde er denn über das Kriegsheer des Königs gesetzt und empfing so hohen Lohn und so viele Kleider und Waffen und Pferde, wie er wollte; und so ging es eine Zeitlang.

Aber da geschah es eines Tages, daß er auf der Straße dahinritt und alle, denen er begegnete, ihm auswichen, denn sie wußten, daß er die Stärke von sechsunddreißig Männern besaß. Endlich begegnete er einem anderen Reiter, der ihm nicht auswich, sondern gerade auf ihn zuritt, und als sie einander trafen, legte der fremde Reiter seine Hand auf seine Schulter, so daß sein Pferd alle viere auf der Erde von sich streckte und der starke Bursche selbst in die Knie brach. Da merkte er, daß er seinen Meister gefunden habe, und rief laut: »Salbyer Rabe, hilf mir jetzt, denn jetzt bin ich in Not!«

»Nein, du bedarfst keiner Hilfe«, antwortete der Salbyer Rabe; denn er selbst war es, der dem Burschen begegnete. Er gab sich ihm jetzt zu erkennen, und der Bursche geleitete ihn nach Hause in sein Schloß und sein Königreich, und dort erhielt er die Schwester des Salbyer Raben zur Frau und lebt noch heute mit ihr in Freude und Herrlichkeit.

In des Wolfes Bau und Adlers Klau'

Es waren einmal ein König und eine Königin, die hatten einen kleinen Sohn. Eines Tages wollten der König und die Königin miteinander ausfahren, aber ihren Sohn nicht mitnehmen. Aber er wollte dennoch mitgenommen werden, darum lief er hinter dem Wagen drein; und da er durch nichts davon abzubringen war, ließ der König halten und sagte zu dem Prinzen, wenn er dieses silberne Messer und diese Gabel, die er ihm jetzt gab, nehmen und zu seiner Amme heimbringen wolle, so dürfte er wiederkommen und mitfahren, sie würden unterdes auf ihn warten, bis er zurückkomme.

Der Prinz nahm das silberne Besteck und lief auf das Schloß zu. Aber daß ihn der König mit diesem Auftrag ins Schloß schickte, war nur ein Vorwand, um ihn loszuwerden. Als der Knabe ein Stück weit gelaufen war und sich einmal umschaute, sah er, daß der Wagen davonfuhr. Da kehrte der Prinz sogleich um und lief dem Wagen wieder nach, konnte ihn aber nicht erreichen. Als er in einen Wald kam, wollte er ihm deshalb von einer andern Seite entgegenlaufen, aber er verirrte sich und lief schnurstracks in eine Wolfshöhle hinein. Der Wolf war zwar zu Hause, aber er war gerade nicht hungrig, denn er war soeben mit einer guten Mahlzeit fertig geworden, drum tat er dem Knaben nichts zuleide, sondern begann wie ein Hund mit ihm zu spielen.

Während sie aber so spielend vor der Wolfshöhle herumsprangen, flog ein Adler über ihre Häupter hin, sah den Knaben, senkte sich pfeilgeschwind nieder, ergriff ihn mit seinen Klauen und flog mit ihm davon. Er wollte ihn in sein Nest, das auf einer Insel draußen im Meere lag, schleppen; unterwegs aber wurde ihm der Knabe zu schwer, und er ließ ihn fallen. Er fiel ins Meer, und sogleich kam ein Walfisch dahergeschwommen und verschluckte ihn.

Als der Prinz kurze Zeit im Bauch des Walfisches gelegen hatte, kam es ihm sehr langweilig darin vor. Er zog daher das silberne Messer und die Gabel heraus und fing an, im Bauch herumzuschneiden. Das konnte der Fisch nicht aushalten; er starb und trieb ans Land.

Der Knabe konnte sich dennoch nicht allein herausfinden. Als es aber im Land ruchbar wurde, daß ein Walfisch ans Ufer getrieben sei, kamen viele Leute zum Strand herunter, um ihn zu sehen und anzustaunen. Unter diesen war auch ein Gutsherr mit seinem Sohn, einem Knaben von des Prinzen Alter. Während diese beiden um den Fisch herumgingen und ihn betrachteten, hörten sie etwas in demselben schreien und rufen. Und als sie ihn aufschnitten, kam der Prinz so munter und frisch wieder heraus, als er verschluckt worden war.

Der Gutsherr nahm dann den Prinzen mit sich nach Hause und ließ ihn mit seinem Sohn erziehen. Die beiden Knaben wurden bald gute Freunde, und der Prinz hatte es recht gut in seinem neuen Heim. Da geschah es eines Tages, als die beiden miteinander Ball spielten, daß der Prinz den Ball aus Unvorsichtigkeit so schleuderte, daß er den Sohn des Gutsbesitzers gerade an die Schläfe traf, und zwar so unglücklich, daß der Knabe tot umfiel. Darüber wurde der Gutsherr so zornig, daß er den Prinzen verurteilte, lebendig zugleich mit dem Toten begraben zu werden, denn er meinte, er könne mit ihm tun, was er wolle, weil er ihn aus dem Walfisch herausschneiden ließ.

Das war zu der Zeit, als die Leute noch Heiden waren und in großen Hügeln draußen auf dem Feld begraben wurden. Und der lebende Königssohn wurde zugleich mit seinem toten Spielkameraden in einem Hügel beigesetzt, und mit großen, schweren Steinen wurde der Hügel verschlossen. So saß der arme Prinz da unten in finsterer Grabesluft. Plötzlich merkte er etwas Lebendiges, das im Innern des Hügels herumkrabbelte. Er griff nach demselben, so gut es in der Dunkelheit ging, und fühlte, daß es etwas Haariges war. Er hielt es fest und wurde weiter gezogen und durch die Erde geschleppt. Es war nämlich ein Fuchs, der sich eine Höhle unter dem Hügel gegraben, den der Prinz am Schweif erwischte, und der ihn nun durch einen seiner geheimen Gänge in seinen Fuchsgraben und von da weiter ins Freie hinauszog; denn er war ganz erschrocken und suchte bloß seine Bürde loszuwerden.

Als sich der Königssohn wieder unter freiem Himmel befand, machte er sich auf die Beine und schaute, daß er in den Wald kam, denn auf den Gutshof, dessen Herr ihn begraben ließ, durfte er ja um keinen Preis der Welt mehr zurückkommen. Er wanderte nun mehrere Tage durch die dunkelsten Wälder, die er nur finden konnte, bis er von einem Dieb und Räuber angetroffen ward, der hier in den wilden Wäldern hauste. Er nahm den Knaben mit sich in seine Räuberhöhle, gab ihm zu essen und zu trinken und war überhaupt recht freundlich mit ihm, denn so ein einzeln wild herumstreichender Knabe konnte ihm ja nicht gefährlich sein, sondern im Gegenteil Gesellschaft leisten und ihm nützlich werden.

Der Dieb nahm den Knaben jede Nacht mit sich fort, und der Königssohn mußte sich darein finden, ihm sowohl bei Bauern als bei Herren stehlen zu helfen.

In einer Nacht kamen sie einmal zu einem großen Schloß und gingen zum Stall hin. Der Dieb sagte zu dem Knaben, daß er dort oben durch ein kleines Stallfenster, das offenstand, hindurchkriechen solle. Ganz vorne im Stall stand ein Grauschimmel mit vier goldenen Hufen, und den wollte der Dieb haben, deshalb sollte ihn der Knabe losmachen, durch den Stall ziehen, die Tür sodann von innen öffnen und den Grauschimmel herausführen. Der Dieb selbst wollte außen warten und das Pferd dann in Empfang nehmen.

Der Knabe tat wie ihm geheißen: Er kroch durch das kleine Fenster und kam glücklich in den Stall, in dem er vorne das Pferd fand und von der Krippe losmachte und mit diesem wieder zurück durch den Stall schleichen wollte. Als aber die goldenen Hufe auf das Steinpflaster klappernd aufschlugen, erwachte zuerst ein Stallknecht, und der rief nach den anderen, und im Nu kamen alle mit Lichtern in den Stall herunter und ergriffen den Knaben auf frischer Tat.

Dies wurde dem König gleich am Morgen gemeldet – denn es war der König, welchem das Pferd gehörte –, und er sagte, daß man den Dieb noch am selben Vormittag aufhängen solle. Er wolle dann selbst kommen und zusehen, daß es auch richtig geschehe.

Als der Knabe den Strick schon um den Hals hatte und aufgeknüpft werden sollte, bat er, noch einige Worte reden und seine Geschichte erzählen zu dürfen. Es wurde ihm erlaubt, und er sprach:

»Ich war zuerst in des Wolfes Bau
Und kam alsdann in des Adlers Klau',
Im Walfischbauch hab ich zugebracht,
Lebendig lag ich in Grabesnacht.
Dem Räuber diente ich so zum Schluß,
Daß ich mein Leben verlieren muß.
Das Silbermesser mit Gabel doch
Von meinem Vater, das hab ich noch,
Das ich der Amme einst bringen sollt,
Als er im Wagen davongerollt.«

Als der König, der der Hinrichtung zuschauen wollte, dies hörte, sprang er auf und umarmte den kleinen Dieb, welcher gerade aufgehängt hätte werden sollen, denn es war ja niemand anders als sein eigener Sohn.

Und Freude herrschte im ganzen Land,
Weil seinen Erben der König fand.
Als Prinz nun reitet er aus dem Schloß
Auf goldbehuftem und stolzem Roß.

Hans und Grete

Weit draußen vor dem Dorf stand ein kleines Häuschen; darin wohnte ein Mann mit seiner Frau und seiner einzigen Tochter, welche Grete hieß. Es waren zwar nur geringe Leute, aber brave und ordentliche Leute, und Grete war ein recht fleißiges, gutes und noch dazu ein bildhübsches Mädchen.

Unten im Dorfe gab es wohl manch stattlichen Bauernhof, aber der schönste war halt doch der, welchen Hans einmal erben sollte. Sein Vater war längst tot, und die Mutter führte jetzt den ganzen Haushalt, wobei sie von Hans auf das treulichste unterstützt wurde. Er mußte nur noch warten, bis er zwanzig Jahre alt war, und dann bekam er von der Mutter Haus und Hof. Er war nicht allein der reichste, sondern außerdem auch der tüchtigste Bursche im ganzen Dorf, so daß es am Ende kein Wunder war, daß mehr als ein Mädchen ein Auge auf ihn geworfen hatte, und ebenso auch Grete.

Hans kam einmal in aller Frühe in die Küche, als Gretchen gerade allein war, und sagte zu ihr: »Hör, Gretchen! Du bist ein hübsches und ein braves Mädchen, und deshalb kann ich dich auch recht gut leiden, so daß ich dich einmal zu meiner Frau nehmen will, wenn du fein schweigen kannst und es jetzt noch niemandem sagen wirst.«

»Ich danke dir schön!« sagte Grete, »so etwas darf man freilich noch niemandem sagen.«

Hans ging nun wieder, und Grete sollte einen Topf voll Mehlbrei zum Frühstück kochen. Sie nahm eine Handvoll Mehl, die andere voll Asche und rührte dies durcheinander, und dabei war sie voller Freude. Als die Mutter herauskam und sah, was die Tochter zusammenkochte, rief sie erstaunt aus: »Aber Gretchen! Was treibst du denn da?«

»O Mutter«, antwortete sie, »ich bin so voller Freude.«

»Was freut dich denn so sehr?« fragte die Mutter darauf.

»Ja«, sagte Grete, »Hans war da und hat gesagt, er will mich zu seiner Frau nehmen, wenn ich schweigen kann und es jetzt noch niemandem sagen will.«

»Ja, so etwas darf man freilich noch niemandem sagen«, sagte die Mutter und verrührte den Brei und schüttete ihn mitten auf den Küchenboden aus.

Jetzt kam der Mann heraus, um doch nachzusehen, wo die beiden heute mit seinem Frühstück bleiben. »Aber sagt mir nur, was treibt ihr denn da?« sagte er, als er ihre Arbeit sah.

»Oh, wir sind so voller Freude!« antworteten beide.

»Was freut euch denn so sehr?« fragte der Mann. »Ja, der Hans war da und hat gesagt, er will die Grete zur Frau nehmen«, sagte die Mutter, »wenn sie schweigen kann und es jetzt noch niemandem sagen will.«

»Ja, so etwas darf man freilich noch niemandem sagen«, erwiderte der Mann und ging hinaus und spannte die Pferde an die verkehrte Seite des Wagens.

Da kam gerade Hans vorbei, und als er das sah, sagte er: »Aber was treibt Ihr denn da?«

»Oh, ich bin so voller Freude!« antwortete der Mann.

»Ja, was freut Euch denn so sehr?« fragte Hans. »Nun, weil du gesagt hast, du willst meine Tochter zur Frau nehmen«, erwiderte der Mann.

»Ja, das habe ich auch gesagt – wenn sie schweigen kann; aber das kann sie nicht!«

Damit ging Hans voller Zorn seiner Wege.

Und es vergingen viele Tage, ohne daß sie Hans wieder zu Gesicht bekamen. Endlich erfuhren sie, daß er um eines Großbauern Tochter gefreit habe und daß die Brautleute am nächsten Sonntag in der Kirche verkündigt werden sollten. Sie wurden zum ersten-

und zum zweitenmal verkündigt; als sie aber zum drittenmal verkündigt werden sollten, sagte Grete zu ihrer Mutter: »Ich muß heute doch in die Kirche, um noch einmal mit meinem alten Freier zum Heiligen Abendmahl zu gehen.« Und das tat sie auch.

Als alle das Abendmahl empfangen hatten und wieder auf ihre Plätze zurückgingen, flüsterte Grete dem Hans im Vorbeigehen zu: »Ich habe meinen Glauben an dich doch noch nicht aufgegeben.«

Seine Braut, die selbstverständlich auch in der Kirche war, sah es und fragte den Hans aus: »Was war denn das für ein Mädchen, das vorhin an dir vorbeiging und dir etwas zuflüsterte?«

»Oh, das war ein Mädchen, das ich einmal zu meiner Frau nehmen wollte, wenn sie hätte schweigen können, aber das konnte sie nicht!«

»Ah! So etwas ist mir doch in meinem Leben noch nicht vorgekommen!« sagte die Braut, »nicht einmal schweigen konnte sie? Ich habe doch schon sieben Kinder geboren, aber gesagt habe ich noch niemandem ein Sterbenswörtchen davon, nur jetzt ist es mir unversehens entschlüpft.« Als Hans das hörte, sprang er vom Stuhl auf, und niemals sah sie ihn wieder. Nun heiratete er doch noch das Gretchen, und wenn sie nicht gestorben sind, leben sie heute noch glücklich miteinander.

Das Siebengestirn

Es war einmal ein Mann und der hatte sechs Söhne. Er gab ihnen aber keine Namen, wie sie andere Menschen haben, sondern nannte sie schlechtweg nach ihrem Alter: »Ältester, Zweitältester, Drittältester, Drittjüngster, Zweitjüngster und Jüngster.« Andere Namen hatten sie nicht.

Als der Älteste achtzehn und der Jüngste zwölf Jahre alt war, schickte sie ihr Vater in die Welt hinaus, damit jeder ein Handwerk lerne. Da zogen sie aus und gingen anfangs ein Stück Weg miteinander, bis sie zu einer Stelle kamen, an der sich ein doppelter Kreuzweg befand, so daß sechs Wege nach verschiedenen Richtungen auseinander führten; da wurden sie miteinander einig, sich hier zu trennen, und jeder sollte seinen eigenen Weg gehen. Aber am zweiten Jahrestag wollten sie alle wieder an derselben Stelle zusammenkommen und zusammen zu ihrem Vater heimkehren.

Am bestimmten Tag fanden sich alle richtig wieder an Ort und Stelle ein und gingen miteinander zu ihrem Vater. Der fragte nun einen jeden, was er für eine Kunst gelernt habe. Der »Älteste« sagte, er sei ein Schiffsbaumeister geworden und könne Schiffe bauen, die von selbst gingen. Der »Zweitälteste« war zur See gegangen und Steuermann geworden und konnte ein Schiff ebenso gut über das Land als auf dem Wasser steuern. Der »Drittälteste« hatte nichts anderes als horchen gelernt, aber das konnte er nun so gut, daß er in dem einen Königreich hörte, was im anderen vorging. Der »Drittjüngste« war ein Schütze geworden, und jeder seiner Schüsse war ein Meisterschuß. Der »Zweitjüngste« hatte klettern gelernt, er konnte an der Wand hinaufgehen wie eine Fliege, und keine Felswand war so steil, daß er sie nicht hätte erklettern können.

Als der Vater diese fünf angehört und erfahren hatte, was ein jeder von ihnen konnte, sagte er, daß es zwar recht gut und alles mögliche sei, daß er sich aber doch mehr von ihnen erwartet hätte; denn das, was sie da gelernt, könnten doch andere auch noch. Nun wollte er schließlich wissen, was der »Jüngste« gelernt hätte; auf ihn hatte er immer die größte Hoffnung gesetzt, es war ja sein Lieblings- und Schoßkind.

Der »Jüngste« war froh, endlich auch an die Reihe zu kommen, und antwortete ungemein vergnügt, daß er ein Meisterdieb geworden sei. Als der Vater das hörte, wurde er so böse, daß er ihn bei den Ohren nahm und rief: »Pfui der Schande, die du über mich und die ganze Familie gebracht hast!«

Da traf es sich zur selben Zeit, daß dem König des Landes seine liebreizende junge Tochter von einem bösen Zauberer gestohlen wurde. Und der König versprach sie demjenigen, der sie ausfindig machen und dem Zauberer wieder entreißen könnte, zur Frau und sein halbes Reich als Mitgift obendrein. Da wollten die sechs Brüder ausziehen und ihr Glück versuchen. Der Schiffsbaumeister baute ein Schiff, das von selbst ging. Der Steuermann steuerte es über Land und Meer. Der Horcher lauschte beständig nach allen Seiten herum und sagte endlich, daß er sie im Innern eines Glasberges höre. Dort segelten sie hin. Der Kletterer war in größter Geschwindigkeit oben auf dem Berg und erblickte den Zauberer darin, welcher seinen häßlichen Kopf auf dem Schoß der Prinzessin ruhen ließ und schlief. Da kletterte er wieder herunter, nahm den kleinen Meisterdieb auf den Rücken und stieg mit ihm ganz in den Berg hinein. Der Meisterdieb stahl dem Zauberer die Prinzessin unter dem Kopf weg, ohne daß er es merkte, und der Kletterer trug dann alle zwei zum Schiff hinunter.

Sobald sie unten an Bord angekommen waren, segelten sie fort, und der Horcher mußte unterdes auf den Zauberer Obacht geben. Als sie noch nicht allzuweit vom Land entfernt waren, sagte er zu den anderen: »Jetzt erwacht der Zauberer, jetzt reckt er sich, jetzt vermißt er die Prinzessin, jetzt kommt er!«

Da geriet die Prinzessin in schreckliche Angst und sagte, es wäre nun aus mit allen, wenn sie keinen Meisterschützen bei sich an Bord hätten. Der Zauberer könne überallhin durch die Luft fahren und würde jetzt gleich bei ihnen sein. Er sei unverwundbar und kugelfest, ausgenommen an einem kleinen schwarzen Punkt mitten auf der Brust, der nicht größer als ein Stecknadelkopf sei.

Da kam der Zauberer auch schon durch die Luft gesaust. Der Schütze nahm ihn sogleich aufs Korn, schoß und traf ihn mitten in den schwarzen Punkt hinein. Und im selben Augenblick zersprang der ganze Zauberer in tausend und tausend feurige Stücke, daß die Splitter rauchend weit auseinanderflogen, und daher stammen die vielen Feuersteine, die man allerwegen findet.

Die sechs Brüder langten endlich zu Hause an mit der Prinzessin und führten sie an ihres Vaters Hof. Alle waren in sie verliebt, und jeder einzelne konnte mit vollem Recht von sich sagen, daß sie ohne ihn nicht gerettet worden wäre. Da war der König in großer Not, denn er wußte nicht, welchem er seine Tochter geben solle. Und ebenso war die Prinzessin in großer Not, denn sie wußte nicht, welchen sie am liebsten hatte.

Der liebe Gott wollte aber nicht, daß ein Streit zwischen ihnen entstehe, deshalb ließ er alle sechs Brüder und die Prinzessin in ein und derselben Nacht sterben. Dann versetzte er alle sieben als Sterne an den Himmel, und sie sind das, was man jetzt das Siebengestirn nennt. Der am meisten funkelnde Stern ist die Prinzessin, der matteste aber ist der kleine Meisterdieb.

Einer, der's faustdick hinter dem Ohr hat

Es war einmal ein ganz steinalter Mann. Er lebte nicht nur schon sehr lange, sondern er war auch seinerzeit ein tüchtiger Kerl, denn er hatte nicht weniger als sieben Schock Söhne und sogar noch sieben Stück dazu.

Als diese vierhundertsiebenundzwanzig Söhne erwachsen waren, wollten sie alle miteinander heiraten; und daher gingen sie zu ihrem Vater und fragten ihn, wie sie sich dazu anstellen sollten. »Das verstehe ich besser als ihr«, sagte der Alte. »Laßt nur mich machen, ich werde schon für jeden von euch eine Frau ausfindig machen. Sattelt mir nur meinen alten Gaul, dann will ich sogleich fortreiten, um für euch zu freien!«

Er mußte aber weit herumreiten, bis er endlich einen Mann auskundschaftete, der sieben Schock Töchter besaß und noch sieben Stück darüber, die noch alle unversorgt waren. Mit dem ließ sich etwas machen, drum ritt er zu ihm hin. Ein Knecht nahm ihm das Pferd ab, und er selbst ging zu dem Mann hinein und knüpfte mit ihm ein Gespräch an, und unter andern Dingen kam er dann auch darauf zu sprechen, daß er eigentlich zu ihm komme, um für seine Söhne anzuhalten um seine sämtlichen Töchter.

Sie kamen dann überein miteinander, daß die jungen Leute alle bei dem alten Vater der Söhne wohnen sollten, während der andere die Hochzeit für alle sieben Schock und sieben Paare zu bestreiten hat. Als alles auf diese Weise abgemacht war, sagte der fremde Mann zu dem Knecht, daß er ihm jetzt sein Pferd wieder satteln und vorführen möchte. »Hat mein Gaul etwas zu fressen bekommen?« fragte er; »denn ich habe sehr weit heim und mag unterwegs nicht anhalten, um ihn zu füttern.«

»Ja«, antwortete der Knecht, »er hat schon etwas bekommen, denn er hat sieben Fuder Heu gefressen.«

»Hat er aber auch etwas zu saufen bekommen?« fragte der Alte weiter.

»Nein, er hat nichts bekommen.«

»Nun ja – dann kann ich ihn ja noch saufen lassen, wenn wir am See vorbeikommen«, sagte der Alte, »das ist ja weiter nicht der Rede wert.«

Darauf ritt er weg von dem Hof und gelangte bald zu dem See, der aber ziemlich klein war, denn er erstreckte sich höchstens auf sieben Meilen im Umkreis. Der Alte ritt mit seinem Gaul hinein, und dieser soff den ganzen See aus, denn er hatte lange stehen müssen und war davon gar durstig geworden.

Als aber das Wasser im See so zu sinken begann, daß es zuwenig für die Fische war, die darin nicht mehr schwimmen konnten und im Schlamm liegen und umkommen mußten, fanden sich gleich eine Menge Vögel ein, die unter den Fischen tüchtig aufräumten. Als der Mann, der auf dem Pferde saß, in die Höhe schaute, um zu sehen, wohin die Vögel mit den Fischen flogen, da fiel ihm etwas von einem Vogel ins Auge. Er griff zwar gleich nach dem Ding, konnte es aber durchaus nicht herausbekommen. Es blieb ihm daher nichts anderes übrig, als in größter Eile nach Hause zu reiten, während er beständig die eine Hand vor das Auge, das ihn schrecklich schmerzte und juckte und voll Wasser stand, halten mußte.

Sobald er heimkam, erzählte er seinen Söhnen, daß er so glücklich wäre, für jeden von ihnen eine Braut gefunden zu haben, schließlich aber das Unglück unterwegs gehabt hätte, daß ihm etwas ins Auge gefallen sei; sie sollten ihm nun helfen, es herauszubekommen. Sie suchten es wohl und schauten und schauten, aber sie konnten durchaus nichts darin finden. Da sagte der älteste Sohn, welcher der gescheiteste war: »Wir wollen einfach unsere Schiffe ins

Auge hineinbringen und darin herumsegeln und versuchen, ob wir es am Ende nicht doch noch finden können.« Das taten sie auch und segelten sieben ganze Tage dann herum und fanden endlich auch, was sie suchten; und was war es? Ein Fischbein, das ein Vogel verloren hatte. Sie erwischten es mit einem langen Bootshaken und zogen es dann aus dem Auge heraus.

Dann mußten sie sich um einen Tischler umsehen, der ihnen sieben Schock und sieben Bettstellen für die vierhundertsiebenundzwanzig jungen Paare machen konnte. Und es traf sich mit diesem Fischbein so glücklich, daß es der Tischler legen und sägen und zurechtschneiden und daraus die Pfosten für sämtliche vierhundertundsiebenundzwanzig Betten machen konnte.

Als diese fertig und brauchbar waren, wollte der Alte eines Tages sein Mittagsschläfchen auf einem solchen Bett halten und setzte seine rote Schlafmütze auf und legte sich nieder. Als er schon nahe daran war, in Schlummer zu fallen, kam Herr Reineke Fuchs hereingeschlichen und begann an einem dieser Bettpfosten zu nagen. Und es schien ihm, daß er sowohl nach Vogel als nach Fisch schmecke. Darüber wurde der Alte aber so ärgerlich, daß er seine rote Schlafmütze nahm und sie nach Meister Reineke warf, worüber dieser so erschrak, daß er auffuhr und sich geschwind im Bart des Alten versteckte.

Der Alte griff zwar gleich, als Reineke in seinen Bart schlüpfte, nach ihm, erwischte ihn aber nicht, und später war es ihm rein unmöglich zu finden, wo sich der Fuchs versteckt hatte. Darum rief er all seine Söhne herbei, daß sie zu ihm kommen und ihm helfen sollten, Reineke zu fangen. Da sagte der älteste, denn er war ja der gescheiteste, daß es am klügsten wäre, wenn jeder seine gute Sense zur Hand nähme; es würde zwar den Bart einige Haare kosten, aber auf eine andere Art würden sie den Meister Reineke eben nie erwischen können. Da holten sie denn ihre Sensen, sämtliche vierhundertundsiebenundzwanzig Söhne arbeiteten darauf los, und jeder einzelne mähte sieben Schwaden in sieben Tagen; und dann fanden sie schließlich auch den Fuchs in seinem Versteck: Er hatte sich hinter dem rechten Ohr des Alten verkrochen! Da hatte er sich ganz gemütlich und bequem eingemietet und noch überdies sieben Jungen geworfen, ehe sie ihn erwischt hatten.

Als aber auch das wieder in Ordnung und geschehen war, zogen sie hin und hielten alle miteinander Hochzeit; und die Hochzeit war sowohl großartig als prächtig und währte nicht weniger als sieben Schock Tage und noch sieben darüber.

Der filzige Lars

Es war einmal ein alter Junggeselle, welcher Lars Larsen hieß; er hatte einen guten Bauernhof, aber er hatte stets gemeint, daß er nicht die Mittel habe, sich zu verheiraten; denn er war geizig, daß er sich kaum das Nötigste gönnte, dessen er zum Leben bedurfte. Er gönnte daher auch anderen nichts; aber er mußte doch Leute für den Betrieb des Hofes halten, und die wollten und mußten ja etwas zu essen haben. Lars war niemals froh, obschon er reicher und reicher ward, denn er meinte immer, es gehe zu viel in der Wirtschaft drauf. Endlich kam er auf den Gedanken, es möchte sich doch wohl bezahlen, eine Frau zu haben, welche den Haushalt besorge, wenn er nur eine bekommen könnte, die selbst nichts verzehrte.

Eines Tages sprach Lars mit seinem Kätner darüber, und der Kätner schrieb sich das hinters Ohr. Als er nach Hause kam, sagte er zu seiner Tochter, die Grete hieß: »Wenn du morgen den Hofbauer hier vorüberkommen siehst, so mußt du die Gänse hinaustreiben und sie hüten, und dann mußt du sagen: ›Geh, kleine Gans, für den, der nichts ißt!‹ Dann wird er dich gewiß fragen, wer das sei, der nichts ißt. Dann mußt du sagen: das bin ich; mein Vater ist ein armer Mann und hat viele Kinder, so daß er mir nichts zu essen geben kann; aber drinnen in der Stube steht ein Pfosten, in den hat Vater einige Löcher gebohrt, zu denen gehe ich ab und an einmal hin und gähne über ihnen und schnappe mir einen Mundvoll Luft; davon lebe ich.«

Es ging, wie der Kätner gedacht hatte: Am nächsten Morgen mußte Lars Larsen aufs Feld und an ihrem Hause vorübergehen. Da trieb Grete die Gänse hinaus und ging und hütete sie. »Geh, kleine

Gans, für den, der nichts ißt!« sagte sie. Das hörte Lars, und da fragte er: »Wer ist das, der nichts ißt?«

»Ach, das bin ich«, sagte Grete, »denn mein Vater ist ein armer Mann und hat viele Kinder, so daß er mir nichts zu essen geben kann.«

»Wovon lebst du denn?« fragte Lars.

»Es steht ein Pfosten drinnen in unserer Stube«, sagte das Mädchen, »in den hat Vater einige Löcher gebohrt, zu denen gehe ich ab und an einmal hin und gähne über ihnen und schnappe mir einen Mundvoll Luft; davon lebe ich.«

»Höre, mein liebes Kind«, sagte der Hofbauer, »hättest du nicht Lust, mich zu heiraten und Hofbäuerin zu werden?«

»O ja!« sagte Grete, und so hielten sie Hochzeit, und sie zog auf den Hof. Lars stellte einen Pfosten in der Stube auf und bohrte einige Löcher in denselben, zu denen sie hingehen und gähnen konnte, wenn sie hungrig wäre.

Als einige Zeit vergangen war, sagte der Hofbauer zu seinem Knecht, welcher Niels hieß: »Höre, Niels«, sagte er, »ich weiß doch nicht recht, ob unsere Bäuerin nichts ißt, denn mich dünkt, sie wird so fett. Kannst du mir nicht sagen, wie ich dahinterkommen soll?«

»Ich weiß nicht«, sagte Niels, »es müßte denn sein, daß ich Euch in den Schornstein hinunterließe; dann könntet Ihr ja sehen, ob sie dort etwas ißt.«

Das deuchte dem Mann gut, und der Knecht ließ ihn in den Schornstein hinab; dort hing er wie die anderen Schafskeulen. Aber dann ging Niels zu der Frau hinein und sagte: »Nehmt Euch in acht, daß Ihr draußen in der Küche nichts eßt; denn unser Bauer hängt droben im Schornstein.«

»Es ist gut«, sagte die Frau, und dann ließ sie die Mägde recht feuchtes Holz holen und auf den Herd legen. Als nun der Mann so lange dort gehangen hatte, wie es Niels gefiel, nahm er ihn herunter, und da war er so verräuchert, daß er weder gähnen noch bellen konnte.

»Nun, hat sie etwas gegessen?« fragte Niels.

»Nein, dort hat sie nichts gegessen«, sagte der Mann, und ihm war so schlimm, daß er hingehen und sich zu Bett legen mußte.

Als wieder einige Zeit vergangen war, sagte der Mann: »Höre, Niels, ich fürchte doch, daß unsere Bäuerin etwas ißt; mich dünkt, sie wird so fett. Kannst du mir nicht sagen, wie ich dahinterkommen soll?«

»Nein, das kann ich nicht«, sagte Niels, »es müßte denn sein, daß Ihr in das Schlafzimmer hinaufginget, dort liegt eine große Federdecke, in die könnt Ihr ja hineinkriechen, ich werde ein kleines Loch machen, zu dem Ihr hinausgucken könnt; dann erfahrt Ihr ja, ob sie da droben etwas ißt.«

Ja, das wäre sehr gut, deuchte dem Mann, und er kroch in die Decke; aber Niels ging hinunter und sagte zu der Frau: »Nehmt Euch in acht, daß Ihr droben im Schlafzimmer nichts eßt, denn unser Bauer liegt droben in einer Decke.«

»Es ist gut«, sagte die Frau, und dann rief sie die Mägde. »Hört«, sagte sie ihnen, »mich dünkt, die Betten droben im Schlafzimmer müssen einmal an die Sonne, sonst werden sie ganz muffig. Tragt sie jetzt hinaus und klopft sie tüchtig aus.«

Die Mägde wußten Bescheid: Sie trugen die Betten in die Sonne, klopften sie tüchtig aus und legten sie dann wieder hin, wie sie gelegen hatten. Dann kam Niels hinauf und zog den Mann aus der Decke heraus; da war derselbe so mürbe geklopft, daß er weder kriechen noch gehen konnte.

»Nun, hat sie etwas gegessen?« fragte Niels.

»Nein, dort hat sie nichts gegessen«, sagte der Mann, und er schlich hinunter und legte sich in sein Bett und war noch acht Tage nachher in der elendesten Verfassung. Die Frau kam und pflegte ihn, und dabei sagte sie ihm: »Höre, Lars! Du solltest nicht mehr essen als ich esse, dann wärst du immer gesund und munter.«

Wiederum verging einige Zeit, und der Mann hatte sich von den Prügeln erholt, die er bekommen, da sagte er zu Niels: »Ich fürchte wirklich, daß unsere Bäuerin doch etwas ißt, denn mich dünkt, sie wird so fett. Kannst du mir nicht behilflich sein, dahinterzukommen?«

»Nein«, sagte Niels, »jetzt habt Ihr ja gesehen, daß sie weder in der Küche noch im Schlafzimmer etwas ißt, daher weiß ich nicht, wo sie es tun sollte, es wäre denn im Keller. Dort steht eine alte Biertonne, in die könntet Ihr hineinkriechen und durch das Spundloch hinausgucken; dann erführet Ihr, ob sie dort etwas ißt.«

Das dünkte dem Mann gut, und er kroch in die Tonne hinab. Aber Niels ging zur Frau hinein und sagte: »Nehmt Euch in acht, drunten im Keller etwas zu essen, denn der Bauer sitzt in der alten Biertonne.«

»Es ist gut«, sagte die Frau, und dann rief sie die Mägde herbei. »Hört«, sagte sie, »drunten im Keller steht die alte Biertonne und stinkt mir in die Nase, sooft ich hinunterkomme. Füllt Wasser in den Braukessel und heizt tüchtig unter demselben und gießt dann das Wasser in die Biertonne, daß sie ordentlich rein wird!«

Die Mägde waren ebenso gesonnen wie sie und beeilten sich, zu tun, was sie geheißen hatte, und der Mann wurde also fast ganz verbrüht. Als Niels ihm aus der Tonne half, mußte er gleich zu Bett und blieb einen ganzen Monat liegen. Die Frau kam zu ihm und pflegte ihn und sagte: »Es ist aber doch arg, daß du so verreist und mir krank wirst«, denn er hatte ihr jedesmal, wenn er ihr so auflauern wollte, weisgemacht, daß er verreisen müßte.

Sie hatten zwei fette Ochsen im Stall, und während der Mann krank lag, sagte die Frau zu Niels: »Du kannst die beiden Ochsen nehmen und mit ihnen nach Kopenhagen gehen und sie verkaufen, und das Geld magst du selbst behalten, weil du mir treu gedient hast.« Das tat Niels auch; als aber der Mann nun wieder aufstand, vermißte er sogleich seine Ochsen. Da sagte er zu seiner Frau: »Aber wo sind die Ochsen, Bäuerin?«

»Die habe ich gegessen«, sagte die Frau.

»Aber wo sind denn die Häute?«

»Die habe ich mitgegessen«, sagte die Frau.

»Aber wo sind denn die Hörner?«

»Die habe ich auch gegessen«, sagte die Frau.

Da vergingen dem Manne die Sinne, und er sank ohnmächtig nieder. Man brachte ihn zu Bett und ließ den Doktor holen; aber gegen diese Krankheit gab es kein Mittel. Er starb und wurde begraben, Grete aber erbte den Hof und alles Geld. Die Witwe ließ ihm einen schönen Grabstein setzen und dann verheiratete sie sich mit Niels, und sie leben heute noch froh und vergnügt.

Der Lohn guter Taten

Es war einmal ein Mann, der in einen Wald gegangen war, um sich etwas Brennholz zu schlagen. Er ging umher und sah einen Baum nach dem anderen an; aber sie waren für diesen Gebrauch allzu gut; es konnte Nutzholz aus ihnen werden, wenn sie stehen blieben, so daß er sie nicht fällen mochte. Endlich fand er doch einen Baum, der ihm nicht zu gut dünkte: dieser war krumm und verkrüppelt und welk und faul; den fand er zur Feuerung passend, und er begann, auf ihn loszuschlagen.

Da sprach jemand zu ihm und sagte: »Hilf mir, daß ich loskomme, mein guter Mann!« Und als er zusah, wer es sei, da war es eine große Viper, die sich in dem Baum festgeklemmt hatte; sie war in eine Spalte eingequetscht und vermochte sich nicht selbst wieder zu befreien. »Nein, ich will dir nicht helfen«, sagte der Mann, »denn sonst fügst du mir Schaden zu.«

Die Schlange sagte: Nein, sie werde ihm nichts zuleide tun, er solle sie doch losmachen. Da schob der Mann ganz vorsichtig seine Axt in die Spalte unter der Schlange, so daß sie befreit wurde. Aber kaum war sie losgekommen, da ringelte sie sich an ihm empor und wies ihren Giftstachel und zischte und wollte ihn beißen.

»Sagte ich es nicht«, versetzte der Mann, »daß du eine Kanaille wärest, die Gutes mit Bösem belohnen würde!«

»Ja«, antwortete die Schlange, »du hast gut reden; aber in der Welt geht es so zu, daß alle guten Taten schlecht belohnt werden.«

»Das ist nicht wahr«, sagte der Mann, »gute Taten werden gut belohnt.«

»Darin wird dir niemand recht geben«, sagte die Schlange, »ich weiß besser, wie es in der Welt zugeht.«

»Laß uns eine Umfrage halten!« sagte der Mann.

»Meinetwegen!« sagte die Viper.

Sie ließ ihn nicht los, sondern er mußte mit ihr durch den Wald gehen, bis sie einer alten Kracke begegneten, die auf der Weide ging. Sie war lendenlahm und vom Sattel wundgerieben; sie war auf dem einen Auge blind und hatte nur noch ein paar elende Zahnstummeln im Maul.

Die fragten sie, ob gute Taten gut oder schlecht belohnt würden. »Sie werden schlecht belohnt«, sagte das Pferd, »ich habe jetzt meinem Herrn zwanzig Jahre lang treu gedient, ihn auf meinem Rükken getragen und seine Kalesche gezogen, bei jedem Schritt auf meinen Fuß geachtet, damit ich nicht straucheln und er dadurch zu Schaden kommen möchte. Solange ich jung und stark war, hatte ich gute Tage und ward gefüttert und getränkt und gestriegelt, hatte meinen guten Stall und reichlich Streu; aber jetzt, da ich alt und schwach geworden bin, muß ich den lieben langen Tag in der Tretmühle gehen, komme nie unter Dach und Fach und erhalte kein anderes Futter, als was ich mir selber ausrupfe. Nein, gute Taten werden nur schlecht belohnt.«

»Da hörst du's«, sagte die Viper, »jetzt beiße ich dich.«

»Ach, nein«, sagte der Mann, »warte doch einen Augenblick! Dort kommt Reineke Fuchs; laß uns ihn nach seiner Ansicht fragen.« Reineke kam herangeschlichen und blieb stehen und blickte sie an: Er sah wohl, daß der Mann in einer schlimmen Lage war. Da fragte die Viper Meister Reineke, ob es sich so verhalte, daß gute Taten schlecht belohnt würden oder ob sie gut belohnt würden.

»Sage: gut!« flüsterte der Mann, »dann bekommst du zwei fette Gänse.« Die Schlange hörte nichts von dem Geflüster.

Da sagte Reineke: »Gute Taten werden gut belohnt«, und im Nu sprang er hinzu und biß die Schlange in den Nacken, daß sie zur Erde fiel. Allein ehe sie starb, konnte sie doch noch sagen: »Nein, gute Taten werden schlecht belohnt; das mußte ich erfahren, da ich das Leben des Mannes schonte, bis er mir das meinige raubte.«

Nun war die Viper tot, und der Mann war frei. Er sagte also zu Reineke: »Komm mit nach Hause und nimm deine Gänse in Empfang!«

»Nein, danke schön«, sagte Reineke, »ich gehe nicht ins Dorf, denn da bekäme ich die Hunde auf den Hals!«

»So warte hier, bis ich sie dir bringe!« sagte der Mann und dann lief er nach Hause und sagte in aller Hast zu seiner Frau: »Mach schnell und stecke zwei fette Gänse in einen Sack, die hab ich Reineke Fuchs heute zum Frühstück versprochen.« Die Frau nahm auch einen Sack und steckte etwas hinein; aber es waren keine Gänse: es waren zwei bissige Hunde, die sie besaßen. Der Mann eilte mit dem Sack zum Fuchs hinaus und sagte: »Da hast du deinen Lohn.«

»Danke«, sagte der Fuchs, »so war es doch keine Lüge, was ich vorhin sagte: daß gute Taten gut belohnt werden.« Damit nahm er den Sack auf den Rücken und lief in den Wald hinein. »Sie sind tüchtig schwer«, sagte Reineke, dann setzte er sich nieder und zerbiß die Schlinge des Sackes mit seinen scharfen Zähnen. Aber im Nu schossen die beiden bissigen Hunde aus dem Sack heraus und sprangen ihm an den Hals. Er konnte sich nicht von ihnen losmachen; sie bissen ihn ganz tot. Allein er konnte doch noch sagen: »Nein, es war doch eine Lüge, was ich vorhin sagte; gute Taten werden schlecht belohnt.«

Drei rote Ferkelchen

Es war einmal eine alte Frau, die in einem Hüttchen wohnte und eine einzige Kuh besaß. Sie hatte auch einen Jungen bei sich, der war ihr Enkel. Das war ein wunderlicher Kauz, er hatte so viele drollige Einfälle.

Einmal befand sich die alte Frau in großer Not und Bedürftigkeit. Und da sagte sie dem Jungen, er müsse die Kuh zu Markt treiben und sie verkaufen. Er zog ab mit der Kuh; allein ehe er nach der Stadt kam, wo der Markt abgehalten wurde, traf er mit einer alten Frau zusammen, die neben ihm herging und ihn nach allem ausfragte, und zuletzt sagte sie: »Ich mag dich gern leiden, mein Junge, und ich will dir einen guten Rat geben: Überlaß du mir die Kuh! Geld habe ich freilich nicht, aber du sollst statt dessen etwas erhalten, was viel besser ist.« Dann zeigte sie dem Jungen, was sie in ihrer Schürze trug: Es waren drei klitzekleine Ferkelchen, die waren so klein und niedlich, ganz hellrot waren sie und mit kleinen Löckchen am Schwanz. Sie waren allerliebst anzusehen. Und dann nahm sie sie und setzte sie auf die Erde und zog eine kleine Flöte hervor, auf der begann sie zu spielen, und da tanzten die drei roten Ferkelchen und wedelten mit den Schwänzen, daß es eine wahre Freude war, ihnen zuzuschauen.

»Siehst du, mein lieber Junge«, sagte die Frau, »die will ich dir alle drei für deine alte, langweilige Kuh geben und die Flöte noch obendrein. Das ist doch gewiß ein guter Tausch, mit dem du zufrieden sein kannst.« Das schien dem Jungen auch, und so tauschte er. Er zog seine Jacke aus und legte die drei Ferkelchen hinein; es wäre ja Sünde, sie den ganzen Weg nach Hause gehen zu lassen. Die

Flöte steckte er in seine Mütze, und dann lief er nach Hause, so schnell er konnte, und wies seiner Großmutter seelenvergnügt, was er für die Kuh bekommen hatte.

Sie begann zu weinen und zu jammern, und es half nichts, daß er die Ferkel vor ihr tanzen ließ. Sie sagte, der Junge sei toll und er richte sie, die arme alte Frau, zugrunde. Aber er sagte, sie solle sich nicht darüber betrüben, es sei ein sehr guter Handel, den er gemacht habe; darauf könne sie sich verlassen.

Droben auf dem großen Edelhof wohnte ein reicher Gutsherr mit seiner Frau, und sie hatten ein einziges Kind, eine über die Maßen schöne Tochter. Sie stand in demselben Alter mit dem Jungen; sie zählte erst fünfzehn Jahre, aber sie war schon eine feine Dame. Da der Junge wußte, daß der Gutsherr und seine Frau auf mehrere Tage zum Besuch verreist waren und die Tochter allein zu Hause war, nahm er am anderen Tage seine Ferkel, ging vor ihr Fenster und dann blies er auf seiner Flöte und ließ die Ferkel tanzen. Das Fräulein kam ans Fenster und sah zu, und die Ferkelchen gefielen ihr sehr wohl, und da kam sie zu ihm heraus und sagte, sie möchte so gern eines davon haben: wieviel es kosten solle. Ja, für Geld sei es nicht zu haben; aber er wolle ihr wohl eines davon überlassen, wenn er ihr die Wange streicheln dürfe und sie ihm einige Eßwaren für seine alte Großmutter mit nach Hause geben wolle.

Der Junge war zerlumpt, und seine Hände waren nicht sonderlich rein, so daß es dem Fräulein nicht sehr angenehm war, sich ihre schönen Wangen von ihm streicheln zu lassen. Aber sie war so darauf versessen, das Ferkel zu erhalten, daß sie ihm ihre Wange hinhielt und ihn dieselbe streicheln ließ, und dann gab sie ihm ein ansehnliches Bündel Eßwaren mit heim. Er kam ganz stolz nach Hause und sagte, das alles habe er für das eine Ferkel bekommen. Ja, das sei recht gut, sagte die Großmutter; aber wovon sollten sie leben, wenn dies verzehrt sei? »Kümmere dich darum nicht«, sagte der Junge, »ich werde schon für das Weitere sorgen.«

Am nächsten Morgen ging er mit den beiden anderen Ferkeln wieder vor das Fenster des Fräuleins; er blies die Flöte, und sie tanzten noch viel kunstfertiger als zuvor. Das Fräulein kam herunter, um sich den Tanz anzusehen, sie hatte ihr Ferkel gar nicht zum Tanzen bringen können; daher meinte sie, es würde schon gehen, wenn dasselbe Gesellschaft bekäme und sie noch ein Ferkel erhalten könnte. Sie fragte, ob er ihr nicht eins der beiden verkaufen wolle. Er sagte: Ja, er wolle ihr wohl noch eins überlassen, und er verlange nichts weiter dafür, als daß er ihr einen Kuß geben dürfe.

Er war sonst ein hübscher Junge, wenn er nur etwas sauberer gewesen wäre, aber er war schmutzig und hatte eben Schmalzbrot gegessen, so daß das kleine Fräulein ungern darauf eingehen wollte; aber das Ferkel stach ihr doch sehr in die Augen. »Sei es drum!« sagte sie, und der Junge gab ihr einen derben Schmatz mitten auf den kleinen roten Mund. Er erhielt auch einige Lebensmittel für seine Großmutter mit nach Hause. »Da siehst du«, sagte er, »das habe ich jetzt für das zweite Ferkel bekommen.« Sie sagte, das sei alles recht gut; aber wenn dies verzehrt sei, hätten sie ja wieder nichts. »Darum kümmere dich nicht«, sagte der Junge, »ich werde schon für das Weitere sorgen.«

Am Morgen des dritten Tages ging er wieder vor das Fenster des Fräuleins mit seinem letzten Ferkel. Er blies die Flöte, und das Ferkel hüpfte und sprang um ihn her, als wäre es ganz aus dem Häuschen. Das kleine Edelhofsfräulein kam heraus und schaute zu; sie hatte ihre beiden Ferkel nicht zum Tanzen bringen können. Sie dachte daher, sie müsse auch das dritte und die Flöte dazu haben; denn sie merkte wohl, daß in dieser die Kraft stecke, die kleinen Ferkelbeine in Schwung zu setzen. Sie fragte also den Jungen, ob er ihr nicht das dritte Ferkel und die Flöte dazu verkaufen wolle. O ja, sagte der Junge, sie möge gern beides bekommen, wenn sie nur ihren Kopf in seinen Schoß legen wolle.

Die Kleider des Jungen waren beschmutzt und zerlumpt, und das Fräulein wollte ihr schönes schwarzes Haar ungern verfilzt haben; aber wenn sie ihren Willen haben wollte, so mußte sie auch dem Jungen den seinen tun, und so legte sie denn ihren Kopf in seinen Schoß. Er strich mit den Fingern durch ihr Haar und merkte sich wohl, was er sah: ein goldenes Haar und ein silbernes Haar und ein Haar, das ganz weiß war. Dann erhielt er auch einige Lebensmittel für seine Großmutter, und so kam er ohne Ferkel und ohne Flöte nach Hause. Er zeigte der Großmutter, was er für sein drittes Ferkel bekommen habe. Sie sagte wie gewöhnlich: Wenn dies verzehrt sei, hätten sie gar nichts mehr zu essen. Aber der Junge sagte, dafür werde er schon sorgen.

Der Gutsherr und seine Frau kamen indes nach Hause zurück, ehe der Junge und seine Großmutter alle Lebensmittel verzehrt hatten. Und jetzt kam der Gutsherr auf den Einfall, seine Tochter mit demjenigen verheiraten zu wollen, welcher drei heimliche Merkmale angeben könnte, die sie an sich trüge. Alsbald strömten viele junge Herren von allen Enden herbei. Der eine riet dies, und der andere das; allein niemand wußte das Rechte zu treffen.

Der Junge hatte auch davon reden gehört, und er kam also gleichfalls zum Edelhof. Er lief draußen vor den Fenstern umher und sang: »Ich weiß wohl, was ich sagen will. Ich weiß wohl, was ich sagen will.« Das Fräulein hörte dies, und sie ward sehr ärgerlich darüber. Dann warf sie ihm etwas Geld aus dem Fenster zu und sagte: »Geh deiner Wege, du unartiger Junge!« Er tat das Geld in seine Mütze; aber dann begann er sofort wieder sein altes Lied: »Ich weiß wohl, was ich sagen will. Ich weiß wohl, was ich sagen will.« Das Fräulein war sehr bange, daß sie solch einen armen, zerlumpten Jungen zum Mann bekommen möchte, und sie warf mehr Geld zu ihm hinaus und sagte: »Ach, geh deiner Wege, du böser Junge! Ich kann dein Geschrei nicht länger anhören.« Er tat das Geld in seine Mütze und begann von neuem: »Ich weiß wohl, was ich sagen will. Ich weiß wohl, was ich sagen will.« Sie warf ihm wiederum noch mehr Geld zu und bat ihn, doch seiner Wege zu gehen. Aber er fuhr fort zu singen, wie er es vorhin getan hatte.

Mehrmals hatte er versucht, in den Edelhof hineinzuschlüpfen; aber jedesmal war er von den Dienern zurückgewiesen worden, sie wollten einen so zerlumpten Burschen nicht hereinlassen. Da kam ein junger Edelmann, der auch sein Glück versuchen wollte. Er bemerkte den Jungen und hörte, was er vor sich hinträllerte. Da sagte er zu ihm: »Was weißt du denn?«

»Die heimlichen Merkmale der Tochter des Gutsherrn«, sagte der Junge.

»Teile sie mir mit«, sagte der junge Edelmann, »ich werde dich gut dafür belohnen.«

»Ja, das sollst du erfahren«, sagte der Junge, »wenn du mich mit hineinnehmen willst. Ich kann auf deinen Stiefelstulpen stehen, und du schlägst deinen Mantel um mich. So kann ich mit hineinschlüpfen und mir den Spaß ansehen.«

Das ließ sich gut machen: Der Junge stellte sich auf die Stiefelstulpen des Junkers und duckte sich unter seinen weiten Mantel. Der Junker sah freilich ziemlich wohlbeleibt aus, aber niemand schöpfte Verdacht, und der Junge schlüpfte mit in das Zimmer hinein, wo die Herren noch standen und herumrieten; aber keiner hatte das Rechte getroffen. Da rief der Junge unter dem Mantel: »Das Fräulein hat ein goldenes Haar und ein silbernes Haar und ein weißes Haar auf dem Kopf.«

»Das ist richtig!« sagte der Gutsherr. Da sprang der Junge aus seinem Versteck hervor und sagte, dann müsse er auch das Fräulein haben. Und dann schwenkte er seine rote Mütze, daß alles Geld über die Diele hinrollte.

Dem Gutsherrn war ganz wunderlich zumute. Er konnte doch nicht gut sein Wort brechen; aber einen solchen Schwiegersohn hatte er sich ganz und gar nicht gedacht. Da sagte er, um nur etwas zu sagen: »Aber was für Geld ist das?«

»Es ist das Geld, welches das Fräulein mir gegeben hat, damit ich schweige«, sagte der Junge.

»Wie«, sagte der Gutsherr, »dann heraus mit der ganzen Geschichte!«

Der Junge begann also mit dem Anfang: mit der Kuh und den drei roten Ferkelchen, und von dem ersten Ferkelchen, das er der Tochter des Gutsherrn verkauft, und was er dafür erhalten, und dann von dem zweiten Ferkel, und was er dafür erhalten. Und als der

Gutsherr hörte, daß er einen Kuß dafür erhalten hätte, wollte er nichts weiter von der Geschichte hören, sondern er wandte sich zu seiner Tochter und sagte: »Ja, wenn du ihn geküßt hast, sollst du ihn auch haben!« Und so geschah es: Die beiden wurden verheiratet, und sie blieben all ihre Lebenszeit gut Freund miteinander.

Der treue Svend

Es waren einmal ein Vater und eine Mutter, die einen Sohn hatten, welcher Svend hieß und in die Welt hinaus sollte, um sich sein Brot zu verdienen. Der Vater gab ihm die Ermahnung mit, er möge immer mit den Lachenden lachen und mit den Weinenden weinen, mit den Fröhlichen fröhlich und mit den Betrübten betrübt sein. Und die Mutter fügte hinzu, er möge nie an einer Kirche vorübergehen, ohne dort einzutreten und den Segen mit auf den Weg zu nehmen.

Svend diente nicht lange nachher auf einem Edelhof, wo seine Herrschaft so gut mit ihm zufrieden war, daß er von dem einen Posten zum anderen aufstieg und bald ihr vertrautester Diener war. Darüber wurden seine Mitdiener neidisch, und besonders war einer da, welcher nie eine Gelegenheit vorübergehen ließ, wenn er ihn verleumden konnte. Er bat einmal den Herrn, darauf zu achten, daß, wenn die gnädige Frau lache, Svend mitlache; wenn sie weine, so weine Svend ebenfalls; wenn sie fröhlich sei, sei Svend ebenfalls froh; und wenn sie betrübt sei, lasse er den Kopf hängen.

Das war ganz richtig. Der Herr bemerkte es, und er begann sowohl von Svend wie von seiner Frau Arges zu denken. Er wurde immer mißtrauischer und ergrimmter gegen seinen vertrauten Diener, und endlich beschloß er, sich seiner auf die Art zu entledigen, daß er ihn mit einem Auftrag zu einer Ziegelbrennerei sende, die er besaß, und wo er zuvor Befehl gegeben hatte, daß man den ersten, der mit einem Auftrag von ihm käme, ergreifen und ihn in den glühenden Ofen werfen solle.

Svend brach sogleich auf, als ihm aufgetragen wurde, etwas in der Ziegelbrennerei zu bestellen; allein unterwegs kam er an einer Kirche vorbei, und er vergaß nicht, zu tun, was seine Mutter ihn geheißen hatte: Er ging hinein, um auch bei diesem Gang den Segen mit auf den Weg zu nehmen. Der böse Diener, welcher Svend bei ihrem Herrn verleumdet hatte, machte sich gleich nachher auf den Weg, denn er wollte sich überzeugen, daß Svend wirklich in den Ofen gewandert sei. Er trat nicht in die Kirche ein, so daß er zuerst zu der Ziegelbrennerei kam und auf der Stelle ergriffen und in den glühenden Ofen geworfen ward. Aber Svend, der sich ein wenig in der Kirche aufgehalten hatte, kam erst später zum Ziegelofen, richtete seinen Auftrag aus und kehrte dann unversehrt zum Hof zurück, ohne eine Ahnung von dem zu haben, was vorgefallen und welchem Geschick er entronnen war. Sein Herr war sehr erstaunt, ihn wiederzusehen, und fragte ihn aus, ob er sogleich zum Ziegelofen gegangen sei. Svend bekannte, daß er unterwegs in eine Kirche getreten sei, um den Segen mit auf den Weg zu nehmen, wie er seiner Mutter versprochen habe; und zugleich erzählte er die ganze Ermahnung, welche er daheim von Vater und Mutter mit auf die Wanderschaft bekommen habe. Da begriff der Herr, daß Svend ein treuer und braver Diener sei und daß der Verleumder nur den verdienten Lohn bekommen habe.

Von der Zeit an nannte sein Herr ihn niemals anders als den treuen Svend, und er überzeugte sich jeden Tag mehr und mehr, daß er sich in allem ganz auf ihn verlassen könne. Da geschah es eines Tages, daß ein fremder Gutsherr zum Besuch auf den Hof kam und das Gespräch sich auf Dienertreue lenkte. Der fremde Gutsherr sagte, es gäbe keinen, auf den man sich ganz verlassen könne. Jeder sei ein Spitzbube in seinem Gewerbe, und keiner bleibe länger bei der Wahrheit, als er seinen Vorteil darin sehe. Aber der Gastgeber sagte, er habe einen Diener, seinen treuen Svend, der habe nie eine Lüge gesagt und werde es auch nicht tun, möge die Wahrheit ihm nun Nutzen oder Schaden bringen. Der fremde Gutsherr meinte, er werde ihn schon dazu bewegen, und sie gingen eine Wette darüber ein, und jeder von ihnen setzte seinen Edelhof aufs Spiel.

Dann wurde Svend hereingerufen und erhielt den Auftrag, der Frau des fremden Gutsherrn einen Brief zu überbringen. Er erhielt einen der besten Anzüge seines Herrn und dessen bestes Pferd aus dem Stall, und dann ritt er fort und sollte an demselben Abend wieder heimkommen. In dem Brief, den der fremde Gutsherr ihm für seine Frau mitgegeben hatte, war genau vorgeschrieben, wie man ihn aufnehmen sollte. Er wurde daher wie ein feiner Herr aufgenommen. Das Pferd wurde in den Stall geführt, und er mußte sich mit der gnädigen Frau obenan zu Tische setzen, und sie stieß mit ihm an und brachte Gesundheiten aus; und es waren andere zugegen, die auch mit ihm tranken, und sie ließen nicht ab, bis sie ihn betrunken gemacht hatten. Dann ließen sie Karten bringen, und er mußte mitspielen, und wie es nun zugegangen sein mochte oder nicht, sie sagten, er habe alles verspielt, was er bei sich gehabt, nicht nur sein Geld, sondern auch die schönen Kleider, die er anhabe, und das beste Pferd seines Herrn, auf dem er hergeritten sei. Dann zogen sie ihm die Kleider aus und legten ihn in ein Bett, und erst spät am anderen Tage hatte er seinen Rausch ausgeschlafen.

Die Kleider, in denen er hergekommen, hatte er ja verspielt und das Pferd obendrein. Man gab ihm also ein paar elende Lumpen, die er anziehen mußte, und einen Stock in die Hand und setzte ihn vor die Tür. In diesem kläglichen Aufzuge mußte er sich auf den Heimweg begeben, und er mochte seine Beine gebrauchen, so gut er wollte, er konnte doch vor Abend nicht nach Hause gelangen.

Der treue Svend war an diesem Tag sehr übel mit sich zufrieden, und wie er so des Weges dahinstolperte, meinte er, es sei ihm doch ganz unmöglich, dem Herrn zu erzählen, wie er sich benommen habe. Es wird schlimm, dachte er, wenn ich nach Hause komme. Ich kann mir schon denken, was der Herr mich fragen wird; aber was ich dann antworten soll, ist nicht so leicht zu sagen. Als er jetzt dem Hof so nahe gekommen war, daß er ihn vor sich liegen sah, wollte er eine Probe machen. Er steckt also seinen Stock in die Erde und hängt seinen alten Pracherhut auf denselben. »Jetzt bist du der Herr«, sagte er. Dann entfernte er sich ein paar Schritte von demselben und sagt zuerst: »Willkommen, treuer Svend!« Mit den Worten, dachte er, würde sein Herr ihn begrüßen.

»Danke, gnädiger Herr!«

Das war ebenso aufrichtig. Dann sagt er: »Aber wie siehst du aus? Wo sind Pferd und Kleider?«

»Ja, gnädiger Herr, die hab ich verloren. Draußen im Wald wurde ich von Räubern überfallen, und sie plünderten mich aus und nahmen mir Pferd und Kleider ab, und ich rettete nichts als das nackte Leben.«

Es schien ihm, als schüttle der Hut dazu den Kopf, mochte ihn nun der Wind bewegen oder was es sonst war. Die Erklärung tauge nichts, merkte er wohl. Und sage ich das, dachte er, so schickt der Herr Leute nach allen Richtungen aus, um nach den Räubern zu suchen. Aber es sind keine zu finden, und kein Mensch hat sie gesehen. Dann stehe ich als ein Lügner da.

Dann entfernte er sich wieder ein paar Schritte von dem Stock und begann von neuem: »Willkommen, treuer Svend!«

»Danke, gnädiger Herr!«

»Wie siehst du aus? Wo sind Pferd und Kleider?«

»Ich hatte mich verirrt und kam in ein Moor, und dort versank das Pferd im Sumpf, so daß ich abspringen mußte und nichts retten konnte.«

Nein, es schien ihm wieder, als schüttle der Hut mit dem Kopf, und er dachte bei sich selber: Wenn ich das sagte, so würden sie hingehen und nach dem Pferd suchen, und irgend etwas von den Kleidern müßte doch auch zu finden sein. Nein, das geht auch nicht.

Dann trat er wieder ein paar Schritte von dem Stock zurück, wandte sich zu demselben um und begann wie vorhin: »Willkommen, treuer Svend!«

»Danke, gnädiger Herr!«

»Aber wie siehst du aus? Wo sind Pferd und Kleider?«

»Schwül war's, und der Met so lieblich floß,
Drum verlor ich Kleider und rotes Roß.«

Da schien ihm der Hut zuzunicken. »Ja, so war es«, sagte er, »und so muß es sein.« Dann setzte er den alten Hut wieder auf sein Haupt und nahm den Stock in die Hand und schritt geradeswegs zum Hof. Er ging zum Herrn hinauf, und der fremde Gutsherr war ebenfalls dort. Aber sein Herr begann nicht damit, ihn willkommen zu heißen, und er nannte ihn auch nicht »treuer Svend«; er fuhr ihn sehr barsch an: »Plagt dich der Teufel, Svend? Hast du mein Pferd und meine guten Kleider verlottert?«

»Ja«, sagte der treue Svend,

»Schwül war's, und der Met so lieblich floß,
Drum verlor ich Kleider und rotes Roß.«

Und er erzählte weiter, wie alles gekommen sei: Er habe sich betrunken und alles verspielt.

»Du hast doch das Spiel gewonnen, treuer Svend!« sagte sein Herr, »denn jetzt kannst du den Edelhof in Besitz nehmen, auf dem du gestern zu Gast warst; er soll dir fortan gehören.« Und so geschah es auch, daß der treue Svend Gutsherr wurde, und zwar, weil er immer bei der Wahrheit geblieben war.

Märchen aus Island

Der Küster von Mörkaa

Es lebte in alten Tagen ein Küster auf Mörkaa im Oefjord; sein Name wird nicht genannt, er war aber gut Freund mit einem Mädchen, das Gudrun hieß und nach der Aussage einiger Leute auf Baegisaa jenseits des Hörgbaches zu Hause war, wo sie bei dem Pfarrer im Dienst war.

Der Küster hatte ein Pferd mit grauer Mähne, das er Faxe nannte und das er immer ritt. Es geschah einmal kurz vor Weihnachten, daß er nach Baegisaa kam, um Gudrun zum Weihnachtsfest nach Mörkaa einzuladen, und er versprach, sie zu einer bestimmten Zeit abzuholen und sie zu dem Schmaus am Tage vor Heiligabend zu begleiten. In den Tagen, bevor der Küster hinritt, um Gudrun einzuladen, war viel Schnee gefallen, und Eis hatte sich auf dem Wasser gebildet; aber an dem Tage, an dem er nach Baegisaa ritt, war Tauwetter, und im Laufe des Tages wurde der Bach durch Treibeis und starke Strömung unpassierbar. Er zog von zu Hause fort, ohne daran zu denken, was sich tagsüber geändert haben könnte, und glaubte, der Bach wäre noch derselbe wie am Morgen. Über den Öxnedalsbach führte eine Brücke; als er aber an den Hörgbach kam, war dieser gestiegen und hatte das Eis gesprengt. Er ritt daher an dem Bach entlang, bis er gegenüber von Saurbör war, dem nächsten Hof von Mörkaa, wo eine Brücke über den Bach führt. Der Küster ritt auf die Brücke hinunter, kaum aber hatte er ihre Mitte erreicht, als sie zerbrach und er in den Bach fiel.

Als der Bauer auf Tuevold am nächsten Morgen aus seinem Bett stieg, sah er ein gesatteltes Pferd auf seinem Heimacker stehen, und es war ihm, als ob er des Küsters Faxe wiedererkenne. Dabei wurde ihm etwas eigen zumute, denn er hatte den Küster am vorhergehenden Tage dort vorbeireiten sehen, aber nicht bemerkt, daß er zurückgekehrt war, und er ahnte bald, was vorgefallen war. Er ging nun auf den Acker hinaus, und es war richtig Faxe, der da stand, triefend naß und arg mitgenommen. Dann ging er an den Bach hinunter, nach der sogenannten Tuevoldsnaes; dort fand er den Küster gleich vorn an der Landzunge, an die er als Leiche angetrieben war. Der Bauer zog sogleich nach Mörkaa und erzählte diese Neuigkeit. Als man den Küster fand, war sein Hinterkopf sehr von den treibenden Eisschollen beschädigt worden. Er wurde nach Mörkaa gebracht und in der Woche vor Weihnachten beerdigt.

Seitdem der Küster von Baegisaa fortgezogen war und bis zu dem Tage vor Heiligabend war keine Nachricht über das Vorgefallene von Mörkaa gekommen, des ununterbrochenen Tauwetters und der starken Strömung wegen. Aber am Tage vor dem Fest hatte sich das Wetter geändert, und nachts war das Wasser im Bach gesunken, so daß Gudrun Hoffnung hatte, zum Weihnachtsfest nach Mörkaa zu kommen. Gegen Abend begann sie sich zu putzen, und als sie sich fast fertig geschmückt hatte, hörte sie jemand an die Tür klopfen; ein anderes Mädchen, das bei ihr stand, öffnete, sah aber niemand draußen; draußen war es weder hell noch dunkel, denn der Mond segelte hinter Wolken, die unaufhörlich an ihm vorbeiglitten.

Das Mädchen kam herein und sagte, daß sie nichts gesehen hätte, Gudrun aber meinte: »Dann wird es wohl mir gelten, nun werde ich hinausgehen.« Sie war inzwischen fertig geworden mit Putzen und brauchte sich nur noch den Mantel anzuziehen. Sie nahm den Mantel und zog den einen Ärmel an, den andern aber warf sie über die Schulter und hielt ihn fest. Draußen sah sie Faxe vor der Tür stehen und daneben einen Mann, den sie für den Küster hielt. Ob sie miteinander sprachen, weiß man nicht, der Mann aber hob Gudrun aufs Pferd, bestieg es dann selbst und setzte sich vor sie.

Sie ritten nun eine Weile, ohne miteinander zu reden, und kamen an den Hörgbach, an dessen Ufern hohe Eisblöcke aufgeschichtet lagen; als das Pferd über solch ein Eisstück sprang, wurde der Hut des Küsters hinten aufgehoben, und da erblickte Gudrun den bloßgelegten Schädel. In diesem Augenblick verzogen sich die Wolken vor dem Mond; da sagte er:

»Der Mond gleitet,
Der Tod reitet,
Siehst du nicht den weißen Fleck
im Genick,
Garun, Garun?«*

Sie entsetzte sich darüber, schwieg aber. Andere dagegen sagen, daß Gudrun selbst seinen Hut aufhob und dabei den weißen Schädel entdeckte und daß sie dann gesagt habe: »Ich weiß nun, woher das kommt.«

Nun wird nichts mehr über ihre Gespräche oder ihren Ritt berichtet, bis sie nach Mörkaa gekommen waren, wo sie vor der Seelenpforte** vom Pferde stiegen; da sagte er zu Gudrun:

»Hier nun warte, Garun, Garun,
Bis geführt ich Faxe, Faxe,
Weiter an die Mauer, Mauer.«

Er ging dann fort mit dem Pferd, sie aber blickte zufällig in den Kirchhof hinein und erschrak, als sie ein offenes Grab entdeckte. Da kam ihr der Gedanke, den Glockenstrang zu ziehen; plötzlich aber packte sie jemand von hinten, und es wurde nun ihr Glück, daß sie keine Zeit gehabt hatte, beide Mantelärmel anzuziehen; denn er zog so stark, daß der Mantel an der Schulternaht des Ärmels, den sie angezogen hatte, entzweiriß. Das letzte aber, was sie von dem Küster sah, war, daß er sich, mit dem Mantelfetzen in der Hand, in das of-

* Garun = Gudrun. Gespenster können nämlich nicht »Gud«, Gottes Namen, oder ein Wort, das Gottes Namen enthält, aussprechen.

** Isl. »sàluhlid« = die Pforte, durch die die Leichen in die Kirche gebracht werden.

fene Grab warf, worauf die Erde von beiden Seiten über ihn herabgefegt wurde.

Gudrun fuhr fort zu läuten, bis die Hofleute von Mörkaa herauskamen und sie holten, denn ihr war bei alledem so angst geworden, daß sie weder zu gehen, noch mit dem Läuten aufzuhören wagte; sie konnte sich wohl denken, daß sie hier mit dem Geist des Küsters zu tun hatte, obgleich sie vorher keine Kunde von seinem Tode erhalten hatte. Darüber erhielt sie Gewißheit, als sie ins Gespräch mit den Leuten von Mörkaa kam, die ihr die ganze Geschichte von dem Tode des Küsters erzählten, während sie ihnen dagegen von ihrem Ritt berichtete.

In derselben Nacht, als alle zu Bett gegangen und die Lichter gelöscht waren, kam der Küster und stürmte mit solchem Ungestüm auf Gudrun ein, daß die Leute aufstehen mußten, und niemand konnte ein Auge in dieser Nacht zutun. Noch einen halben Monat danach konnte sie nie allein sein, und jede Nacht mußte jemand bei ihr wachen. Ja, einige sagen sogar, daß der Pfarrer selbst auf dem Bettrand bei ihr sitzen und im Gesangbuch lesen mußte. Schließlich wurde ein Zauberer westlich vom Skagefjord geholt. Als er kam, ließ er einen großen Stein, der oberhalb des Heimackers lag, ausgraben und ihn an den Giebel des Schlafhauses wälzen. Abends, als es zu dunkeln begann, kam der Küster und wollte in das Haus hinein, der Zauberer aber erwischte ihn südlich vom Giebel, zwang ihn dort mit vielen Beschwörungen in die Erde und wälzte dann den Stein über ihn; und dort soll der Küster heute noch liegen.

Nach dieser Zeit hörte der Spuk auf Mörkaa auf, und Gudrun erholte sich wieder. Etwas später zog sie wieder heim nach Baegisaa, aber man sagt, daß sie nie wieder dieselbe wurde, die sie früher gewesen war.

Das Seemännchen

Eine alte Redensart hierzulande sagt: »Da lachte das Seemännchen.« Der Ursprung dazu, so wird erzählt, ist der, daß ein Bauer einmal einen Seezwerg fing, der sich Seemännchen nannte und einen großen Kopf und lange Hände hatte, von den Lenden abwärts aber glich er einem Seehund. Nichts wollte er dem Bauern verraten, und darum brachte ihn dieser wider seinen Willen mit ans Land.

Die Bäuerin, die jung und übermütig war, kam an die See hinunter und empfing ihn mit Jubel, küßte und streichelte ihn. Darüber freute er sich sehr und er lobte sie sehr; seinen Hund aber schlug er, als er auch seine Freude über seine Heimkehr zeigen wollte. Das sah das Seemännchen, und da lachte es. Der Bauer fragte, worüber es lache. »Über deine Dummheit«, erwiderte es.

Als der Bauer von der See nach Hause ging, stolperte er über einen Erdhöcker und fiel. Er verfluchte den Erdhöcker hundertmal, weil er erschaffen worden war und seinen Platz gerade auf seinem Feld bekommen hatte. Da lachte das Seemännchen, das sich nur ungern tragen ließ, und sagte: »Der Bauer ist ein Tropf!«

Der Bauer behielt das Seemännchen drei Tage bei sich. Ein paar Handelsburschen kamen zu ihm, um ihre Waren zu verkaufen. Noch nie hatte der Bauer so dicksohlige und solide Schmierlederstiefel bekommen können, wie er sie haben wollte; diese Handelsburschen aber glaubten, daß sie die besten hätten. Der Bauer konnte zwischen Hunderten von Stiefelpaaren wählen, fand aber, daß sie alle zu dünn waren, um halten zu können. Da lachte das Seemännchen und sagte: »Mancher irrt sich, auch wenn er sich für klug hält.«

Weder im Guten noch im Bösen wollte das Seemännchen mehr Weisheit von sich geben, als schon erzählt worden ist; unter der Bedingung aber, daß es wieder an dieselbe Stelle in der See gebracht würde, wo es aufgefischt worden war, sagte es, wollte es sich auf das Ruderblatt des Bauern setzen und alle seine Fragen beantworten, sonst aber würde es stumm bleiben.

Nach Verlauf von drei Tagen tat also der Bauer, wie das Seemännchen wollte, und als es nun auf dem Ruderblatt saß, fragte es der Bauer, was die Fischer zu tun hätten, um guten Fang zu haben. Das Seemännchen erwiderte: »Aus gekautem und geknetetem Eisen müssen Angelhaken geschmiedet werden, und die Schmiede muß dort liegen, wo das Brausen von Fluß und Meer zu hören ist; der Angelhaken muß im Schaum eines Rosses gehärtet werden, und zur Angelschnur muß graues Stierfell und eine Leine aus rohem Roßfell genommen werden. Als Köder muß das Herz eines Vogels und Flunderfleisch dienen, mitten auf den Haken aber muß Menschenfleisch gesteckt werden. Wenn du nicht so Fische fangen kannst, hast du nur eine kurze Lebenszeit. Aber der Angelhaken des Fischers muß nach außen gebogen sein.«

Der Bauer fragte dann, über welche Dummheit er damals gelacht hätte, als er seine Frau lobte, den Hund aber schlug. Das Seemännchen erwiderte: »Über deine Dummheit, Bauer! Denn dein Hund liebt dich mehr als sein eigenes Leben! Deine Frau aber wünscht dir den Tod und ist das liederlichste Weib. Der Erdhöcker, dem du fluchtest, war dein Geldhügel, und viel Reichtum barg er. Darum warst du ein Tor, Bauer, und darum habe ich dich ausgelacht. Und die schwarzen Schuhe würden dein Leben lang gehalten haben, denn du hast nicht mehr viele Tage zurückzulegen, und eigentlich könnten sie dir für die drei Tage genügen.«

Da sprang das Seemännchen vom Ruderblatt hinab, und so trennten sie sich. Und es geschah ganz so, wie das Seemännchen gesagt hatte.

Der Mann von Grimsö und der Bär

Es geschah einmal auf Grimsö, daß das Feuer im Winter erlosch, so daß auf keinem Hof Feuer oder Licht angezündet werden konnte. Es war damals ruhiges Wetter, und der Frost war so scharf, daß der Grimsösund zugefroren war, und man glaubte, daß das Eis tragen könne. Da entschlossen sich die Bewohner von Grimsö, ein paar Leute auf das Festland zu senden, die Feuer holen sollten, und wählten dazu drei von den tüchtigsten Männern der Insel.

Sie zogen früh morgens bei hellem Wetter davon, und eine Menge Bewohner begleiteten sie auf das Eis hinaus und wünschten ihnen einen glücklichen Weg und baldige Heimkunft. Es wird nichts von der Wanderung der Ausgesandten berichtet, bis sie mitten im Sund an eine Wake kamen, die so lang war, daß sie ihr Ende nicht sehen konnten, und so breit, daß nur zwei mit knapper Not hinüberzuspringen vermochten, während der dritte sich nicht dazu imstande glaubte. Die anderen rieten ihm deshalb, nach der Insel zurückzukehren und setzten ihre Wanderung fort; er aber blieb am Rande der Wake zurück und verfolgte sie mit den Augen. Er wollte ungern unverrichteter Sache zurückkehren und entschloß sich daher, an der Wake entlang zu gehen, um zu versuchen, ob sie vielleicht an einer anderen Stelle schmaler wäre. Im Laufe des Tages wurde das Wetter trübe, und es zogen von Süden Sturm und Regen auf. Das Eis löste sich, und schließlich stand der Mann auf einer Eisscholle, die dem Meere zutrieb. Am Abend stieß die Scholle gegen einen großen Eisberg, den der Mann bestieg. Da entdeckte er unweit von sich einen Bären, der auf seinen Jungen lag. Er aber war verklammt und hungrig, und ihm graute jetzt vor dem Leben. Als der Bär den Mann erblickte, betrachtete er ihn eine Weile, erhob sich dann, ging auf ihn zu, umkreiste ihn und gab ihm ein Zeichen, daß er sich auf das Lager zu den Jungen legen sollte. Er tat das mit Furcht im Herzen. Dann legte sich das Tier selbst bei ihm nieder, breitete sich über ihn und säugte ihn mit seinen Jungen zugleich. Die Nacht verstrich; am nächsten Tag stand das Tier auf, entfernte sich ein kleines Stück vom Lager und winkte dem Manne nachzukommen. Als er auf das Eis hinausgekommen war, legte sich der Bär vor seine Füße nieder und gab ihm ein Zeichen, sich auf seinen Rücken zu setzen. Als er den Rücken des Bären bestiegen hatte, erhob sich dieser, rüttelte und schüttelte sich, bis der Mann von ihm heruntergefallen war. Mit dieser Probe war er für diesmal zufrieden, der Mann aber wunderte sich darüber. Es vergingen nun drei Tage; nachts lag der Mann auf dem Lager des Bären und saugte seine Milch, jeden Morgen aber hieß ihn der Bär sich auf seinen Rücken setzen, und dann schüttelte er sich, bis der Mann sich nicht mehr festhalten konnte. Am vierten Morgen konnte sich der Mann auf dem Rücken des Tieres halten, so viel es sich auch schüttelte. Gegen Abend ging es aufs Eis hinunter, den Mann auf dem Rücken, und schwamm mit ihm nach der Insel.

Als der Mann an Land gekommen war, ging er auf die Insel hinauf und gab dem Bären ein Zeichen, ihm zu folgen. Er ging voran nach seinem Heim und ließ sogleich die beste Kuh im Stall melken und ließ ihn so viel frisch gemolkene Milch trinken, wie er nur konnte; dann ging er vor dem Bären in seinen Schafstall, ließ die beiden besten Schafe aus seiner Herde herausnehmen und schlachten, band sie an den Hörnern zusammen und legte sie quer über den Rücken des Bären. Dieser kehrte nach dem Meere zurück und schwamm zu seinen Jungen hinaus.

Und nun war viel Freude auf Grimsö; denn während die Inselbewohner mit Erstaunen dem Bären nachschauten, sahen sie ein Boot vom Festland kommen und mit gutem Wind nach der Insel segeln. Darin hofften sie die beiden anderen Abgesandten mit dem Feuer zu sehen.

Der Bräutigam und das Gespenst

Vier Männer waren einmal dabei, ein Grab zu schaufeln; einige sagen, daß es auf dem Kirchhof zu Reykholar war. Es waren alles lustige Leute, einer von ihnen aber war doch der übermütigste von allen. Als das Grab tiefer zu werden begann, kamen eine Menge Menschenknochen zum Vorschein, und darunter ein Oberschenkel, der einem ungeheuer großen Mann gehört hatte. Der übermütigste der grabenden Männer nahm den Schenkelknochen in die Hand, besah ihn sich genau und maß ihn an seinem eigenen Schenkel, und die Sage erzählt, daß er ihm von der Fußsohle bis an die Hüfte reichte, obgleich er ein Mann von mittlerer Größe war. Er sagte im Scherz: »Darin kann ich nicht irren, daß dieser Mann ein tüchtiger Ringer gewesen ist, und es würde spaßig sein, ihn als Gast zu haben, wenn ich einmal Hochzeit feiere«. Die anderen gaben ihm darin recht, sprachen jedoch weiter nichts darüber. Dann legte der Mann den Oberschenkelknochen zu den übrigen Knochen.

Nun wird erst fünf Jahre später wieder etwas berichtet, als dieser junge Mann sich mit einem Mädchen verlobte und schon das zweite Aufgebot stattgefunden hatte. Da träumte seiner Braut drei Nächte hintereinander, daß ein furchtbar großer Mann an ihr Bett käme und sie fragte, ob ihr Bräutigam daran dächte, was er einmal vor ein paar Jahren zu ihm im Übermut gesagt hätte, und in der letzten Nacht fügte er hinzu, daß er dem nicht entgehen würde, ihn als Tischgast bei der Hochzeit zu haben. Das Mädchen antwortete darauf nichts, aber unheimlich war ihr im Schlaf zumute, als sie das erfuhr und sah, wie groß der Mann war. Sie erzählte ihrem Bräutigam die Träume nicht eher, bis sie dreimal von dem Mann geträumt hatte. Da sagte sie morgens zu ihm: »Wen hast du denn gedacht, zu unserer Hochzeit einzuladen, mein Schatz?«

»Das weiß ich noch nicht, mein Herz«, erwiderte er, »daran habe ich noch nicht gedacht, ich wollte erst die drei Aufgebote erledigt haben«.

»Hast du denn bis jetzt gar keinen eingeladen?« fragte sie. Er antwortete, daß er das, soweit er sich erinnern könnte, nicht getan habe; er begann jedoch nachzudenken, und es kam ihm sonderbar vor, daß sie ihn so eifrig danach fragte. Nach einiger Überlegung sagte er, daß er sicher noch niemand eingeladen hätte; allerdings habe er vor ein paar Jahren im Scherz zu dem Schenkelknochen eines verstorbenen Mannes, der aus einem Grabe ausgegraben worden wäre, gesagt, daß es wohl spaßig sein würde, einen so hochgewachsenen Mann als Gast zu haben, wenn er einmal Hochzeit feiern sollte, aber darum könnte man doch nicht behaupten, daß er jemand eingeladen hätte.

Seine Braut wurde dabei etwas ernst und sagte, daß derlei Scherze nicht angebracht gewesen wären, und am wenigsten bei den Knochen der Hingeschiedenen. »Und nun kann ich dir sagen, daß der, mit dem du diesen Scherz getrieben hast, sicher ernstlich die Absicht hat, als Gast auf unserer Hochzeit zu erscheinen«. Und dann erzählte sie ihm alle ihre Träume, und welche Drohungen der große Mann in der letzten Nacht ausgestoßen hätte. Über all dies war ihr Bräutigam entsetzt und sagte, daß sie darin recht hätte, daß es besser gewesen wäre, wenn sein Mund mit derartigen Scherzen geschwiegen hätte.

Abends ging er zu Bett wie immer, nachts aber schien es ihm, als käme ein ungeheuer großer Mann, der einem Riesen ähnlich sah und ein unfreundliches und barsches Aussehen hatte, zu ihm und fragte, ob er jetzt gewillt wäre, das Versprechen, das er ihm vor fünf Jahren gegeben hätte, einzulösen, nämlich ihn als Tischgast auf seiner Hochzeit zu haben. Der Bräutigam war ganz entsetzt und antwortete, daß es wohl dabei bleiben müßte. Der andere sagte, daß er es nicht ändern könne, ob es ihm nun gefiele oder nicht, und daß es ganz überflüssig gewesen sei, sich mit seinen Knochen zu beschäftigen, und daß es ihm ganz gut wäre, wenn er jetzt zu spüren bekäme, was das zu bedeuten hätte. Dann verließ ihn das Gespenst, er aber schlief bis zum Morgen und erzählte seiner Braut dann, was er geträumt hatte, und bat sie um einen guten Rat.

Sie sagte, daß er Zimmerleute und Bauholz kommen und dann in großer Eile ein Haus ausführen lassen solle, das zu der Größe des Mannes passe, der sie beide im Traum besucht hätte, derart, daß er aufrecht darin stehen könne; inwendig aber solle jede Wand so lang sein, wie sie bis an die Querbalken hoch sei, dann solle er Decken aufhängen lassen, wie man einen anderen Hochzeitssaal auszuschmücken pflege; er solle ein weißes Tuch über den Tisch dieses Gastes breiten, ihm geweihte Erde auf einer Platte und Wasser in einer Flasche bringen lassen, denn andere Gerichte würde er nicht genießen; er solle einen Stuhl an den Tisch und ein Bett hereinstellen lassen, falls er Lust verspüren sollte, sich auszuruhen; drei Kerzen solle er auf seinen Tisch stellen, und er selbst müsse ihn dorthin begleiten, sich aber in acht nehmen, ihm voranzugehen, und vor allem aufpassen, daß er nicht unter einem Dach mit ihm sei. Auch dürfe er keinerlei Einladung von ihm annehmen, wenn er damit kommen würde, und so wenig wie möglich solle er mit ihm reden, die Tür aber zuschließen und ihn dann verlassen, wenn er ihm die aufgetischten Gerichte angeboten hätte. Der Bräutigam verhielt sich nun genau so, wie ihm seine Braut vorgeschrieben hatte, ließ ein freistehendes Haus von passender Größe ausführen und alles so einrichten, wie schon erzählt worden ist.

Nun näherte sich der Festtag, und die Trauung wurde auf die übliche Weise vollzogen; dann setzte man sich zu Tisch, und als es dunkel geworden war, erhob man sich wieder von der Tafel, ohne daß etwas Besonderes geschah. Dann gingen einige Hochzeitsgäste im Hochzeitssaal auf und ab, andere wieder saßen bei den Bechern und plauderten. Das Brautpaar saß noch still, wie es Sitte ist. Da ertönte ein harter Schlag gegen die Tür, keiner aber hatte besondere Lust aufzumachen. Da zupfte die Braut leise ihren Bräutigam, der aber wie eine Leiche im Gesicht dabei aussah. Eine kleine Weile verstrich, dann wurde wieder an die Tür geklopft, und diesmal viel lauter als das vorige Mal. Da nahm die Braut ihren Bräutigam bei der Hand, führte ihn, obgleich er sich sträubte, an die Tür und öffnete. Da sahen sie einen entsetzlich großen Mann, der sagte, daß er jetzt als Hochzeitsgast gekommen sei. Die Braut stieß ihren Bräutigam sanft aus dem Hochzeitshaus hinaus, damit er diesen Gast empfinge, und indem sie die Tür wieder zuschloß, bat sie Gott, ihn zu stärken.

Von dem Bräutigam aber ist zu berichten, daß er mit diesem Mann zu dem Haus ging, das er für ihn hatte ausführen lassen, und ihn hineinwies. Der Gast wollte, daß der Bräutigam vorangehe, das aber wollte dieser nicht. Das Ende war dann, daß der Fremde voran in das Haus ging und sagte, daß sich der Bräutigam von diesem Augenblick an hüten solle, sich je wieder mit den Gebeinen eines toten Mannes einzulassen.

Der Bräutigam tat, als hörte er das nicht, sondern bat den Gast, sich an den aufgetischten Gerichten gütlich zu tun und ihm nicht zu verübeln, daß er nicht bei ihm bleiben könne. Der andere aber bat den Bräutigam, doch endlich einen Augenblick hereinzukommen; das wollte der Bräutigam aber keinesfalls. Da sagte das Gespenst: »Da du diesmal keine Zeit hast, bei mir zu bleiben oder zu mir hereinzukommen, hoffe ich, daß du mir doch das Vergnügen machst, als Gegengabe bei mir als Gast zu erscheinen.«

Der Bräutigam lehnte das aber mit Bestimmtheit ab und verriegelte die Tür. Dann ging er in das Hochzeitshaus, in dem es ziemlich ruhig war; denn alle waren bei dieser Begebenheit still geworden. Nur die Braut saß mit munterem Gesicht da. Die Gäste entfernten sich allmählich, einer nach dem andern. Das Ehepaar aber ging zur Ruhe und schlief bis zum Morgen.

Morgens wollte der Bauer nach dem Gast sehen, der am Abend zuvor zuletzt gekommen war. Die Braut aber sagte, daß er keinen Schritt dorthin tun solle, bis sie mitkäme. Sie gingen beide nach dem Hause, sie voran, und er schloß auf; da war keine Spur von dem Gast zu sehen; er hatte die Flasche geleert, die Erde von der Platte aber überall auf den Boden verstreut. »Das habe ich geahnt«, sagte die Frau, »wärest du zu dem Haus vorangegangen und hättest du mit dem Fuß in diese Erde getreten, dann wärest du in die Gewalt des Gespenstes geraten und hättest nie auf die Menschenwelt zurückkehren können. Mir aber schadet es nichts, wenn ich hineintrete, und nun werde ich das Haus fegen und säubern.«

Andere erzählen, daß das Gespenst, als es wieder fortgehen wollte, an die Tür gegangen sei, entweder von dem Hochzeitshaus selbst oder von der Schlafkammer des Ehepaars, und gesungen habe:

»Meinen Dank ihr nicht verdient!
Für das Festmahl auf dem Tisch;
Mein Getränk war Wasser frisch,
Meine Speise Erd' und Lehm.«

Von diesem Tag an besuchte es diese Leute nicht mehr, und sie lebten lange in Liebe und Glück zusammen.

Der Huldrekönig auf Selö

Eines Sommers waren einige Leute, wie sie zu tun pflegten, zum Fischen auf Selö im Reydarfjord. Und es traf sich, als der getrocknete Fisch ans Land gebracht wurde, daß ein großer Teil der Fische des Pfarrers von Holme in der Fischbude zurückblieb. Das Wetter verschlechterte sich in dem Maße, daß man an die Fische nicht herankonnte, bis im Herbst wieder gutes Seewetter wurde. Da zogen sie hinaus, um sie zu holen und begannen sofort, die Fische aus der Hütte ins Boot zu tragen. Die Bootsleute sagten, sie würden gern nach der anderen Seite der Insel gehen, um nachzusehen, ob etwas ans Land getrieben sei. Einer von ihnen erklärte sich bereit zu gehen, während die anderen die Fische hinuntertrugen. Er ging also, und die anderen trugen die Beute in das Boot. Plötzlich stieg das Wasser so gewaltig, daß es ihnen nur mit knapper Not gelang, die Fische in das Boot zu schleppen. Sie schifften sich alle ein und warteten eine Weile auf den Abwesenden; als er aber kam, war es der Brandung wegen unmöglich, ihn ins Boot zu ziehen; da riefen sie ihm zu, daß er nun dableiben müsse, sie würden ihn aber am nächsten Tag holen, wenn Seewetter wäre. Sie glaubten wohl, daß es am besten sei, an ihr eigenes Leben zu denken, und steuerten dem Lande zu; er aber blieb hilflos zurück.

Es stellten sich Tauschnee und Windstille ein, und der Mann ging deshalb nach der Fischerhütte, ohne einen Ausweg zu wissen, und dort blieb er bis zum Abend. Da begann er zu verzweifeln und dachte, es läge ihm näher, sich das Leben zu nehmen, als dort Hungers zu sterben, und er lief aus der Hütte hinaus. Da entdeckte er einen freundlichen Stern; er glaubte aber, daß es in dieser wolkenschwarzen

Nacht kein Himmelsstern sein könnte, und als er anfing, genauer hinzusehen, schien er ihm einem Licht in einem Fenster zu ähneln. Er lief eine kleine Weile, bis er an ein Haus kam, das so prächtig war, daß es einer Königshalle glich. Er hörte, wie drinnen gesagt wurde:

»Ja, Mädchen, kein andrer als der unglückliche Mensch, der heute auf der Insel zurückgelassen worden ist, ist an das Haus gekommen; gehe hinaus und hole ihn; denn ich will nicht, daß er vor meiner Tür stirbt.«

In demselben Augenblick trat ein junges Mädchen zu ihm; sie führte ihn hinein und sagte ihm, daß er seine Schneekleider ablegen solle. Dann führte sie ihn eine sehr hohe Treppe hinauf, in einen sehr schönen Saal, der mit Gold und Edelgestein geschmückt war. Da sah er viele Frauen, und eine unter ihnen war die schönste von allen. Er begrüßte sie mit Anstand, und sie erwiderten seinen Gruß. Da erhob sich die schöne Jungfrau und geleitete ihn in eine kleine, aber hübsche Kammer, setzte ihm Wein und Nahrung vor und ging dann wieder fort. Es wird nicht erzählt, wo ihm abends sein Schlaflager angewiesen wurde. Die Nacht verging also; aber am nächsten Morgen kam die Jungfrau zu ihm und sagte, daß sie nicht zu seinem Vergnügen dort bleiben dürfe, gab ihm aber sonst alles, was zu seinem Zeitvertreib dienen konnte.

So verging der Winter bis Weihnachten. Am Heiligabend kam die schöne Jungfrau zu ihm und sagte, wenn er glaube, daß sie ihm etwas Gutes erwiesen hätte, dann müßte er ihr eine Bitte gewähren und sie ihr nicht abschlagen, nämlich daß er, wenn am nächsten Tage eine Tanzbelustigung abgehalten würde und ihr Vater sie rufen ließe, um sich das Spiel anzusehen, nicht neugierig sein und zum Fenster hinaussehen dürfe; denn sie würde ihm genug bringen, damit er sich hier drin zerstreuen könne. Er versprach ihr, daß er nicht neugierig sein würde. Am ersten Feiertag morgens brachte sie ihm Wein und was sonst zu seiner Nahrung dienen konnte, bot ihm Lebewohl und ging ihres Weges.

Aber gleich darauf hörte er Gesang und Saitenspiel. Da dachte er bei sich, was für eine große Freude dort wohl herrsche, und daß es gewiß nichts schaden könnte, wenn er einen Augenblick hinauslugte; es brauchte ja niemand zu sehen.

Da kletterte er in die Höhe, um den Tanz sehen zu können, und als er hinausblickte, sah er eine große Menge Menschen; einige tanzten, andere führten allerlei Saitenspiel aus, und mitten im Gedränge sah er einen königlichen Mann sitzen, eine Krone auf dem Haupt und eine Frau zu jeder Seite. Er dachte, das müßten die Königin und die Tochter des Königs sein; diese aber erkannte er wieder. Er wagte nun nicht länger hinauszusehen und ging vom Fenster fort. Der Tanz dauerte bis zum Abend.

Als die Jungfrau aber dann zu ihm hereinkam, war sie wider ihre Gewohnheit schweigsam; jedoch sagte sie ihm, daß er sein Versprechen, nicht hinauszusehen, schlecht gehalten habe, obgleich sie es so habe einrichten können, daß ihr Vater es diesmal nicht gemerkt habe.

Es ging nun auf Neujahr, ohne daß etwas geschah.

In der Silvesternacht kam die Jungfrau zu ihm und sagte, daß sie am nächsten Tag mit ihrem Vater hinginge, um sich den Tanz anzusehen, und daß er ihr gegenüber sein Wort besser halten müßte, als er es zu Weihnachten getan habe, und nicht neugierig sein dürfe. Er versprach nun bei allem, was ihm heilig war, daß er diesmal nicht hinausblicken würde. Sie brachte ihm wieder Wein und Nahrung und allerlei Zeitvertreib und ging fort.

Als es aber Morgen geworden war, hörte er noch mehr Lärm und Freude draußen als zu Weihnachten. Da sagte er sich, daß er jetzt nicht hinaussehen wolle, denn es wäre ja dasselbe wie zu Weihnachten, und viel verstrich vom Tage, während er ruhig dasaß. Da begann ihn aber die Neugierde zu quälen – so gar nichts von der großen Freude zu erfahren, und er spähte hinaus und sah, daß der Tanz viel reizvoller als das vorige Mal war, denn es tanzten viele strahlende Ritter vor der Königin und dem König. Da zog er sich eiligst vom Fenster zurück, sah aber, daß niemand das Auge nach seinem Fenster wandte, und so ging es bis zum Abend. Als die Jungfrau aber am Abend zu ihm kam, war sie aufgebracht und machte ihm Vorwürfe, daß er sie abermals getauscht hätte. Trotzdem trübte dies das Verhältnis zwischen ihnen nicht; denn sie war ihm genau so gut wie vordem.

Der Winter verstrich, und so ging es auf Ostern. Am Osterheiligabend kam die Jungfrau zu ihm, sprach ihn freundlich an und bat ihn, am nächsten Tag ja nicht neugierig zu sein, auch wenn er hören sollte, daß die Freude groß wäre; denn wenn ihr Vater merke; daß sie ein männliches Wesen bei sich hätte, dann würde es sie das Leben kosten. Am Ostermorgen kam sie zu ihm und brachte ihm alles, was er sich nur hätte wünschen können, bot ihm Lebewohl und verließ ihn dann. Die Belustigung begann wieder wie zuvor. Aber als der Tag verging, begann die Einsamkeit ihn zu langweilen, und er ging aus seiner Kammer in die danebenliegende hinein; denn er dachte, die Jungfrau würde es nicht merken, wenn er von dort aus hinauslugte. Einen Augenblick spähte er hinaus und sah dasselbe wie zu Neujahr. Dann ging er in seine Kammer und blieb dort, bis die Jungfrau abends hereinkam. Da war sie unwillig gegen ihn und sagte, daß er sie heute im Stich gelassen hätte wie das vorige Mal; sie wüßte nicht, ob ihr Vater Wind von seinem Aufenthalt bekommen hätte, aber kühler wäre er gegen sie gewesen, als er zu sein pflegte; sie hätte nicht erwartet, daß er ihr so untreu sein würde, und er werde es wohl später in anderen Dingen auch sein.

Der Frühling näherte sich, und am letzten Winterabend kam die Jungfrau zu ihm und sagte, daß morgen der erste Sommertag wäre, und daß dann Leute vom Festland kämen, um ihn zu holen, weshalb er in der Frühe nach der Fischerhütte gehen sollte; aber um eins wollte sie ihn bitten, wenn er Wert darauf lege, daß sie ihm das Leben während des Winters erhalten hätte; und das sei, daß er das Kind anerkennen solle, das sie jetzt durch ihn erwarte; denn es gälte ihr Leben, und wenn sie den Vater nicht angeben könne, dann würde ihr Vater sie töten. Aber wenn sie den Vater nennen könne, dann würde er sie nicht töten, und sie bitte ihn nun um weiter nichts, als daß er sich ihr gegenüber in dieser Angelegenheit treu erweisen solle. Das versprach er ihr, und er sagte, es werde nie geschehen, daß er leugne, der Vater des Kindes zu sein. Es koste ihn ja nichts, da er keine Ungelegenheit davon hätte.

Er sagte ihr dann Lebewohl und dankte ihr für alle ihre Wohltaten gegen ihn während des Winters, und früh am nächsten Morgen machte er sich auf den Weg, und als er ein kleines Stück gegangen war, wollte er sich nach der Halle umsehen, aber er sah weiter nichts als steinige Hügel und Felsen am südlichen Teil der Insel; dann ging er nach der Fischerhütte.

An diesem Tag war mildes Wetter und die See ruhig, und als der Tag etwas verstrichen war, sah er ein Boot vom Lande herkommen; als die Bootsleute aber an die Insel gekommen waren, ging er ihnen entgegen. Als sie ihn erblickten, fürchteten sie sich, denn er war sehr dick und fett, und sie glaubten deshalb, daß es sein Geist sei; denn sie dachten nicht anders, als daß er im Winter gestorben wäre; und niemand wagte, ihn anzusprechen, viel weniger, zu ihm ans Land zu kommen. Schließlich aber stieg der Bootsführer doch ans Land und fragte ihn, ob er ein lebendiger Mensch sei oder ein Geist, oder ob er derselbe sei, der im Herbst auf der Insel zurückgeblieben wäre. Er sagte, daß er derselbe Mann wie im Herbst sei, als sie ihn dort zurückgelassen hätten. Der andere aber sagte, daß er nicht verstehen könne, wie er so lange ohne Nahrung hätte leben können. Der Inselmann sagte, daß der Seetang auf Selö keine schlechtere Nahrung sei als die Wassergrütze auf Holme. Mehr wollte er ihnen nicht erzählen; er stieg aber zu ihnen in das Boot, und sie ruderten ihn zurück nach Holme. Die meisten verwunderten sich, ihn lebendig zurückkommen zu sehen, und viele Fragen wurden ihm gestellt, wie er den Winter über hätte überleben können, niemand aber bekam mehr von ihm zu wissen, als jene auf der Insel von ihm erfahren hatten.

Spät im Sommer war es eines Sonntags schönes Wetter, und es kamen viele Leute zur Kirche, und an diesem Tage wollte auch der Knecht dorthin. Als aber der Pfarrer und die ganze Gemeinde in die Kirche gekommen waren, stand eine Kinderwiege neben dem Altar, ehe man es sich versah, und eine golddurchwirkte Decke war über das Kind gebreitet, aber kein Mensch war zu sehen, nur sah man, daß eine schöne Frauenhand auf dem Rand der Wiege ruhte; alle wunderten sich hierüber und sahen sich an; der Pfarrer aber nahm das Wort und sagte, daß dies Kind getauft werden wolle, und daß es wohl nicht irrig wäre, daß irgend jemand in der Kirche in Beziehung zu ihm stehe, und am ehesten glaubte er von seinem Knecht, daß er es im Frühjahr auf Selö zurückgelassen habe; der Knecht aber bestritt, etwas davon zu wissen. Da sagte der Pfarrer, er wolle es mit dem Namen des Knechts taufen, der aber leugnete wieder und sagte, daß er nichts mit der Sache zu tun hätte. Der Pfarrer erwiderte, daß er doch nicht ohne Menschenhilfe auf der Insel hätte leben können; der Knecht aber sagte, daß er das Kind nie anerkennen würde und verbot dem Pfarrer, es mit seinem Namen zu taufen.

Da wurde die Wiege fortgerissen und verschwand in demselben Augenblick, und zugleich ertönte heftiges Weinen, das sich allmählich aus der Kirche verlor. Der Pfarrer und die anderen gingen ihm aus der Kirche nach. Da hörten sie das Weinen und das Schluchzen in der Richtung nach dem See verschwinden, die Decke aber lag auf dem Boden der Kirche und wurde auf Holme noch lange nach dieser Zeit benutzt.

Alle wunderten sich über das Geschehen, am tiefsten jedoch war der Pfarrer davon ergriffen. Der Knecht aber verfiel später in Tiefsinn. Der Pfarrer fragte ihn, wie das denn käme, und dann erzählte er ihm alles, daß er den Winter über bei einem König und seiner Tochter gewohnt hätte, und daß es ihn sein Leben lang gereuen würde, daß er das Kind nicht anerkannt habe.

Der Knecht war von diesem Tage an nicht mehr derselbe, und hiermit endet die Erzählung von dem Huldrekönig auf Selö.

Nordische Sagen

Thiassi und Skadi

Einst wanderte Odin mit Hönir und Loki in die Berge gen Norden, dem Gebiet der Eisriesen zu. Sie litten großen Hunger in der öden Wildnis. Endlich, als sie in ein Tal hinabstiegen, erblickten sie eine Rinderherde; aus ihr griffen sie sich einen feisten Ochsen und töteten ihn. Unter einem hohen Eichbaum setzten sie sich nieder und legten das Fleisch zwischen heiße Steine, um es zu rösten. Als sie nach geraumer Frist den Deckstein aufhoben, fanden sie das Fleisch noch roh. Sie versuchten es ein zweites Mal, aber wieder wollte das Fleisch nicht gar werden. Verwundert fragten sie sich, woran das liege; da sprach eine Stimme aus der Eichenkrone: »Ich bin es, der das Fleisch nicht gar werden läßt! Versprecht mir Anteil an eurer Mahlzeit, dann will ich sie euch sogleich fertigmachen!« Sie schauten empor und sahen in den Ästen einen mächtigen Adler sitzen. »So komm und hilf uns!« riefen sie hinauf; er stieß herab auf den Stein, und im Nu war der Braten gebräunt.

Aber jetzt griff der Vogel, ohne die Teilung abzuwarten, sofort mit den Klauen nach den besten Stücken, er nahm ohne Umstände die beiden Hinterkeulen und die beiden Schultern für sich. Das ärgerte Loki, er packte eine große Stange und schlug nach dem Adler; der wich aus, daß ihn der Hieb nur leicht streifte, und flog auf: aber die Stange blieb an ihm haften, und im gleichen Augenblick fühlte Loki, daß auch er nicht mehr loslassen konnte. Festhängend wurde er von dem Adler, der dicht am Boden hinstrich, mitgeschleift über Stock und Stein; die Arme drohten ihm aus den Schultern zu reißen, die Beine auf dem Felsgrund zu zerschmettern.

Da begann er zu bitten, bis der Adler ein wenig innehielt und abermals zu sprechen begann: »Ich bin der Riese Thiassi, auf meinem Grund und Boden tötetet ihr meinen Ochsen, und du schlugst sogar noch nach mir, als ich mein Eigentum wiedernehmen wollte. Nun habe ich dich, und du wirst nicht frei werden, ehe du mir nicht schwörst, Idun mit ihren Äpfeln aus Asenheim wegzuführen und in meine Hand zu bringen!« Sehr ungern willigte Loki darein; aber die Zauberkraft des Adlers ließ ihn nicht los, so daß er endlich den Eid leistete. Jetzt gab der Riese ihn frei, und er kehrte zu seinen Gefährten zurück; aber er verschwieg ihnen wohlweislich, was er hatte versprechen müssen.

Als sie wieder daheim waren, ging er an dem vereinbarten Tag zu Idun und erzählte ihr, er habe draußen im Walde hinter Asgards Grenze einen Apfelbaum gefunden mit noch schöneren Äpfeln, als sie selbst besitze. »Komm mit, wenn du es nicht glaubst, und nimm auch deine Äpfel mit, damit du sie vergleichen kannst!« Idun ließ sich überreden. Aber als sie die Grenze Asgards überschritten hatten, brauste der Adler heran, ergriff die Göttin und fuhr mit ihr davon zu seinem Hof nach Riesenheim, wo er sie gefangenhielt.

Den Göttern ging es schlecht, als sie Idun verloren hatten, an deren Äpfeln sie sich immer neue Jugend gegessen hatten. Ihre Haut welkte, ihr Haar ergraute, sie alterten wie Menschen. Da gingen sie zu Rate, um nach dem Verbleib der Verschwundenen zu forschen, und stellten bald fest, daß am Tag, da sie verschwand, als letzter Loki bei ihr gewesen war. Sie ergriffen und verhörten ihn, und als er Ausflüchte machte, drohten sie ihm mit Marter und Tod. Da bekannte er, was geschehen war, und erbot sich, Idun wieder herbeizuschaffen, wenn Freia ihm ihr Falkengewand leihe. Als Falke flog er nach Riesenheim und kam zu Thiassis Gehöft, gerade als der Riese aufs Meer hinausgerudert war und Idun allein im Hause saß. Er verwandelte sie in eine Nuß, ergriff sie mit den Klauen und flog pfeilgeschwind nach Asenheim zurück.

Als Thiassi heimkehrend Idun nicht mehr fand, fuhr er in sein Adlergewand und brauste dem Diebe nach. Die Götter spähten nach Norden aus und sahen den Falken heranfliegen – und mit gewaltigem Flügelschlag hinter ihm den Adler. Rasch rannten sie vors Tor und häuften um den Wall Späne und Reisig auf. Sobald der Falke über den Wall hinweggeschossen war, warfen sie Feuer in die Späne, lichte Lohe schlug empor, hinein ins Gefieder des nachjagenden Adlers, der den Flug nicht mehr hemmen konnte. Brennend stürzte er zu Boden: da waren die Asen schnell über ihm und schlugen ihn tot. Mit großer Freude feierten sie Iduns Wiederkehr, die ihnen die ewige Jugend zurückbrachte.

Nicht lange darauf erschien in Asgard Skadi, Thiassis Tochter, eine schöne, gewaltige, wilde Jungfrau, angetan mit Brünne und Helm, die Lanze in der Faust, und verlangte Mordbuße für ihres Vaters Tod. Den Asen schien es billig, ihr einen Vergleich zu bieten, und sie bewilligten ihr zur Sühne dreierlei. Für den Verlust des Vaters boten sie ihr einen Gatten; sie sollte ihn selbst wählen dürfen unter den Asen, aber bei der Wahl nur die Füße sehen. Damit war sie einverstanden. Ihr Blick war, als sie eintrat, auf Balder gefallen, der ihr der Schönste von allen schien, und sie vermeinte, sie werde ihn an den Füßen erkennen. Aber sie irrte sich: als die Götter hinter einem Vorhang, der nur die Füße frei ließ, an ihr vorbeischritten, erwies sich der, den sie wegen seiner schönen Füße erwählte, als Njörd; und ihm ward sie vermählt.

Zum zweiten sollte der Trauernden das Lachen wiedergeschenkt werden, das sie durch den Tod des Vaters verloren hatte; und das übernahm Loki. Er band das Ende eines Seils einer Ziege an den Bart und das andere Ende um seinen Leib, meckernd und zerrend tanzten sie in krummen Sprüngen umeinander wie ein verliebtes Paar, bis Loki erschöpft in Skadis Schoß fiel: da mußte sie laut auflachen. Und zum dritten verlangte sie, daß dem schmählich erschlagenen Thiassi Genugtuung werde durch ewigen Ruhm. Da nahm Odin Thiassis Augen und warf sie an den Himmel, wo sie als zwei herrlich leuchtende Sterne stehenblieben.

So war der Streit geschlichtet, und die Asen hatten zu der zurückgewonnenen Idun noch als neue Genossin die schöne Riesentochter erhalten. Aber es erwies sich, daß Njörd und Skadi nicht füreinander geschaffen waren. Njörd liebte das Meer, dicht am Strande stand sein Saal; Skadi aber war gewöhnt, in den hohen Bergen zu hausen und auf flüchtigen Schneeschuhen hinter dem Wild zu jagen – sie verlangte zurück nach ihres Vaters Gehöft im Eisriesenreich.

Die Gatten einigten sich: immer nach neun Tagen wollten sie das Heim wechseln. Aber sie vermochten sich beide nicht zu gewöhnen. Fremd blieben Njörd die Berge; er sehnte sich, den Gesang der Schwäne zu hören statt des Geheuls der Wölfe. Und Skadi fuhr alle Nächte aus dem Schlaf vor dem Donner der Brandung und dem Schrei der Möwen. Da trennten sie sich endlich, und Skadi wanderte wieder hinauf in das wilde, eisige Gebirge.

Dort traf sie später Uller, den jagdfreudigen Asen, der nicht gern in Asgard weilte, sondern es wie sie liebte, auf gleitenden Schuhen über die weiten Schneeflächen zu fliegen. Sie wurden ein Paar, das in wilder Freiheit hoch oben in den Bergen hauste, und nur selten kehrten sie einmal bei den Göttern ein.

Die Kleinode der Asen

Einen bösen Streich beging Loki gegen Sif, die Gattin Thors. Sie hatte das schönste blonde Haar, üppig wie ein goldenes Feld; es war ihr Stolz und die Freude des starken Gottes. Als sie einmal allein und unbewacht schlief, schlich sich Loki zu ihr und schnitt ihr das ganze Haar dicht über der Wurzel ab. Aber Thor entdeckte, wer den Frevel begangen hatte; er packte Loki bei der Gurgel und schüttelte ihn, daß ihm die Knochen zu zerbrechen drohten. Da bekam der Tückische Angst und flehte um Gnade: »Ich will – das schwör ich dir mit den stärksten Eiden! – zur Sühne von den Zwergen ein neues Haupthaar für Sif machen lassen, das ganz aus Gold ist und wächst wie anderes Haar!«

Darauf ließ ihn Thor aus den Fäusten, und Loki ging zu drei Zwergen, die er als kunstreiche Schmiede kannte. Sie fertigten ihm nicht nur das Haar, wie er es verlangte, sondern außerdem noch ein wunderbares Schiff, groß genug, alle Asen zu fassen, und doch zusammenfaltbar, daß man es in die Tasche stecken konnte; und zum dritten den bezauberten Speer Gungnir, dessen Stoß keiner aufzuhalten vermochte. Als Loki mit diesen köstlichen Kleinoden auf dem Heimweg war, begegnete er dem Zwerge Brock und rühmte ihm die kunstvollen Werke über die Maßen. Aber Brock sagte: »Mein Bruder Sindri ist ein Schmied, der Kleinode von gleichem und noch höherem Wert herzustellen versteht!« Das wollte Loki nicht glauben; und so schloß er mit Brock eine Wette darüber, Kopf gegen Kopf.

Sie gingen miteinander zur Schmiede Sindris und erzählten ihm, was sie ausgemacht hatten. »Wir wollen's erproben!« sprach Sindri, legte eine Schweinshaut ins Schmiedefeuer und setzte den Bruder an den Blasebalg mit der Ermahnung: »Hör nicht auf mit Blasen, bis die Arbeit fertig ist!« Loki stellte sich heimlich hinter die Tür und schaute zu. Als er sah, wie eifrig Sindri schmiedete und Brock blies, bangte er um seinen Kopf; er verwandelte sich in eine Fliege, die sich auf Brocks Hand setzte und ihn stach. Doch der Zwerg achtete nicht darauf und blies weiter, bis Sindri das fertige Werk aus dem Feuer zog: da war es ein Eber mit goldenen Borsten.

Dann legte der Meister ein Stück Gold ins Feuer und hieß abermals den Bruder blasen, ohne auszusetzen. Die Fliege kam wieder, setzte sich auf Brocks Hals und stach ihn doppelt so lange als vorher; er zuckte ein wenig mit der Haut, aber fuhr unbeirrt mit Blasen fort. Als der Schmied das Werk aus der Glut nahm, war es der Ring Draupnir.

Endlich legte er Eisen ins Feuer und schärfte dem Bruder wiederum ein: »Jetzt höre keinen Augenblick auf, sonst wird das Werk unbrauchbar!« Brock blies mit Macht; da setzte sich die Fliege zwischen seine Brauen und stach ihn so heftig, daß ihm das Blut in die Augen rann und er nichts mehr sah. Blitzschnell fuhr der Zwerg mit der Hand ins Gesicht, die Fliege wegzujagen, und einen Augenblick lang sank der Balg zusammen. Sindri schalt, nun sei das Werk verdorben. Aber als er es aus dem Feuer nahm, war es ein blitzender Hammer, ganz untadelig bis auf den Stiel, der ein wenig zu kurz geraten schien.

Sindri gab die drei Kleinode seinem Bruder und sprach: »Nun geh mit Loki nach Asgard, damit dort über die Wette entschieden werde!« Die Asen kamen zusammen und bestimmten, daß Odin, Thor und Frey Richter sein sollten. Als erster bot Loki seine Schätze. Er gab Odin den Speer Gungnir, dessen Stoß keiner aufhalten konnte; er gab Thor das Goldhaar für Sif, und als sie es aufs Haupt setzte, war es sofort angewachsen und umwallte sie als goldene Flut; er gab Frey das Schiff und erklärte ihm seine Tugenden: wie man es zusammen- und auseinanderfalten könne, und daß es, wohin es auch fahre, stets günstigen Wind in den Segeln habe.

Dann aber kam Brock und gab Odin den Ring Draupnir: jede neunte Nacht würden von ihm acht neue Goldringe tropfen, gleich schwer wie er selbst. Er gab Frey den goldborstigen Eber: der könne über Luft und Meer rennen, schneller als jedes Roß, bei Tag und auch bei Nacht, denn dann würden seine Borsten den Weg hell erleuchten. Und zuletzt gab er Thor den Hammer, Mjölnir geheißen: »Nichts kann seinem Schlage widerstehen, niemals verfehlt er im Wurf sein Ziel, und immer wieder kehrt er in die Hand zurück!« Thor ergriff den Hammer, und der lag trotz des kurzen Stiels fest in seiner Faust.

Da sprachen die Schiedsrichter das Urteil: der Hammer sei von allen Kleinoden das köstlichste, die stärkste Waffe gegen die Urfeinde, die Riesen. Damit hatte der Zwerg die Wette gewonnen, und jetzt forderte er den Kopf des Gegners. Vergebens bot ihm Loki Lösegeld, der Zwerg bestand auf seinem Recht. Endlich sagte Loki: »Nun, so faß mich!« – und im Augenblick war er weit fort von der Stelle, wo er eben noch gestanden hatte; denn er trug ein Paar Schuhe, mit denen er windschnell davoneilen konnte. Nun bat der Zwerg Thor, Loki zu ergreifen, und Thor mußte ihm um des Hammers willen wohl willfahren. Der Zwerg warf sich sofort auf den Gefangenen, um ihm den Kopf abzuschneiden; aber der Listige sagte: »Das darfst du nicht: dir gehört wohl mein Kopf, aber nicht mein Hals!« Darauf nahm der Zwerg einen Faden und ein Messer; er wollte Loki die Lippen durchstechen und den Faden durchziehen, um ihm den Lügen- und Lästermund zuzuschnüren, daß er nicht mehr essen und atmen könne. Doch das Messer schnitt nicht; da sagte der Zwerg: »Daß ich meines Bruders Ahle hier hätte!« – griff in die Luft, und schon hielt er sie in der Hand. Damit nähte er Loki die Lippen zusammen und glaubte seinem Willen genug getan zu haben. Aber Loki riß den Faden heraus, und ob ihm auch das Blut von den zerfetzten Lippen rann, so gewann er doch Leben und Freiheit wieder.

Die drei Asen, die Schiedsrichter gewesen waren, freuten sich der gewonnenen Kleinode. Die Tücke Lokis war diesmal den Göttern zum Segen ausgeschlagen. Und Thor war fortan, kraft seines Hammers, der Riesen gefürchtetster Feind.

Thors Riesenabenteuer

Thors Kampf mit Rungnir

Als Thor einmal fern auf Ostfahrt weilte, ritt Odin auf seinem Hengst Sleipnir nach Riesenheim. Der Riese Rungnir sah ihn kommen und rief ihn an: »Wer bist du, Mann mit dem Goldhelm, der durch Wind und Wellen reitet? Und was hast du für einen schönen Hengst?« »Ja, gut ist mein Hengst«, antwortete Odin, »fast möchte ich meinen Kopf wetten, du hast keinen besseren!« »Oho«, antwortete Rungnir, »ist deiner gut, so ist mein Gulfax noch besser – du sollst sehen, daß er größere Sprünge macht!« Odin schüttelte lachend den Kopf und sprengte davon, da warf sich Rungnir zornig auf Gulfax und jagte ihm nach. Sie sprangen von Berg zu Berg, aber Odin blieb dem Riesen immer um einen Gipfel voraus. Blindwütend stürmte ihm Rungnir nach; er kam erst zur Besinnung, als er sich plötzlich innerhalb des Gatters von Asenheim sah.

Aber die Asen empfingen ihn freundlich, sie führten ihn in den Saal wie einen willkommenen Gast und luden ihn zum Trinken ein. Sie boten ihm die Krüge, aus denen sonst Thor trank – dem genügte einer auf einmal nicht! –, und der Riese leerte sie hintereinander. Da wurde er bald betrunken und begann große Sprüche zu machen. »Wartet nur, ich packe mir ganz Walhall auf den Rükken und schleppe es nach Riesenheim! Asgard schmeiß ich ins Meer! Freia und Sif nehme ich beide mit – und euer ganzes Bier sauf ich allein aus!« Dabei trank er mächtig, die Göttinnen wichen scheu vor ihm zurück, und nur Freia traute sich noch, ihm einzuschenken.

Endlich wurden den Asen seine groben Prahlereien zuviel. Sie riefen Thors Namen, und sofort trat der Donnerer in den Saal, den Hammer hoch in der Faust. Zornig fragte er: »Wer hat den wüsten Kerl eingelassen, daß er sich hier volltrinken kann? Wer hat ihm Frieden in Walhall versprochen, daß ihm Freia einschenkt wie einem Festgenossen?« Aber Rungnir ließ sich nicht einschüchtern, er sah Thor rauflustig an und sagte: »Odin hat mich eingeladen, ich habe hier Gastrecht.« »Die Einladung wird dir leid werden«, entgegnete Thor, »noch ehe du wieder draußen bist!« Trotzig sprach Rungnir dagegen: »Das wäre ein mäßiger Ruhm für einen großmächtigen Asen, einen Waffenlosen umzubringen! Wenn du Herz hast, dann miß dich mit mir auf der Grenze unserer Reiche! Hätte ich nicht dummerweise meinen Schild und meinen Schleifstein daheim gelassen, dann könntest du es sogleich Mann gegen Mann mit mir versuchen! So aber handeltest du wie ein feiger Schuft, wenn du mich erschlügst!«

Die Herausforderung kam dem Donnergott recht; noch hatte es bisher kein Riese gewagt, sich ihm zum Zweikampf zu stellen. Sie bestimmten Ort und Stunde, und Rungnir ritt im Galopp zurück nach Riesenheim. Dort empfingen ihn seine Genossen mit großem Hallo, sie machten viel Rühmens von seiner Fahrt und von seinem Mut, daß er Thor zum Kampf gefordert hatte. Aber sie hatten doch auch ein wenig Angst um den Ausgang; denn Rungnir war ihr stärkster Mann, und wenn er unterlag, so stand ihnen allen nicht viel Gutes bevor. Darum wollten sie ihm einen Gefährten zum Streit geben und bauten einen Riesen aus Lehm, neun Meilen hoch und drei Meilen breit über der Brust; aber als der Lehmriese fertig dastand, fanden sie kein Herz, das groß genug für ihn gewesen wäre, bis sie es aus einer Stute schnitten und ihm einsetzten. Doch das war ein furchtsames Herz, nicht geeignet, vor Thor standzuhalten. Rungnirs Herz dagegen war von hartem Stein, an allen drei Ecken scharf zugespitzt. Auch sein Haupt war von Stein, und von Stein sein riesiger Schild, den er vor sich hielt; einen gewaltigen Wetzstein trug er als Waffe über der Achsel. Grimmig und entschlossen wartete er auf Thor; aber der Lehmriese neben ihm wackelte vor Angst und benäßte sich, als er den starken Asen von weitem sah.

Dem Gott voran rannte sein hurtiger Diener Thialfi; er eilte hin zu Rungnir und rief ihm zu: »Achtung, Riese! Du kennst Thors Kampfesweise nicht, darum hältst du den Schild gerade vor dich hin. Aber Thor wird von unten her aus der Erde auf dich losfahren – schnell, wirf den Schild unter deine Füße!« Rasch warf Rungnir den Schild auf den Boden und stellte sich darauf, den Wetzstein schwang er hoch in den Händen. Da kam Thor gestürmt in Asenzorn, von Donner umgrollt, von Blitzen umzuckt; schon in weiter Entfernung redete er den Arm hoch und schleuderte den Mjölnir gegen den Riesen, der aber warf in gleichem Schwunge seinen Wetzstein gegen den Gott. Beide Waffen trafen sich im Fluge, der Wetzstein zersprang in tausend Stücke, eins davon fuhr in Thors Haupt, so daß er vornüber zur Erde fiel; der Hammer aber traf mitten in Rungnirs Schädel und zertrümmerte ihn. Wie ein Felsblock stürzte der Riese nieder, über Thor hinweg, so daß einer seiner Füße über des Asen Hals zu liegen kam.

Ohne große Mühe hatte indessen Thialfi dem Lehmriesen den Garaus gemacht; doch vergebens versuchte er, den zentnerschweren Fuß Rungnirs von Thors Halse wegzuheben. Jetzt liefen die Asen herbei, die dem Kampf aus der Ferne zugesehen hatten; aber auch ihnen gelang es nicht, Thor zu befreien. Da kam Magni, Thors Sohn von einem Riesenweib, vor drei Tagen erst geboren, aber schon fest auf den Beinen und von gewaltiger Kraft; er hob den Fuß auf und schleuderte ihn beiseite. Thor stand auf, streichelte den Sohn übers Haupt und schenkte ihm als Lohn Gulfax, den Hengst des Riesen. Damit waren alle zufrieden außer Odin; der meinte, Thor hätte den Hengst lieber seinem Vater schenken sollen als dem Sohn einer Riesin. Aber Thor kehrte sich nicht daran.

Von dem zersprungenen Wetzstein Rungnirs stammen alle Wetzsteine in der Welt. Das Stück, das Thor ins Haupt fuhr, blieb darin stecken, und keine Beschwörung vermochte es herauszuziehn. Wenn aber jemand einen Wetzstein unachtsam auf die Tenne wirft, rührt sich der Stein in Thors Schädel und macht ihm großen Schmerz: darum gehe jeder sorgsam mit seinem Wetzstein um!

Die Heimholung des Hammers

Beim Erwachen griff Thor nach seinem Hammer und fand ihn nicht. Erschrocken tastete er um sich, zornig schüttelte er den Kopf, daß Bart und Haare wie rotes Feuer um ihn stoben, überall suchte er, aber umsonst. Da ging er, Rat zu suchen bei dem listigen Loki: »Höre, was noch niemand auf Erden und im Himmel ahnt: Mein Hammer ist geraubt!« Sie schritten beide zum Palast der Freia, und Loki fragte sie: »Willst du mir dein Federhemd leihen, daß ich Mjölnir suchen kann?« Freia antwortete: »Und wäre es von Silber oder von Gold, du solltest es haben!«

Loki fuhr ins Federhemd und flog mit rauschendem Gefieder davon, über die Grenze des Götterreichs hinweg ins Riesenland. Auf einem Hügel fand er den Riesenfürsten Thrym sitzen, wie er seinen Hunden goldene Halsbänder umlegte und seinen Pferden die Mähnen strählte. Gut gelaunt begrüßte ihn Thrym und fragte: »Wie geht's den Asen? Und warum kommst du allein ins Riesenreich?« »Schlecht steht's bei den Asen«, antwortete Loki und fragte geradezu: »Bist du's, der Thors Hammer verborgenhält?« »Ich halte ihn verborgen«, erwiderte der Riese; »er liegt acht Meilen tief unter der Erde. Und keiner soll ihn zurückholen, er brächte mir denn Freia als Braut ins Haus.«

In Eile flog Loki zurück, Thor stand vor der Schwelle und rief ihm schon von weitem entgegen: »Hat deine Fahrt die Mühe gelohnt? Gib Bericht, noch ehe du dich niederläßt, ohne Zaudern, der Wahrheit gemäß!« Noch aus der Luft antwortete Loki: »Thrym, der Riesenkönig, hat den Hammer – niemand holt ihn zurück, er bringe ihm denn Freia als Braut ins Haus.«

Zusammen schritten die beiden zu der schönen Göttin, und Loki sprach zu ihr ohne Umschweif: »Schmücke dich mit dem Brautlinnen, Freia! Du mußt mit mir zu Thrym nach Riesenheim!« Da ergrimmte Freia, sie fauchte vor Zorn und riß sich das köstliche Geschmeide von der Brust: »Hältst du mich für mannstoll, Loki, daß du meinst, ich möchte eines Riesen Braut werden?« Sie riefen die Götter zum Thing. Alle Asen und Asinnen eilten herbei, sie sannen und stritten hin und her, aber keiner fand einen Rat. Endlich nahm Heimdall das Wort, der kluge, scharfsichtige, und riet: »Kleiden wir Thor in das Brautlinnen, legen wir ihm das Geschmeide Freias um den Hals! Schlüssel sollen an seinem Gürtel klingen, das Frauengewand falle ihm übers Knie, auf dem Kopf trage er die hohe Brauthaube mit dem Schleier!« Aber Thor rief unmutig dagegen: »Wollt ihr euch lustig machen über mich, daß ich mich als Weib verkleiden soll?« »Nein«, entgegnete ihm Loki, »so sollst du nicht reden, Thor! Willst du denn, daß die Riesen in Walhall einziehen? Du mußt den Hammer heimholen!«

Da willigte Thor ein. Sie kleideten ihn ins Brautlinnen und legten ihm das Brustgeschmeide um, die Schlüssel klirrten ihm am Gürtel, das Gewand fiel ihm übers Knie, und auf seinem Kopf türmte sich, das Gesicht verhüllend, die Haube mit dem Schleier. Loki aber erbot sich, als Zofe verkleidet, die falsche Braut zu begleiten. Sogleich wurden die Böcke von der Weide geholt und an den Wagen geschirrt, das Gefährt brauste hin, daß Felsen barsten und Funken stoben: so fuhr Thor nach Riesenheim.

Thrym, der Riesenkönig, rief sein Gesinde: »Nun schnell, bestreut die Bänke mit grünen Zweigen und goldenen Ringen! Führt mir Freia, die Tochter Njörds, als Braut herein! Ich habe Kühe mit goldenen Hörnern und rabenschwarze Ochsen, habe in Fülle Schmuck und Schätze – nur Freia fehlte mir noch!«

Schnell strömten die Gäste zur Hochzeit herbei. In großen Kesseln wurde Bier und Met gebracht, die Tische bogen sich von der Last der Speisen. Thor langte mächtig zu, er aß einen Ochsen und acht Lachse, verschlang alle Süßigkeiten, die für die Frauen bestimmt waren, und trank drei Tonnen Met. Staunend brummte Thrym: »Hat man je eine Braut so schlingen sehen, sah man je ein Mädchen so gierig trinken?« Aber sofort war der schlaue Loki zur Hand, der als zierliche Zofe neben der Braut saß: »Acht Tage lang hat Freia nichts gegessen, so sehnte sie sich nach Riesenheim!«

Das gefiel dem Riesen, und er lüftete ein wenig den Schleier, um der Braut einen Kuß zu rauben: aber sofort prallte er zurück, er tat vor Schreck einen Sprung rückwärts durch den ganzen Saal: »Wie furchtbar flammen Freias Augen, als wollten sie mich verbrennen!« Aber wieder griff die schlaue Magd ein: »Acht Nächte lang hat Freia nicht geschlafen vor lauter Sehnsucht nach Riesenheim!«

So blieb der Betrug unentdeckt, und es begannen die Bräuche der Hochzeit. Zuerst trat die Schwester des Riesen vor die Braut, um ihr die Herrschaft im Hause zu übergeben, und erbat goldene Ringe als Gegengabe und Unterpfand. Aber schon rief Thrym, ungeduldig, die Braut zu besitzen: »Bringt endlich den Hammer, die Braut zu weihen! Legt ihr den Mjölnir in den Schoß! Und dann gebt uns zusammen!«

Thor lachte das Herz im Leibe, als er den Hammer auf seinen Knien sah. Er packte ihn und fuhr empor, daß ihm der Kopfputz vom Haupte fiel; seine Augen sprühten, und der rote Bart umloderte sein Gesicht. Mit dem ersten Schlage traf er Thrym, er zahlte der Schwester den Brautpfennig mit Hammerhieben, das ganze Geschlecht des Riesen im Saal erschlug er, daß nicht einer entrann. So holte Thor seinen Hammer heim.

Thors Besuch bei Geirröd

Seit Thor sich siegreich den Hammer von Thrym zurückgeholt hatte, verlangte kein Riese mehr danach, sich mit ihm zu messen; allzusehr gefürchtet war die unwiderstehliche Waffe des starken Asen. Wohl aber meinte mancher ihm gewachsen zu sein, wenn es gelänge, ihn ohne den Mjölnir ins Riesenreich zu locken. Einmal sollte das geschehen.

Loki hatte, wie er gern tat, wieder Freias Falkengewand entliehen und war, vergnüglich schweifend, bis zum Hof des Riesen Geirröd geflogen. Dort setzte er sich aufs Dach der Halle und guckte neugierig durch das Lichtloch in den Saal. Aber der Riese erspähte den Vogel von seinem Sitze aus gleichfalls und befahl einem Diener, ihn zu greifen. Der Mann kletterte auf das steile Dach, er kam sehr mühsam hoch, und Loki hatte seine Freude daran, daß es so schwer und langsam ging; er wollte den Verfolger foppen und blieb ruhig sitzen, um erst im letzten Augenblick ihm vor der Nase wegzufliegen. Aber als es soweit war und er sich flügelschlagend abstoßen wollte, merkte er zu seinem Schreck, daß er selbst der Betrogene war: seine Füße hafteten fest an dem Dach, als sei er angeleimt. Da packte ihn der Mann beim Kragen und brachte ihn seinem Herrn.

Als Geirröd dem Falken in die Augen blickte, merkte er sofort, daß das kein richtiger Vogel war, und befragte ihn, wer er sei; aber der Falke machte den Schnabel nicht auf. Da sperrte ihn Geirröd in einen dunklen Käfig und ließ ihn drei Monate lang hungern, bis er mürbe wurde und dem Riesen seinen Namen gestand. Geirröd drohte, ihm den Hals umzudrehen, wenn er nicht auf der Stelle schwöre, ihm den Donnerer in die Hände zu spielen. Darauf leistete Loki schwere Eide: er werde Thor in das Gehöft des Riesen bringen, und zwar ohne seine Waffen.

Als er glücklich zurück nach Asenheim gekommen war, beschwatzte er Thor, friedlich mit ihm auf Gasterei zu fahren zu einem gutmütigen Freunde der Götter. Arglos machte sich der Gott ohne Hammer, Kraftgürtel und Eisenhandschuhe mit ihm auf den Weg nach dem Gehöft, wo ihn festliche Schmäuse und gewaltige Trünke erwarten sollten. Zu seinem Heil kamen sie unterwegs auf den Hof der Riesin Grid, die den Göttern zugetan war; denn sie hatte Odin selbst einen Sohn, den schweigsamen Widar, geboren. Von ihr erfuhr Thor, daß Geirröd ein wüster Riese sei, dem man nicht trauen dürfe. Trotz der Warnung wollte Thor nicht umkehren; aber Grid ließ ihn wenigstens nicht ungerüstet ziehen, sondern gab ihm ihren eigenen Kraftgürtel und ihre Eisenhandschuhe sowie einen schweren eisernen Stab mit. Loki aber mußte ihn weiter begleiten, obgleich ihm nicht wohl dabei war.

Vor der Gemarkung Geirröds strömte der Fluß Wimur mit gewaltigen Wogen. Thor band den Kraftgürtel der Riesin um und stemmte sich mit dem Eisenstab gegen die Strömung; Loki aber mußte sich am Gürtel festhalten, denn er wäre sonst fortgeschwemmt worden. In der Mitte des Stroms stieg das Wasser so hoch, daß es Thor über die Schultern flutete. »Wachse nicht weiter, Wimur«, besprach ihn der Gott, »ich muß dich durchwaten zu der Riesen Reich! Wächst du aber dennoch, so wachse mir selber die Asenkraft hoch bis zum Himmel!« Doch der Strom schwoll weiter, und jetzt sah Thor auch die Ursache: ein Stück weiter aufwärts stand, die Beine gespreizt, die Riesentochter Gjalp auf beiden Ufern und vermehrte sein Wasser. Da nahm er einen Stein und warf nach ihr, daß sie davonsprang; im selben Augenblick aber erfaßte er einen überhängenden Ebereschenzweig und zog sich ans Land.

Triefend kamen die beiden Weggenossen auf den Hof. Man führte sie nicht in den Saal, sondern in den Ziegenstall. Dort stand ein Stuhl, und Thor setzte sich darauf. Sofort stieg der Stuhl empor gegen die Decke, um den Gott zu zerquetschen; er aber stützte den Eisenstab mit aller Kraft gegen den Dachbalken und drückte den Stuhl abwärts. Da hörte er es unter dem Sitz krachen und schreien; dort hatten voll Tücke die beiden Riesentöchter Gjalp und Greip gehockt, mit ihren Nacken hatten sie ihn hochgestemmt – nun lagen sie da mit zerbrochenem Rückgrat.

Geirröd ließ die Gäste rufen: zu einem Spiel sollten sie kommen vor der Mahlzeit. Sie traten in den Saal, durch seine ganze Länge hindurch brannten Feuer; über sie hinweg sah Thor an der hinteren Wand den Riesen stehen: der faßte mit einer Zange in die Flamme, zog einen glühenden Eisenbolzen heraus und schleuderte ihn gegen Thor. Der Gott fing den Klump mit seinen Eisenhandschuhen in der Luft auf und schwang ihn hoch, um ihn zurückzuwerfen. Da sprang Geirröd, um sich zu schirmen, hinter einen Eisenpfosten, der das Dach stützte. Aber Thor zielte und warf: der Bolzen durchschlug den Pfosten, durchbohrte Geirröd und fuhr durch die Wand tief in den Erdboden. So fiel Geirröd, getötet von der eigenen Waffe in der Faust des hammerlosen Thor. Und der Donnerer ward in Riesenheim gefürchteter denn je.

Utgard-Lokis Blendwerke

Immer, wenn Thor mit Riesen zusammenstieß, mußten sie es mit dem Leben bezahlen. Nur einmal geschah es, daß der Gott den kürzeren zog, wenn auch nicht durch die Stärke des Gegners, sondern durch seine List.

Nach Osten war Thor übers Meer gefahren, dann wanderte er zu Fuß hinein nach Riesenheim, begleitet von Loki und Thialfi, seinem schnellen Diener, der den Sack mit Mundvorrat trug. Denn Nahrung war hier nicht zu finden, finstrer Wald dehnte sich endlos, und sie wanderten vom Morgen bis zum Abend, ohne ein Dach oder einen Menschen zu treffen. Aber als die Nacht schon hereingebrochen war und es sie sehr nach einer Herberge verlangte, stießen sie auf ein großes Haus; die Tür stand offen, so breit wie der ganze Saal, in den sie hineinführte. Drinnen legten sie sich zur Ruhe nieder. Um Mitternacht begann der Boden zu erbeben, daß das Haus schwankte wie ein Schiff, und sie glaubten auch den Sturm schnauben zu hören. Da standen sie auf und tasteten sich im Dunkel weiter, bis sie den Eingang zu einer kleinen Nebenhöhle fanden. Dort setzte sich Thor, den Hammer in der Faust, auf die Schwelle, und die beiden andern verkrochen sich, da das Schnauben fortdauerte, in der äußersten Ecke.

Endlich brach der Morgen an, und Thor ging hinaus. Draußen im Walde sah er einen riesigen Kerl liegen, der schnarchte ungeheuer. Dem Donnerer stieg der Zorn auf: er wußte jetzt, was das in der Nacht für ein Schnauben gewesen war. Sofort legte er den

Kraftgürtel um und packte mit gewaltiger Faust den Hammer, aber da erwachte der Mann und erhob sich schnell in seiner ganzen Länge: zum ersten Male fehlte dem Gott der Mut, zuzuschlagen, und er fragte den Riesen nach seinem Namen. »Ich heiße Skrymir«, antwortete der, »und du bist doch wohl Asa-Thor? Hast du mir etwa meinen Handschuh fortgeschleppt?« Er bückte sich und hob den Handschuh auf, da fielen Loki und Thialfi heraus: das Haus, in dem sie Zuflucht gesucht hatten, war der Handschuh gewesen und die Nebenhöhle der Däumling. Als er dies sah, sagte Thor nicht nein, da der Riese ihm anbot, friedlich zusammen weiterzuwandern. Sie setzten sich zum Frühstück und aßen, der Riese aus seinem Sack und die Asen aus dem ihren. »Sind wir Genossen, so wollen wir künftig auch zusammen aus einem Sack essen«, meinte der Riese, und als Thor zustimmte, nahm er alles, was an Speise da war, steckte es in seinen Ranzen, den er zuschnürte und auf den Rücken warf, und schritt voraus.

Sie mußten sich große Mühe geben, seinen langen Schritten zu folgen; den ganzen Tag führte er sie weiter durch den Wald, und sie waren recht froh, als er am Abend unter einer großen Eiche haltmachte und sagte: »Hier wollen wir übernachten!« Er selbst wollte sich gleich hinlegen und schlafen, die andern könnten sich das Nachtessen zurechtmachen, sie hätten ja den Sack. Kaum hatte er sich hingelegt, so war er auch schon eingeschlummert. Unterdessen wollten die Asen die Riemen des Sacks lösen; aber so sehr sie sich mühten, sie bekamen keinen einzigen Knoten auf. Das verdroß Thor gewaltig, er ergriff zornig den Hammer mit beiden Händen, und indem er vorsichtig hinübertrat, schlug er Skrymir auf den Kopf. Davon erwachte der Riese und brummte schläfrig: »Mir ist wohl ein Blatt vom Baum auf den Kopf gefallen? Hat euch das Abendessen gut geschmeckt? Dann geht nur auch schlafen!« Thor antwortete, das wollten sie tun, und die drei legten sich mit leerem Magen ein Stückchen weiter hin unter eine andere Eiche. Aber es war ihnen nicht wohl zumute, und sie schliefen recht unruhig.

Um Mitternacht hörte Thor den Riesen wieder schnarchen, daß es durch den ganzen Wald brauste. Da trat er leise zu ihm hin und schlug ihn mit dem Hammer, rasch und fest, mitten auf den Schädel; er glaubte zu sehen, wie das Eisen tief eindrang. Abermals erwachte Skrymir, sah ihn an und fragte verdrießlich: »Was ist denn schon wieder los? Mir ist wohl da eine Eichel auf den Kopf gefallen? Und was willst du denn hier, Thor?« Verlegen stotterte Thor, er sei eben aufgewacht; aber es sei wohl erst Mitternacht, und sie könnten ruhig weiterschlafen. Damit ging er an seinen Platz zurück; aber er lag wach und lauschte auf die Atemzüge des Riesen – wenn Skrymir wieder einschliefe, wollte er so zuschlagen, daß er das Aufwachen vergäße.

Gegen Morgen endlich schien es ihm soweit zu sein, er stand auf, und mit einem Anlauf heranspringend, traf er den Schlafenden so mächtig auf die Schläfe, daß der Hammer bis an den Schaft versank. Aber siehe, Skrymir setzte sich auf, fuhr sich mit der Hand über das ganze Gesicht und sprach gähnend: »Die Vögel da oben schmeißen mich wohl mit Zweigen! Da wollen wir aufstehen, Thor, und uns auf die Socken machen. Wenn ihr dort geradeaus nach Osten geht, dann kommt ihr zur Burg Utgart; ihr werdet staunen, was ihr da für Kerle finden werdet, gegen die bin ich nur ein Krümel – und ich bin doch auch nicht gerade winzig, nicht wahr? Mit denen anzubinden ist keine Kleinigkeit, die lassen sich's nicht gefallen, wenn ihr große Sprüche macht. Wenn ich euch gut raten soll, dann kehrt lieber vorher um! Ich selbst habe noch woanders zu tun, ich muß nach Norden in die Berge!« Damit nahm er den Ranzen samt der ganzen Speise auf den Rücken und schlug sich seitwärts in den Wald; die Asen vergaßen ganz, ihm glückliche Reise zu wünschen.

Aber sie gingen doch weiter auf dem gewiesenen Weg, und am Mittag kamen sie an die Burg, die war so hoch, daß sie sich fast das Genick verrenken mußten, um bis zum Mauerrand hinaufzusehen. Die Toröffnung war mit einem Gitter verschlossen; Thor rüttelte vergeblich daran, es öffnete sich nicht, und sie mußten sich zwischen den Stäben hindurchquetschen, um in den Hof zu gelangen. Durch eine offene Tür traten sie in eine große Halle; auf den Seitenbänken saßen grimmige Kerle von ungeheurer Größe, und auf dem Hochsitz, gewaltiger als alle, der König Utgard-Loki. Als sie vor ihn traten, ließ er sie eine ganze Weile warten, ehe er sie auch nur ansah; dann zog er spöttisch die Lippe hoch, daß seine Hauer blitzten, und sagte: »Man soll doch nie glauben, was einem von draußen zugetragen wird! Dieser Knirps soll der große Thor sein? Nun, vielleicht steckt mehr in dir, als wonach du aussiehst! Hier könnt ihr alle drei herzeigen, was ihr könnt; bei uns gilt nur der etwas, der andere im Wettstreit besiegt. Wer will anfangen?«

Da meldete sich Loki, der sich bisher zuhinterst gehalten hatte: »Ich verstehe mich besonders gut aufs Essen und will's euch beweisen! Keiner in diesem Saal wird imstande sein, seine Speise so schnell zu verzehren wie ich!« »Das läßt sich hören«, entgegnete Utgard-Loki; »wir wollen es probieren! Komm du mal her, du da von der hintersten Bank, ja du, Logi!« Es trat einer vor von den Plätzen, wo die Geringsten zu sitzen pflegen, gehäuft voll von Fleisch. Von den entgegengesetzten Enden an begannen die beiden zu schlingen, in der Mitte trafen sie aufeinander; aber es fand sich, daß Loki nur das Fleisch verzehrt hatte, Logi aber auch die Knochen und den halben Trog dazu. Da waren alle der Meinung, daß Loki schlecht abgeschnitten habe.

Nun fragte Utgard-Loki: »Worauf versteht sich denn der junge Mensch da?« Thialfi erwiderte, er wolle wohl mit jedem hier im Saale um die Wette laufen. »Ausgezeichnet«, sagte Utgard-Loki; »du mußt fix auf den Beinen sein, wenn du dich dazu erbietest; sehen wir zu!« Er führte sie hinaus zu einer guten Rennbahn auf ebenem Felde und rief ein Bürschchen namens Hugi herbei, das sollte mit Thialfi um die Wette laufen. Im ersten Lauf war Thialfi noch nicht am Ende der Bahn, da kam ihm Hugi schon wieder entgegen; und Utgard-Loki rief: »Fest, Thialfi, schmier deine Knochen, sonst verlierst du, obwohl du der beste Läufer bist, der bisher zu uns kam!« Beim zweiten Lauf war Hugi einen ganzen Pfeilschuß voraus, und Utgard-Loki sagte: »Thialfi läuft gut, aber den

Vorsprung holt er nicht mehr auf!« Und in der Tat hatte Thialfi beim dritten Lauf noch nicht die Mitte der Bahn erreicht, da war Hugi schon am Ziele. Damit war auch dieser Wettstreit für die Asen verloren.

Jetzt wandte sich Utgard-Loki an Thor selbst: »Nun sind wir wirklich gespannt, womit du uns in Erstaunen setzen willst; von dir erzählen sich die Leute ja Wunderdinge!« »Am liebsten versuchte ich es mit dem Trinken«, antwortete Thor. »Schön«, sagte Utgard-Loki und hieß alle ihm wieder in den Saal folgen; »bringt das Horn her, aus dem unsere Leute den Strafschluck trinken müssen!« Der Schenke brachte das Horn, und Thor nahm es; es schien ihm zwar etwas lang zu sein, aber nicht übermäßigen Umfangs. »Die besten Zecher von uns leeren es in einem Zug, die mäßigeren in zweien; Schwächlinge, die drei Züge dazu brauchen, haben wir nicht unter uns«, bemerkte Utgard-Loki. Thor hatte schönen Durst, er setzte das Horn mit Hochgenuß an den Mund und sog so gewaltig, daß er meinte, damit müsse unbedingt der Rest getrunken sein. Aber als er nicht mehr schlucken konnte und absetzen mußte, fand er, da er hineinsah, daß kaum die Blume abgetrunken war. »Ganz gut geschluckt«, sagte Utgard-Loki, »aber lange nicht genug, um Staat damit zu machen! Du hast mich enttäuscht, Thor, aber ich hoffe, beim zweiten Male schaffst du die Kleinigkeit!« Sehr beschämt und ohne zu mucken setzte Thor wieder an, er tat einen entsetzlichen Zug, bis ihm der Atem ausging; trotzdem wollte sich die Spitze des Horns nicht heben, und als er aufhören mußte, schien es ihm, als habe es noch weniger abgenommen, als beim erstenmal. Utgard-Loki lachte: »Du sparst wohl deine Kräfte für den dritten Schluck? Wohl bekomm's! Aber dieser muß wirklich der größte sein, sonst schaffst du's nun und nimmermehr und bist elend durchgefallen!« Zornig hob Thor das Horn zum dritten Male; er trank, daß er vor Anstrengung blau im Gesicht wurde, und diesmal hatte sich die Flüssigkeit wirklich sichtbar verringert. Aber das war auch alles, und Thor gab unwirsch das Horn zurück; er hatte von diesem Wettstreit genug und wollte keinen Tropfen mehr.

»Du bist doch nicht der Kraftkerl, für den wir dich hielten«, sagte Utgard-Loki; »aber vielleicht liegt deine Stärke auf einem andern Gebiet: Dann könntest du die Scharte noch auswetzen!« »Bei den Asen würde mir keiner sagen, daß das schwache Tränke waren«, antwortete Thor; »aber was für ein Wettspiel habt ihr mir noch anzubieten?« Utgard-Loki erwiderte: »Unsere jungen Burschen machen sich gern einen Spaß damit, meine Katze vom Boden hochzuheben. Das ist weiter kein Kunststück, und ich würde mich nicht unterstehen, dem großen Thor eine so leichte Probe anzubieten, wenn ich nicht eben gesehen hätte, daß wir dich früher sehr überschätzt haben.« Da kam die Katze schon in den Saal gelaufen, sie war grau von Farbe und wirklich recht groß. Thor trat zu ihr hin, legte ihr eine Hand unter den Bauch und versuchte sie hochzuheben. Aber die Katze machte einen Buckel, der wölbte sich immer höher, je höher Thor die Hand emporzog. Endlich stemmte er die Hand mit aller Gewalt hoch, aber er erreichte nicht mehr, als daß sich ein Fuß der Katze vom Boden löste; weiter kam und kam Thor nicht, da gab er es auf. »Das hab' ich mir gleich gedacht«, spottete Utgard-Loki, »die Katze ist zu groß für den kleinen Thor, mit ihr werden nur Riesen fertig, wie hier welche sitzen!«

»Käme nur einer von ihnen her und ränge mit mir!« schrie Thor, nun in voller Wut; »so klein ich bin, ich will ihn lang auf die Erde werfen!« »Langsam, langsam«, antwortete Utgard-Loki und musterte die Riesen auf den Bänken; »die hätten allzu leichtes Spiel mit dir! Versuch es erst nur mal mit meiner Amme, die ist mit Männern deines Wuchses schon öfter fertig geworden!« Auf seinen Wink trat ein altes Weib in den Saal, es ging sofort auf Thor los, und er hatte alle Mühe, sich zu wehren. Mit aller Kraft gelang es ihm nicht, die Alte von der Stelle zu rücken, sie stand um so fester, je mehr er sich anstrengte. Jetzt aber ging sie ihm mit allen Regeln der Kunst zu Leibe und riß ihn mit einem starken Schwunge nieder, daß er auf ein Knie fiel. Da schied Utgard-Loki die beiden: »Genug damit! Auf einen Kampf mit den Männern wird Thor ja nun nicht mehr wild sein!« Inzwischen war es Nacht geworden. Der Riesenkönig wies den Gästen Sitze an der Tafel und später ein gutes Nachtlager an, sie hatten sich über seine Gastlichkeit nicht zu beklagen. Doch die Niederlage wurmte sie im tiefsten Herzen.

Des Morgens in der Frühe standen die drei auf und machten sich gleich reisefertig. Aber Utgard-Loki nötigte sie noch zum Frühstück, er ließ reichlich und vom Allerbesten auftragen, und als sie aufbrachen, begleitete er sie hinaus aus der Burg. Draußen nahm er Abschied und fragte Thor: »Nun, wie hat es dir bei mir gefallen? Hast du schon einmal einen mächtigeren Mann getroffen?« Thor antwortete: »Ich habe wenig Ruhm geerntet, das kann ich nicht leugnen, und ich ärgere mich wütend, daß ihr euch nun alle über mich lustig machen werdet!«

Da sprach Utgard-Loki: »Jetzt sollst du die Wahrheit hören, da ich dich glücklich aus der Burg habe – solange ich lebe, sollst du mir nicht wieder hereinkommen! Ich hätte dich bestimmt auch diesmal nicht eingelassen, hätte ich deine Kraft gekannt. Wahrhaftig, schlecht wäre es uns gegangen, wenn ich dir nicht die Sinne verblendet hätte Skrymir, dem ihr im Walde begegnetet, war ich selbst; du hast mich nicht wiedererkannt. Daß du den Ranzen nicht aufkriegtest, war kein Wunder: ich hatte ihn mit einem Zauberdraht verschnürt. Von deinen drei Hammerhieben hätte der schwächste genügt, um mich totzuschlagen – wenn er mich nur getroffen hätte! Aber da war ein Berg in der Nähe, den zog ich jedesmal, ohne daß du es merktest, rasch vor mich, wenn du zuschlugst – du mußt ihn haben liegen sehen, als wir vorbeigingen, er hat drei tiefe Täler: das sind die Spuren deines Hammers! Und die Wettkämpfe in meinem Saal waren lauter Gaukelspiele. Loki mußte im Essen unterliegen, denn der Logi, den ich gegen ihn stellte, war das Wildfeuer, seine Flamme fraß Speise und Trog zugleich. Thialfi lief wie der Wind, aber Hugi, der gegen ihn stritt, war mein Gedanke, der lief freilich noch schneller. Daß du das Horn nicht leeren konntest, wird dich nicht länger wundem, wenn du hörst, daß seine Spitze ins Meer tauchte – du sahst es bloß nicht; wenn du aber den Strand hinabkommst, wirst du sehen, wie sich das Wasser durch deinen Zug verringert hat: das wird fortan Ebbe heißen. Wir staunten alle, als du meine Katze hochzogst, und erschraken sehr, als du ihren Fuß von der Erde löstest: denn die Katze war die Midgardschlange, die die ganze Erde umklammert hält – du stemmtest sie so hoch, daß sie einen Fuß loslassen mußte und ihr gekrümmter Rücken fast den Himmel berührte! Deine größte Tat aber war der Kampf mit der, die du für meine Amme hieltest: denn sie war das Alter selbst. Keiner ward geboren und keiner wird geboren werden, den das Alter nicht endlich zu Boden wirft; aber dich zwang es nur auf ein Knie. Dies ist die Wahrheit – und nun wollen wir uns trennen und, soweit es nach mir geht, niemals wiedersehen! Komm nicht wieder, mich zu besuchen! Ich habe diesmal Ängste genug ausgestanden; von nun an will ich durch meine Künste die Burg so schützen, daß ihr gar nicht erst hineinkommt!«

Als Thor hörte, wie er genarrt worden war, ergrimmte er und riß den Hammer empor. Doch ehe er noch zuschlagen konnte, war Utgard-Loki schon verschwunden, und verschwunden war auch die ganze Burg. Wo sie eben noch gestanden hatte, dehnten sich Berge und Täler einsam und leer. So blieb Thor mit seinen Begleitern nichts übrig als heimzufahren. Er war sehr ärgerlich über das Abenteuer und ließ sich nicht gern daran erinnern.

Fahrt zu Hymir

Gute Freundschaft hielten die Asen mit dem Meerriesen Ögir. Sein Weib Ran war böse und tückisch; sie erregte Stürme, zertrümmerte Schiffe und fischte nach den Leichen der Ertrunkenen. Aber Ögir war friedlichen Sinns, er glättete das Meer und war Menschen und Göttern hold. Odin hatte ihn in Walhall gastlich bewirtet und war auch bei ihm schon eingekehrt. Einmal waren die Asen auf Jagd gezogen und hatten viel Wild erbeutet; sie hatten Lust auf Schmaus und Gelage und wollten sich insgesamt zu einem Fest bei Ögir einladen: denn er, sagten sie, besitze den größten Bierkessel. Als Bote wurde Thor zu ihm vorausgesandt, Ögir nahm ihn freundlich auf, aber die Bitte kam ihm für diesmal nicht gelegen, darum sagte er zu dem starken Asen: »Auch mein größter Kessel ist zu klein für euch alle; aber es gibt noch einen größeren, ihn besitzt der Riese Hymir. Wenn du mir den bringen könntest, so solltet ihr mir liebe Gäste sein!«

Das ließ sich Thor nicht zweimal sagen, denn ihm stand das Herz stets nach Abenteuern im Riesenreich. Als Fahrtgenossen wählte er sich Tyr, der mit Hymirs Sippe verwandt war und den Weg wohl wußte. Sie hatten eine weite Reise, denn sie mußten den nördlichen Eisstrom überqueren und dann noch weit nach Osten fahren, bis sie Hymirs Reich erreichten.

Dort kauerte am Eingang die Ahnfrau des Geschlechts, ein altes Ungeheuer mit neunhundert Köpfen; Tyr graute es ob dieser Verwandtschaft. Aber drinnen begrüßte sie eine schöne Frau, goldhaarig und mit lichten Augenbrauen, und dieser Base freute sich Tyr. Freundlich bot sie ihm den Willkommentrunk und sprach: »Liebe Blutsfreunde, ich will euch hinter den Kesseln verstecken, die dort hinten im Saale hängen, damit euch Hymir nicht sofort erblickt, wenn er nach Hause kommt; denn er ist grimmig und sieht Gäste nicht immer gern.«

Spätabends kam der Riese heim von der Jagd; mit dröhnenden Schritten trat er in den Saal, von Eis klirrend, der Bart umstarrte sein Kinn wie ein gefrorener Wald. »Freude mit dir, Hymir!« grüßte ihn die Frau; »Freunde sind zu uns gekommen: Tyr, unser Blutsfreund, den wir so lange nicht bei uns gesehen haben, und mit ihm zusammen der starke Thor.« Und sie fuhr leise fort, immer darauf bedacht, seine Wildheit zu besänftigen: »Die beiden sitzen hinten an der Giebelwand, von der Säule verborgen; denn sie sind bange vor dir.« Da sah der Riese nach ihnen hin, und seine Augen waren so scharf, daß vor ihrem Blick die Säule zersprang; der Querbalken brach, die Kessel stürzten herab, acht an der Zahl, und alle zerbarsten, nur einer, der größte, hartgehämmerte, kam heil auf den Boden. Die beiden Götter traten vor in den Saal; der graue Riese beäugte sie mißtrauisch, denn ihm ahnte nichts Gutes. Aber er gab Befehl, das Mahl zu rüsten; drei Stiere ließ er braten und auftragen, und zwei davon verzehrte Thor allein. Dem Riesen gefiel das wenig, und er brummte: »Nun werden wir uns morgen unsere Mahlzeit erjagen müssen!«

Beim Morgengrauen erhob er sich, um auf den Fischfang zu gehen, und Thor sprang vom Lager, um ihn zu begleiten. Der Riese schüttelte den Kopf: »Du wirst mir nicht viel helfen können beim Rudern, klein wie du bist, und frieren wirst du auch, denn ich fahre weit hinaus in die See.« »Fahr nur zu«, antwortete Thor mit unterdrücktem Zorn, »ich werde es gewiß nicht sein, der zuerst umkehren will! Aber was soll ich mir für einen Köder mitnehmen?« »Für dich habe ich keinen«, sagte Hymir unwirsch, »sieh selbst, wie du dir einen besorgst!« Da ging Thor hinaus auf die Weide, wo die Rinder des Riesen grasten, und sah unter ihnen einen pechschwarzen Stier stehen, den größten von allen; den packte er an den Hörnern und drehte ihm den Kopf ab. »Es wäre besser, du gingest müßig, deine Arbeit bringt mir wenig Nutzen«, murrte der Riese, als Thor mit dem Köder zum Strande kam. Er hatte inzwischen das Boot fertiggemacht, und sie ruderten zusammen hinaus, der Riese vorn am Bug, Thor hinten im Schöpfraum. Das Boot flog dahin, daß es den Riesen wunderte, und bald gebot er Halt: »Hier sind die Fischgründe, wo ich die Angel auszuwerfen pflege.« Aber Thor hielt nicht inne, sondern rief: »Bist du schon müde, Hymir?« Da schwieg der Riese und ruderte verdrossen weiter. Endlich aber sagte er: »Nun laß uns wirklich einhalten, jetzt wird das Fischen gefährlich, denn bald stoßen wir auf die Midgardschlange.« »Fahren wir noch ein Stückchen!« antwortete Thor, und ohne der schlechten Laune Hymirs zu achten, ruderte er noch eine mächtige Strecke.

Weit draußen zog er die Ruder ein, Hymir warf die Angel aus und hob zwei Walfische aus der Flut; Thor aber hatte das Stierhaupt an einem mächtigen Haken mit starker Schnur über Bord geworfen, und als die Schnur zuckte, begann er zu ziehen. Die Midgardschlange hatte den Köder geschnappt; als ihr der Haken in den Schlund drang, riß sie rückwärts, und der Ruck war so heftig, daß beide Fäuste Thors gegen die Bordwand prallten. Da kam der Asenzorn über ihn, er stemmte sich so gewaltig, daß die Planken sich bogen, und zog das Haupt der Schlange empor zum Bootsrand: wild drohten ihn ihre Augen an, und ihr Giftatem blies ihm entgegen; vom Zerren und Reißen schwankte das Schiff, daß das Wasser hereinschlug und der Riese in Angst geriet, sie würden kentern. Schon hob Thor den Hammer, um dem Wurm das Haupt zu zerschmettern: da schnitt Hymir rasch die Schnur durch, und das gleißende Haupt versank. Thor warf dem Untier noch den Hammer nach, daß das Meer hoch aufschäumte und die Luft donnernd widerhallte; aber es war zu spät. Voll Zorn, daß ihm der alte Feind entgangen war, schlug er den Riesen mit der Faust vor den Schädel, daß er über die Bank zurückflog und die Sohlen gen Himmel kehrte. Dann griff er wieder zu den Riemen; Hymir, dem übel zumute war, raffte sich auf, und sie ruderten stumm zurück.

Als sie anlegten, war dem Riesen der Mut wieder gewachsen, und er forderte Thor zu einer neuen Kraftprobe: »Wie wollen wir die Arbeit jetzt teilen? Willst du die Walfische nach Hause tragen oder das Boot festmachen?« Thor antwortete kein Wort; er packte das ganze Boot, ohne es erst auszuschöpfen, so wie es war, hob es samt Ruder, Gerät und Walfischen auf den Nacken und trug es zum Thursenhof in der Bergschlucht. Aber noch immer war der Trotz des Riesen nicht gebrochen. Sie saßen bei Mahl und Trunk, Hymir hatte vor sich einen herrlichen gläsernen Becher, den hielt er hoch und sagte: »Rudern kannst du, Thor, und auch sonst noch allerlei; aber so viel Kraft hast du nicht, daß du diesen Becher zerbrechen könntest!« Thor ergriff den Becher und schleuderte ihn gegen die Säule, er fuhr hindurch durch den Stein und kehrte heil in Hymirs Hand zurück. Nochmals und nochmals erprobte es Thor, immer zorniger wurde er, während der Riese lachte, wenn er den Becher wieder fing. Da flüsterte dem Gott die blonde Frau des Riesen ins Ohr: »Wirf ihn Hymir an den Kopf!« Mit aller Asenkraft, tief die Knie beugend, schmetterte Thor den Kelch gegen des Riesen Steinhaupt: es blieb heil, aber der Kelch zersprang klirrend.

Traurig und finster sah der Riese hinab auf die Scherben. »Mein teuerster Besitz ging mir verloren mit diesem Kelch; nie mehr werde ich ihn in den Händen halten und sagen: Schmeckst du prächtig, mein liebes Bier! Nun freut mich auch mein Braukessel nicht mehr; ihr wollt ihn haben – nehmt ihn euch denn, wenn ihr stark genug seid, ihn aus der Halle zu bewegen!« Vergebens versuchte Tyr zweimal, das mächtige Gefäß vom Platze zu rücken. Da stieg Thor hinab vom Hochsitz und ergriff den Kessel am Rand, er schwang ihn hoch und stülpte ihn sich über den Kopf, daß die Ringe rasselten. So schritten die beiden Asen aus dem Hause und Hofe und weiter ihres Wegs.

Nach einer Weile schaute Thor sich um und sah, daß Hymir hinter ihnen her eilte mit einer ganzen Heerschar von vielhäuptigen Feisund Höhlenungetümen. Da hob der Donnerer den Kessel vom Haupt und schwang den Hammer; den Hymir erschlug er und seine ganze Riesengefolgschaft. Dann wanderten die beiden Götter weiter, des Sieges und der Beute froh kamen sie zu Ögirs ragender Halle.

Dort vereinigten sich die Asen zu festlichem Mahl und Gelage. Der freundliche Meerriese hatte sein Bestes getan, um die Götter zu ehren. Herrlich war der Saal geschmückt, er strahlte in lichtem Glanz, der nicht von Kerzen kam, sondern von lauterem Gold; Speisen und Getränke schwebten von selbst auf den Tisch, die Diener hatten nichts zu tun, als sie den Gästen auszuteilen. Mitten im Saal aber stand der mächtige Kessel, gefüllt mit köstlichem Bier, genug und übergenug für alle. Die Asen tranken mit Lust und sprachen: »Alle Jahre um diese Zeit werden wir hinfort wieder hier trinken aus Hymirs Kessel, den Thor den Riesen entriß!«

Balders Tod

Schweres Unheil kündete sich an: Balder, den Edlen, quälten böse, todverheißende Träume. Als er sie den Asen erzählte, hielten sie Rat, wie sie die Drohung von seinem Haupte abwenden könnten. Da ging die mütterliche Frigga hin und nahm Eide von allen Wesen und Dingen, daß sie Balder verschonen wollten, und alle schwuren ihr zu: Feuer und Wasser, Eisen und Erz, Steine und Erde, Seuchen, vierfüßige Tiere, Vögel und Giftschlangen. Als das geschehen war, schien jede Gefahr gebannt. Freudig und aufrecht stand Balder, die Brust ungeschützt, das freie Haupt vom hellen Blondhaar umweht, auf dem Thingplatz, und die Asen vergnügten sich damit, Pfeile nach ihm zu schießen, mit Schwertern nach ihm zu schlagen, Steine auf ihn zu werfen: nichts vermochte ihn zu versehren, lachend fing er die Geschosse aus der Luft, und alle freuten sich ihres unverwundbaren Lieblings.

Nur Loki sah mit Neid und Haß auf das hohe Glück der Götter. In Gestalt eines alten Weibes kam er zu Frigga und sprach sie an: »Schön ist's zu sehn, wie die Asen mit Balder spielen. Aber vermag ihm wirklich gar nichts in der Welt zu schaden?« Frigga antwortete: »Nein, nichts wird ihm schaden, ich habe Eide empfangen von allen Wesen und Dingen.« Loki fragte weiter: »Haben wirklich alle ohne Ausnahme geschworen?« Lächelnd antwortete Frigga: »Im Westen Walhalls sah ich einen kleinen Mistelzweig, der war so jung und schwach, daß ich ihm den Eid nicht abnahm.«

Da ging Loki hinweg und brach den Mistelzweig ab. Er eilte mit ihm zum Thing zurück und sah abseits von allen den Hödur stehen: der nahm als einziger an dem Spiel nicht teil, denn er war blind. Loki trat, von den andern Göttern unbemerkt, hinter ihn und fragte: »Warum schießt du nicht auch einmal nach Balder?« Hödur antwortete: »Ich sehe ja nicht, wo er steht, und habe auch keine Waffe.« »Ich will dir helfen«, sprach Loki, »damit du wie die andern Asen Balder Ehre erweisen kannst. Schieße nach ihm mit dieser Gerte, ich will den Schuß lenken!« Da nahm Hödur den Mistelzweig und schoß, wie Loki lenkte, und während der Verräter rasch entschwand, durchbohrte der Zweig Balder, daß er tot zur Erde fiel. Nie wurde bei Göttern und Menschen ein unheilvollerer Schuß getan. Den Asen sanken die Hände, sie standen erstarrt vor Schreck, das Wort erstarb ihnen im Munde. Fassungslos blickten sie einander an und auf den unglücklichen Schützen, aber keiner legte Hand an ihn, so heilig war die Stätte. Vergebens versuchten sie zu sprechen, sie vermochten es nicht, denn zu gewaltsam entstürzten ihnen die Tränen. Keiner aber trug tiefer an dem Leid als Odin, denn keiner wußte so gut wie er, was die Götter mit Balder verloren hatten.

Als die Asen sich endlich gefaßt hatten, gingen sie miteinander zu Rate, und Frigga sagte: »Wer unter euch allen meine ganze Huld und Liebe gewinnen will, der reite hinab zur Hel und biete ihr Lösegeld, damit sie Balder freigibt und uns wiederschickt.« Es erbot sich der kühne Hermod, Odins Sohn, zu dem Ritt. Der Vater gab ihm seinen Hengst Sleipnir, Hermod schwang sich auf und sprengte davon. Die Asen aber rüsteten Balder ein Leichenbegängnis, wie es noch keinem je bereitet ward. Alle Götter waren zur Stelle, voran Odin und Frigga, begleitet von allen Walküren und Einheriern; Frey kam in seinem Wagen, vom goldborstigen Eber gezogen, Heimdall auf seinem goldmähnigen Hengst, Freia mit ihrem Katzengespann; aber es waren auch Zwerge da und selbst manche aus dem Geschlecht der Berg- und Reifriesen; denn alle waren Balder hold gewesen.

Sie trugen seine Leiche hinab zum Meer, um sie auf sein Schiff zu betten, das größte und schönste von allen. Als sie es aber vom Strand hinabstoßen wollten in die Flut, rührte es sich nicht vom Flecke. Da riefen sie die Riesin Hyrockin zu Hilfe. Sie kam angeritten auf einem Wolf, der mit Schlangen aufgezäumt war, und als sie absprang, mußten vier Berserker das ungebärdige Tier auf den Boden werfen, um es zu bändigen. Mit wildem Griff packte die Riesin den Bug des Schiffes, mit einem Ruck riß sie es vorwärts, daß das Feuer aus den Walzen stob und die Erde erbebte. So furchtbar war der Anblick ihrer Riesenkraft, daß Thor ergrimmte und den Hammer hob, um sie zu erschlagen; doch die Götter baten ihn, Frieden zu halten.

Nun schichteten sie einen Holzstoß auf dem Schiff und legten Balders Leiche darauf, und als des Toten Gattin, Nanna, das sah, zersprang ihr vor Leid das Herz. Sie betteten sie dem Gatten zur Seite, köstliche Kleinode wurden um die Toten gehäuft, Odin gab dem toten Sohn seinen Ring Draupnir mit, von dem jede neunte Nacht acht gleichschwere Ringe troffen, und auch Balders Hengst wurde herbeigeführt mit Sattel und Zaumzeug. Dann ward der Scheiterhaufen entzündet, und Thor weihte den lohenden Leichenbrand mit dem Hammer; dabei rannte ihm ein Zwerg vor die Füße, den stieß er mit der Fußspitze ins Feuer, daß er mitverbrannte. Lodernd schwamm das Schiff, das den toten Gott trug, ins Meer hinaus. Die trauernden Töchter Ögirs begleiteten es weit, sie weinten und warfen ihre feuchten Schleier himmelan.

Nun aber ist zu berichten von Hermods Ritt zur Hel. Neun Tage und Nächte ritt er durch tiefe finstere Täler, nichts rings um sich erkennend, bis er zu dem brausenden Fluß kam, über den eine goldleuchtende Brücke führte. Unter ihr wachte ein Riesenweib, das rief ihn an und fragte ihn nach Namen und Herkunft. »Fünfhundert tote Männer ritten gestern über die Brücke«, sagte sie, »aber sie dröhnte unter ihnen nicht so laut wie unter dir allein. Du trägst nicht die bleiche Farbe der Toten, warum reitest du dahin auf dem Höllenweg?« Er antwortete: »Ich reite zur Hel, Balder zu suchen. Hast du gesehen, wie er des Weges fuhr?« »Ja«, sagte sie, »hier ist er geritten, über die Brücke weg und nordwärts weiter zu dem Hause der Hel.« Weiter ritt Hermod und kam zum Höllentor. Hier stieg er vom Roß und zog den Sattelgurt fest, dann schwang er sich auf und setzte die Sporen ein: der Hengst flog hinweg über das hohe Gatter, ohne es mit dem Hufe zu streifen, Hermod ritt vorbei an dem Höllenhund, der ihn mit blutbefleckter Brust anheulte, bis hin zur Halle. Dort stieg er ab und ging hinein und sah seinen Bruder Balder auf dem Hochsitz, blaß und blutig, aber königlich geehrt: denn die Bänke waren mit goldenen Ringen bestreut, und der schimmernde Trank stand eingeschenkt unter dem Schild zu seinen Häupten.

Eine Nacht lang weilte Hermod bei dem toten Bruder. Am Morgen bat er Hel, daß sie Balder mit ihm heimreiten lasse, denn allzu tief sei die Trauer bei Göttern und Menschen und allen Wesen um seinen Tod. Darauf sagte Hel: »Ist es wirklich so, wie du behauptest, daß alle Balder so innig lieben und alle nach ihm weinen, dann möge er zurückkehren nach Asgard! Aber hier muß er bleiben, wenn nur ein einziges Wesen seine Wiederkehr nicht begehrt oder über sein Hinscheiden nicht weint.« Mit diesem Bescheid schied Hermod hinweg, Balder begleitete ihn bis ans Tor und gab ihm für seinen Vater Odin den Draupnir zum Gedenken wieder mit, Nanna schenkte ihm ein Tuch für Frigga und einen Ring für Fulla, Friggas Schmuckmaid.

Die Asen sandten Botschaft in alle Welt und baten alle Wesen, mit ihnen zusammen Balder aus der Hölle herauszuweinen. Da weinten alle, Menschen und Tiere, auf Erde, Steinen und Bäumen standen Tränen wie Tau, und vom Erz tropften sie, als wenn es schmölze. Beglückt über diese Trauer aller eilten die Boten zurück, da sahen sie unterwegs in einer Höhle ein altes Riesenweib sitzen, das nannte sich Thöck, und sie baten auch Thöck, mitzuweinen, damit Balder erlöst werde. Aber sie antwortete: »Aus Thöcks Augen tropft keine Träne um Balders Tod. Weder lebend noch tot hat mir der Sohn des Götteralten Gutes getan – mag Hel behalten, was sie hat!« So blieb Hels Forderung unerfüllt, und Balder durfte aus ihrem dunklen Reiche nicht zurückkehren ins Licht. Die aber die Götter für Thöck, die Riesin, hielten, das war abermals Loki in trügerischer Gestalt.

Noch wußten die Götter nicht, daß Loki der Übeltäter war, obwohl sie Verdacht auf ihn hatten, und so entging er fürs erste der Strafe. Aber an Hödur, der den tödlichen Schuß gegen Balder entsandt hatte, nahm Wali Rache. Ihn gebar die Riesin Rind dem Odin; einen Tag alt, ehe er noch die Haut mit Wasser genetzt oder das Haar gekämmt hatte, erschlug der Starke den blinden Mörder Balders. Loki aber sollte die Rache selbst auf sein Haupt herabziehen.

Lokis Bestrafung

Wieder einmal saßen die Asen festlich vereint in Ögirs Halle; nur Thor fehlte, denn er war noch nicht zurück von der Ostfahrt. Aber alle andern waren gekommen: Odin und Frigga und Thors Gattin Sif, Frey und Freia, Tyr, Heimdall und Widar, Njörd und Skadi, Bragi und Idun, und auch Loki war zur Stelle. Die Asen priesen den Gastgeber und lobten seine hurtigen Gehilfen, die so wohl ihres Amtes walteten. Das reizte Lokis Tücke, er suchte Händel mit einem der Diener und schlug ihn, daß er tot zur Erde fiel. Die Götter sprangen erzürnt auf, denn die Halle war eine hochheilige Friedensstätte, und Loki hatte sie frevlerisch entweiht. Sie griffen zu ihren Schilden, Loki fühlte sich nicht mehr sicher und entfloh zur Tür hinaus in den Wald. Eine Weile verfolgten ihn die Asen und riefen ihm Drohworte nach; aber er entkam und sie kehrten zu dem Gelage zurück, wiewohl ihre Freude gestört war.

Aber Loki kam vor Bosheit nicht zur Ruhe, und so wagte er es abermals. An der Tür warnte ihn Ögirs zweiter Diener: »Sie reden drin schlimm von dir!« Aber Loki stieß ihn zur Seite: »Schimpf und Schande will ich ihnen dafür schaffen und Gift in ihren Met gießen!« So trat er wiederum ein, und die Asen verstummten vor der Frechheit des Bösen. »Warum schweigt ihr still«, rief er ihnen zu, »ist euch die Sprache weggeblieben? Heißt mich entweder zu euch sitzen oder hinweggehen!« »Niemals wieder sollst du bei uns sitzen«, antwortete ihm Bragi; »die Asen wissen, wer zu ihnen gehört und wer nicht!« Da wandte sich Loki an Odin: »Hast du vergessen, Odin, daß wir in Urzeiten unser Blut mischten? Damals schwurst du, keinen Becher zu trinken, wenn er nicht auch mir geboten würde!«

»So stehe denn auf, Widar«, sagte darauf Odin, seines Eides gedenkend, »heiß Loki niedersitzen und reiche ihm den Trank!« Widar gehorchte, wennschon nicht gern, und Loki trank: »Heil allen Asen und Asinnen – allen, außer Bragi, der mir den Sitz verweigerte!« So begann Loki den Zank; denn als Bragi ihm antwortete, überschüttete er ihn mit Scheltworten, und immer, wenn ein Gott oder eine Göttin versuchte, den Streit zu schlichten, wandte er sich gegen den Schlichter. Da war kein Ase, den er nicht schmähte, keiner, den er nicht durch schändliche Vorwürfe kränkte und verhöhnte, während er sich zugleich prahlerisch der eigenen Missetaten rühmte. Ungerecht nannte er Odin, weil er die Helden veruneinige und die Besten töte; einen törichten Krüppel hieß er Tyr, weil er sich die Hand vom Wolf abbeißen ließ; von Njörd, Frey, Heimdall, von jedem wußte er eine häßliche Geschichte. Und ebensowenig verschonte er die Asinnen; er warf nicht nur der üppigen Freia ihre Liebesabenteuer vor, nein, er verleumdete auch die Tugend Iduns und selbst die der sanften Sif, als sie ihm mit gütlichem Friedenswort einen Eisbecher voll süßen Mets bot. Zügellos spie er Lästerung nach Lästerung aus, auf den Frieden pochend, den Odin ihm in der Halle gegeben hatte; er lachte nur, wenn ein Ase ihm drohte oder wenn die wilde Skadi gegen ihn auffuhr, als er sich rühmte, der erste gewesen zu sein unter denen, die ihren Vater töteten. Als aber Frigga ihn warnte und Balders des Reinen gedachte, ihres Sohns, der frei von jeglicher Schuld dem Bösen hätte entgegentreten können, da zieh sich Loki voll hämischer Freude selbst seines ärgsten Frevels: »Ich war es, der ihn tötete, und abermals ich, der seine Wiederkehr verhinderte!«

Da erbebte die Erde, donnernd rollte Thors Wagen heran, und der starkte Ase trat in den Saal, der von den Lästerungen Lokis widerhallte. Drohend erhob er den Hammer und rief: »Schweig, unreiner Wicht, sonst soll Mjölnir dir den Mund schließen!« Dreimal noch versuchte Loki Gegenreden, höhnisch rückte er dem Donnerer sein Abenteuer bei Utgard-Loki vor, da er ängstlich in dem Däumling des Handschuhs kauerte – aber da blitzten Thors Augen so wild, daß Loki nicht mehr länger bleiben wollte. »Allen Asen und Asinnen habe ich gesagt, was ich auf dem Herzen hatte – jetzt weiche ich von hier, denn ich zweifle nicht: du schlägst zu! Möge das Feuer die Halle und euch alle fressen!« Flink sprang er hinaus und warf knallend die Tür hinter sich zu; schnell wie der Wind entkam er.

Fern von Asgard verbarg er sich, dort wo der Franangerfluß in den Fjord fällt. In der Einsamkeit baute er sich auf dem Berg ein Haus mit vier Türen, so daß er nach allen Himmelsrichtungen Ausschau halten konnte. Des Tags verwandelte er sich oftmals in einen Lachs und spielte munter im Wasserfall umher. Abends pflegte er im Haus beim Feuer zu sitzen und aus Garnfäden ein Netz zu knüpfen – eine Kunst, die damals noch niemand kannte. Die Asen aber waren entschlossen, seine Frevel nicht länger zu dulden. Von seinem hohen Sitz aus spähte Odin durch alle Welt und erblickte Lokis Haus. Die Asen machten sich auf, den Bösen zu fangen. Loki sah sie kommen; er warf rasch das Netz ins Feuer, dann sprang er als Lachs in den Wasserfall. Als die Asen ins Haus drangen, fanden sie ihn nicht mehr; auf dem Herd in der Asche aber sahen sie die Reste des Netzes, und der kluge Heimdall erriet, daß das wohl ein Gerät zum Fischfang sei. Sogleich machten sich die Asen daran, selbst ein großes Netz zu knüpfen, und als sie es fertig hatten, gingen sie hinab zum Fluß und senkten es ins Wasser.

Die ganze Breite des Stroms sperrten sie, auf der einen Seite hielt Thor das Seil, auf der andern alle übrigen: so zogen sie das Netz vom Wasserfall zum Meere hin. Loki schwamm vor ihnen her, und um dem Netz zu entgehen, drückte er sich zwischen zwei Steine; da glitt es über ihn hinweg. Aber die Asen hatten gemerkt, daß da etwas Lebendiges lag; sie gingen wieder hinauf zum Fall und warfen das Netz zum zweitenmal, nachdem sie es stark mit Steinen beschwert hatten, damit es ganz dicht über den Grund streifte und nichts unter ihm durchschlüpfen könne. So wurde Loki stromabwärts getrieben; als er aber fürchten mußte, ins Meer gejagt zu werden, schnellte er sich aus dem Wasser zurück über den Rand des Netzes und schwamm wieder aufwärts in den Fall. Die Asen sahen es und zogen das Netz zum drittenmal; diesmal hatten sie sich geteilt, auf jedem Ufer ging und zog eine Schar, Thor aber watete dicht hinterm Netz mitten im Flußbett. Da geriet Loki in arge Bedrängnis; gleich gefährlich war es, sich ins Meer treiben zu lassen oder zurückzuspringen. In der Not entschied er sich für den Sprung; wie der Blitz schnellte er sich abermals über den Netzrand. Aber Thor hatte scharf aufgepaßt, er faßte ebenso rasch zu und packte den Fisch. Der suchte zu entschlüpfen, aber Thors Griff war fest, er drückte den Lachs über dem Schwanz zusammen; und darum ist der Lachs hinten so schmal. Nun gelang es Loki nicht mehr zu entkommen, er war ein Gefangener und durfte auf keine Gnade rechnen.

Die Asen schleppten den Übeltäter in eine Felshöhle. Sie stellten drei große Steinplatten hochkant und bohrten in jede ein Loch. Dann holten sie die beiden Söhne Lokis, die er von seinem Weibe Sigyn hatte, Wali und Narfi. Den Wali verwandelten sie in einen Wolf, der fiel sofort über seinen Bruder her und zerriß ihn. Aus dem Gedärm des Getöteten drehten sie eine Fessel und schnürten damit Loki auf die Felsplatten, daß die scharfen Kanten ihm in Genick, Kreuz und Kniekehlen schnitten; die Fessel aber wurde eisenfest.

Als er so gebunden lag, holte die wilde Skadi eine Giftschlange und hängte sie über dem Mörder ihres Vaters so auf, daß der ätzende Geifer aus ihrem Maul ihm ins Gesicht tropfte. Aber Sigyn, Lokis treues Weib, setzte sich neben den Gefesselten und fing mit einer Schüssel die Gifttropfen auf. Immer, wenn das Gefäß voll war, mußte sie es ausschütten; dann tropfte das Gift Loki ins Gesicht, und er wand sich in Zuckungen, daß die ganze Erde erbebte und die Menschen erschraken. So gefesselt sollte er liegen bis ans Ende der Tage.

Helgi und Sigrun

In der Nacht, da Borghild von Bralund dem König Sigmund den Helgi gebar, kamen die Nornen in die Burg; sie zogen im Mondlicht die goldenen Fäden nach allen Richtungen des Himmels, und inmitten lag Helgis Los: der kühnste aller Helden sollte er werden, der edelste aller Fürsten. Und von einem hohen Baum rief – die Mutter hörte es – ein hungriger Rabe dem andern zu: »Sigmunds Sohn wird die Brünne tragen, unser Tag bricht an! Die Augen des Knaben funkeln, Wölfe wird er füttern und uns Raben – drum laßt uns fröhlich sein!«

Das Volk wünschte sich Glück zum Königserben, der Vater freute sich seiner; er eilte vom Schlachtfeld zur Wiege und legte dem Sohn einen grünen Zweig aufs Kissen. Herrlich wie ein junger Baum wuchs Helgi auf. Aber als er noch ein Knabe war, wurde Sigmund im Kampf von König Hunding erschlagen, und als sein Vermächtnis fiel Helgi die Vaterrache zu. Vor dem Feinde verbarg ihn ein Getreuer Sigmunds, Hagal, in seinem Haus; aber es ließ Helgi dort nicht ruhen. Er begab sich auf Kundschaft an Hundings Hof und kehrte glücklich wieder heim. Doch Hunding hörte davon und ließ Helgi suchen. Seine Männer kamen zu Hagal; um ihnen zu entgehen, zog Helgi die Kleider einer Magd an und stellte sich an die Mühle. Vergebens durchsuchten die Männer das Haus; nur einer blieb erstaunt stehen, da er die scharfen Augen der Magd sah und die Kraft ihrer Arme, von der die Steine barsten und der Kasten zersprang: »Besser als die Mahlstange stünde so starker Hand wohl ein Schwertgriff!« Hagal antwortete rasch: »Eine Königstochter ist's, die sonst als Schildjungfrau ritt und Männer bezwang, ehe Helgi sie fing!«

So wurden Hundings Männer getäuscht. Aber Helgi ging auf und davon, mit Kriegsschiffen zog er in den Kampf. Er war noch ein Jüngling, da traf er König Hunding und erschlug den Mörder seines Vaters; davon erhielt er den Beinamen Hundingstöter. Nach der Schlacht ließ er die Schiffe Anker werfen und ging mit seinem Heer an Land; sie erjagten Wild und aßen in voller Rüstung das rohe Fleisch. Da zum ersten Male sah er Sigrun. Sie war König Högnis Tochter und eine Walküre, durch die Luft kam sie zu den Schiffen geritten und sprach ihn an: »Wer bist du, und wo ist deine Heimat?« Er verbarg ihr seinen Namen und nannte sich Hamal, sie aber fragte weiter: »Wo hast du gekämpft, daß deine Brünne mit Blut bespritzt ist und daß ihr gehelmten Hauptes rohes Fleisch eßt?« Und wieder sprach er, sie zu täuschen: »Wir haben Bären gejagt, und gekochte Kost ist selten am Meer.« Da sprach sie zu ihm: »Helgi bist du, im Rachekampf hast du König Hunding getötet – ich war nicht fern, als er dahinsank. Aber klug bist du, Sigmunds Sohn, daß du im Krieg deinen Namen hehlst.« »Wie willst du wissen, wer ich bin?« fragte Helgi dagegen; »viele tapfere Krieger gibt es, und einer ähnelt dem andern.« Aber Sigrun antwortete: »Ich habe dich gesehen vorn auf deinem Langschiff, auf dem blutigen Steven standest du, von eiskalten Wellen umsprüht. Nun willst du dich verbergen vor mir: aber die Walküre kennt ihren Mann!« Damit ritt sie von dannen.

Der Kampf tobte weiter zwischen Sigmunds und Hundings Geschlecht. Hundings Söhne forderten Buße für den erschlagenen Vater, und Helgi weigerte sie. Da zogen sie mit Heeresmacht gegen ihn, auf dem Logafeld stießen die Heere zusammen, den ganzen Tag raste die Schlacht, und Helgi erschlug vier Söhne Hundings. Indessen war Sigrun aufgebrochen, ihn zu suchen. Ihr Vater Högni hatte sie Hödbrodd, dem Sohne des mächtigen Königs Granmar, zum Weibe versprochen und in einer Königsversammlung verlobt. Nun sollte der Bräutigam sie in wenig Tagen heimholen, obwohl sie ihn höhnisch zurückgewiesen hatte. Sie aber ritt Helgi nach.

Kampfmüde saß der Held abends unterm Aarstein. Da brach ein Licht auf über dem Logafeld, im Wetterleuchten ritten Walküren einher, helmgeschmückt, die Brünnen blutbespritzt, Blitze zuckten aus ihren Speerspitzen, und Helgi erkannte unter ihnen Sigrun. Stürmisch trat sie zu ihm hin, zog seine Hand ans Herz und küßte ihn unterm Helm auf den Mund; da wußte er, daß er sie liebte. Und sie sprach: »Dem Hödbrodd wurde ich vor dem Heere verlobt, aber ich will einen andern zur Ehe! Nun fürchte ich den Zorn meiner Sippe, wenn ich dem Vater den Lieblingswunsch vereitle. Aber ich kann nicht wider mein Herz: du bist's, den ich haben muß!« Da antwortete Helgi: »Fürchte den Zorn deines Vaters und deiner Sippe nicht! Mit mir sollst du leben, alle die Deinen ersetze ich dir!«

Helgi sammelte ein mächtiges Heer und segelte mit vielen Schiffen über die See. Ein Unwetter fuhr über sie hin, aber sie erreichten die schützende Bucht. Darüber auf dem Berge saßen die Söhne Granmars, sie sahen die Flotte ans Land rauschen; einer der Mannen sprang aufs Pferd und ritt hinab, eben als die Fremden die Segel fallen ließen. Er rief hinüber zum Schiff: »Wer ist der Fürst, der dieses gewaltige Heer an unsern Strand führt?« Da setzte Helgis Sundwart den goldgerandeten blutroten Kriegsschild auf die Rahe und schrie höhnend zurück: »Sag's deinem Herrn, wenn du abends die Schweine fütterst: Helgi kam, um Hödbrodd zu treffen! Oft hat er Adler mit Feindesfleisch gefüttert, während du im Stall die Mägde küßtest!« Zornig erwiderte der Beschimpfte: »Schäm dich, Edle zu schmähen, verrufener Wolfssohn!« Hinüber und herüber flogen die Scheltworte, alle bösen Namen gaben die beiden einander, und die Krieger auf den Schiffen lachten dazu. Aber Helgi gebot Schweigen: »Besser wird es euch beiden ziemen zu fechten, statt zu schimpfen! Ich kenne Granmars Söhne als starke Streiter; geh hin und bringe ihnen die Kriegsbotschaft: sie sollen uns am Wolfsstein treffen!«

Eilends ritt der Bote zurück, und die Granmarssöhne riefen ihr Heer zusammen; sie sandten Boten an die verbündeten Fürsten, und mit vielen andern stieß auch König Högni zu ihnen mit seinen Söhnen Bragi und Dag. Wie vom Sturmwind getrieben prallten die Heere zusammen, den Seinen voran kämpfte Helgi. Alle Söhne Granmars wurden erschlagen, alle Fürsten ihres Heers fielen, auch

Högni und Bragi, Sigruns Vater und Bruder. Nur Dag, der jüngere Bruder, blieb am Leben; er mußte Helgi den Treueid schwören und erhielt Frieden.

Abends ging Sigrun über die Walstatt. Sie fand Hödbrodd auf den Tod verwundet und sprach zu ihm: »Sigrun wird nicht in deinen Armen ruhen, König Hödbrodd – über die Granmarssöhne kamen die Wölfe!« Dann schritt sie weiter und traf Helgi, sie lachte auf vor Glück, als sie ihn lebend sah. Aber Helgi sprach: »Nicht alles, Geliebte, ging nach Wunsch, die Nornen bestimmten es anders: in der Frühe fielen am Wolfsstein Högni und Bragi – ich war's, der sie tötete! Viele deiner Verwandten sanken dahin, sie waren stark und tapfer: einen sah ich, dessen Rumpf hieb noch um sich, als sein Haupt schon gefallen war. Es war dein Los und nicht deine Schuld, daß du Fehde unter den Fürsten stiftetest. Weine nicht, Sigrun! Mir brachtest du Schlachtenglück, und das Schicksal kann niemand wenden.« Da sagte Sigrun: »Zum Leben wecken möchte ich, die hier tot liegen – wenn ich dich nur weiter halten dürfte in meinen Armen.«

Sigrun wurde Helgis Weib und gebar ihm kraftvolle Söhne. Aber dem König war früher Tod bestimmt. Sigruns Bruder Dag, dem Helgi das Leben geschenkt hatte, vergaß seines Treueids und opferte Odin für Vaterrache. Der Gott lieh ihm seinen Speer, und mit der unwiderstehlichen Waffe durchbohrte Dag die Brust Helgis, als er ihm im Walde begegnete. Der Mörder selbst brachte die Kunde zu Sigrun. »Trauernd komme ich zu dir, Schwester, um dir Trauriges zu verkünden! Nicht mein Wille war's, sondern heiliger Zwang, daß ich Helgi, den hehrsten Fürsten, tötete.« Da fluchte ihm Sigrun mit den fürchterlichsten Verwünschungen: »So sollen dich alle die Eide schneiden, die du Helgi auf Leben und Tod schwurst! Das Schiff unter dir fahre nicht, und blähte dir auch günstiger Wind das Segel! Das Roß unter dir renne nicht, und seien dir auch die Feinde dicht auf den Fersen! Dein Schwert schneide nicht, es sause denn um dein eigenes Haupt! Rache genug hätt ich für Helgi erst, wenn du wärst wie der Wolf im Walde, freudlos, friedlos, hungernd oder berstend von Aas!«

Entsetzt wehrte ihr Dag: »Schwester, bist du wahnsinnig, daß du den eigenen Bruder so verfluchst! Odins Satzung gebot mir, den Vater zu rächen. Ich biete dir goldene Ringe als Sühne, das halbe Reich dazu für dich und deine Söhne!« Aber Sigrun achtete seiner nicht, sie klagte um den Helden: »Nie mehr wird mich das Leben freuen, wenn mein Fürst nicht zurückkehrt, strahlend unter seiner Schar, auf goldgezäumtem Roß! So rannten die Feinde vor Helgi in Angst wie die Geißen vor dem Wolf, so ragte er über alle Helden wie die edle Esche über die Dornen, oder wie hoch über alles Wild der Hirsch im Morgentau das Geweih hebt, daß die Enden auf zum Himmel glänzen!«

Ein Grabhügel wurde für Helgi getürmt, und alle Nächte hindurch weinte Sigrun um ihn, der in Walhall eingezogen war als Odins Genosse. Aber eines Abends ging Sigruns Magd zu dem Male; siehe, da kam Helgi durch die Luft geritten mit großem Gefolge, dem Hügel zu. Zweifelnd fragte sie: »Ist's Trug der Sinne, was ich zu sehen glaube, oder brach das Weltende herein, daß Tote reiten? Oder ist den Helden Heimfahrt gegönnt?« Da redete Helgi zu ihr, während er in den Hügel hineinritt, der sich weit auftat, und die Magd rannte mit seiner Botschaft zu Sigrun: »Geh schnell, wenn du den Fürsten treffen willst! Der Hügel steht offen, Helgi ist gekommen, seine Speerwunde tropft: er bittet dich, ihm das rieselnde Blut zu stillen!«

Eilend lief Sigrun zum Hügel und umarmte Helgi stürmisch: »So froh bin ich, dich wiederzufinden, wie Odins Habichte, wenn sie warmes Blut wittern oder tautriefend den Tag dämmern sehen! Küssen will ich dich, mein toter König, noch ehe du die blutige Brünne abwirfst! Aber auf deinem Haar liegt Reif, Helgi, du triefst von kaltem Tau, deine Hände sind wie Eis: was soll ich tun, mein Held, um dir zu helfen?«

Helgi antwortete: »Du bist schuld, Sigrun, daß ich von kaltem Tau triefe: du Schöne, Helle, weinst wilde Tränen alle Abende, wenn du schlafen gehst. Jede eine fällt mir blutig auf die Brust, eiskalt und bleischwer.« Da bot sie ihm einen Becher, er nahm ihn und sprach:

»Ja, wir sollen den köstlichen Trank trinken, verlor ich auch Land und Leben! Niemand stimme ein Sterbelied an, sieht er auch meine Brust durchbohrt! Als meine Braut kommst du in den Hügel, Königstochter, zu mir, dem Toten!«

Sigrun bereitete das Bett im Hügel. »Sorglos sollst du schlafen, mein Fürst, dir im Arm will ich liegen, wie ich dem lebenden König lag.« Und Helgi antwortete: »Nun kann uns nichts mehr unmöglich dünken, holde Frau, da du, warmes Leben, mir Entseeltem im Arme schläfst!«

Beim Morgendämmern erhob sich Helgi und sprach zu Sigrun: »Nun ist's Zeit, schon rötet sich der Himmel, ich muß den luftigen Weg hinaufreiten und westlich der Himmelsbrücke sein, ehe der Hahn im Saal die Helden weckt!« Er schwang sich aufs Roß und ritt mit seinem Gefolge davon; Sigrun aber kehrte ins Haus zurück.

Des andern Abends schickte sie die Magd zum Hügel, um Wache zu halten, und als die Sonne sank, ging sie selbst hinüber. Aber sie warteten vergebens, und endlich sprach Sigrun: »Jetzt wäre Helgi gekommen, wenn er kommen könnte! Keine Hoffnung ist mehr auf seine Rückkehr; denn schon schlafen die Adler auf den Eschenzweigen, und die Menschen treiben ins Traumland.« Der Magd grauste es, sie trieb die Herrin, heimzugehen. Nie mehr kam Helgi zum Hügel geritten, und Sigrun starb bald darauf vor Trauer und Leid.

Aber die Menschen glauben, Helgi und Sigrun seien wiedergeboren worden, weil so große Liebe nicht sterben könne.

Rolf Kraki und seine Mannen

Hell durch alle Zeiten strahlt das Gedächtnis König Rolfs. Mögen andere ihn durch Tatenruhm übertreffen – keiner wurde von seinen Mannen so geliebt wie er. Er war ihnen ein milder Herr, freigebig streute seine Hand Gaben aus, und niemals hatte es einer nötig, ihn zweimal zu bitten. Seinem gütigen Herzen und seiner offenen Hand verdankte er Dänemarks Thron. Denn er galt, da er dem blutschänderischen Bund König Helgis mit seiner Tochter Yrsa entsprossen war, nicht als vollbürtig, und so ward nach dem Tode ihrer Väter der Sohn Rodgars, Rörik, König, während Rolf auf Wikingfahrt ging. Rörik war unkriegerisch und geizig, ungleich den Vätern des Schildungengeschlechts, deren Tugenden – Tapferkeit und Freigebigkeit – in dem hochherzigen Rolf verdoppelt glänzten. Aber was Rörik an Gold sparte, verlor er an Männern. Seine Gefolgsleute verließen ihn und gingen zu Rolf; an seiner Seite stritten sie gegen Rörik, der Krone und Leben verlor. Nun saß Rolf auf dem Königsstuhl in Leidra, und die tapfersten Helden strömten ihm zu. Zunächst dem Hochsitz saßen seine zwölf Berserker, und die obersten Plätze auf ihrer Bank hielten Bjarki und Hjalti, die Bärenstarken.

Bjarki war schon ein bewährter Held, als er sich zu König Rolf aufmachte; nur ihm, dem edelsten Könige, wollte er dienen. Als er in die Halle trat, weilten nur wenige Männer darin, denn die Berserker waren auf einer Kriegsfahrt abwesend. In der Ecke fand er einen zitternden Menschen, der sich hinter einem Berg abgenagten Gebeins verbarg und ihm klagte, daß die Mannen allabendlich mit Knochen nach ihm würfen. Bjarki zog ihn hervor, wusch ihn und setzte ihn neben sich. Da begannen die Mannen nach ihnen beiden zu werfen, und Bjarki duldete es eine Weile schweigend; als aber ein ganz großes Schenkelbein geflogen kam, fing er es in der Luft und schleuderte es auf den Werfer zurück, daß der mit gespaltetem Haupt tot zu Boden sank. Jetzt trat Rolf in den Saal und forderte Rechenschaft; da er fand, daß der Getötete selbst schuld war, tadelte er seine Mannen hart wegen ihres Übermuts, Bjarki aber legte er als Buße auf, die Stelle des Getöteten einzunehmen. Das tat Bjarki gern, bat aber, Hött – so hieß sein Schützling – neben sich setzen zu dürfen. »Mit ihm werde ich nicht viel Ehre einlegen«, antwortete Rolf, »aber das Essen will ich an ihm nicht sparen.« So durfte Hött bleiben unter Bjarkis Schutz.

Um die Julzeit aber kam allnächtlich ein riesiger Gespensterbär ins Land und trieb sein Wesen um die Halle; er galt als unüberwindlich, und der König wollte seine Mannen nicht verlieren; darum hatte er ihnen verboten, zur Nachtzeit vor die Tür des Saales zu gehen. Bjarki achtete des Verbots nicht, er ging hinaus und zwang den zitternden Hött, mitzukommen. Nur mit dem Schwert bewaffnet trat er dem Ungeheuer entgegen und erschlug es; dann mußte Hött, obwohl er sich sträubte, von dem Blut des Tiers trinken und ein Stück von seinem Herzen essen: dadurch gewann er starke Kraft und und wilden Mut.

Am nächsten Tag kamen die Berserker zurück, eisengrau und furchtbar traten sie in den Saal und musterten die Mannen, die während ihrer Abwesenheit neu zum Hofe gekommen waren. Ihr Anführer stand still vor Bjarki, denn der schien ihm ein erlesener Kämpe, und fragte ihn nach Berserkerart herausfordernd: »Glaubst du, daß du so tapfer bist wie ich?« »Du sollst sofort spüren, ob ich vor dir bange bin!« rief Bjarki, packte ihn in seiner vollen Rüstung, hob ihn hoch und schmetterte ihn auf den Boden, daß er mit gebrochenem Bein liegenblieb. Dasselbe Spiel trieb sein Genosse mit dem zweiten Berserker. Da entstand ein wildes Getümmel in der Halle, und der König sprang herab vom Hochsitz, den Streit zu schlichten. »Nun saht ihr«, sprach er zu den Berserkern, »daß dem Starken immer ein Stärkerer lebt! Verbot ich euch nicht, Streit anzufangen in der Halle? Seid wild gegen meine Feinde, aber nicht gegen meine Freunde!« Mit gerechtem Tadel und gütigem Zuspruch kühlte er die erhitzten Köpfe, und die Mannen im Saal riefen seinen Worten Beifall, so daß Versöhnung und Friede ward. Rolf aber führte Bjarki an den ersten Platz zu seiner Rechten, und neben ihn setzte er den Genossen, der ferner nicht mehr Hött hieß, sondern Hjalti der Hochgesinnte. Beide standen bei Rolf in höchsten Ehren, ja, dem Bjarki, der von fürstlichem Geschlecht war, gab er später seine Schwester Rut zur Frau. So gewann sich Rolf zwei starke Helden, die ihm treu waren bis in den Tod.

Und einen dritten band er durch seine Güte so fest an sich, daß die Treue dauerte noch über den Tod hinaus. Eines Tages kam ein kecker Bauernjunge in den Saal, der hieß Wögg. Vor den König tretend, schaute er ihn neugierig und aufmerksam an, und in seinem Gesicht stand Enttäuschung, denn er hatte wohl einen Riesen zu finden gedacht, während Rolf nur mittleren Wuchses und schmächtig von Gestalt war. »Nun, was hast du auf dem Herzen, Junge, daß du mich so anstarrst?« fragte der König, und Wögg antwortete: »Zu Hause hörte ich sagen, König Rolf sei der größte Mann in den Nordlanden – und nun sitzt hier im Hochsitz eine kleine Kracke und heißt König.« Rolf lachte und sprach: »Du gabst mir einen schönen Namen, den will ich behalten! Fortan werde ich mich Rolf Kraki nennen. Aber wer den Namen gibt, muß auch ein Geschenk geben. Was schenkst du mir?« »Ich habe nichts«, antwortete der Knabe. Da sprach der König: »So soll der schenken, der etwas hat!« – streifte einen Goldring vom Arm und reichte ihn dem Knaben. Der steckte den Ring an und hob den geschmückten rechten Arm hoch empor, den andern aber hielt er auf den Rücken. »Was willst du damit sagen, daß du den linken Arm verbirgst?« fragte der König, und Wögg antwortete: »Er schämt sich vor dem andern, weil er so nackt ist!« Rolf lachte zum zweitenmal und gab ihm noch einen zweiten Ring, damit sich auch der linke Arm sehen lassen könne. Da rief Wögg: »Heil dir vor allen Königen für deine Gabe!« Er stellte den Fuß auf die Bank, wie bei Gelübden ähnlich, und sprach feierlich:

»Hier leiste ich dir den Eid: Den Mann, der dich einst tötet, werde ich mit meiner Hand erschlagen!« Zum dritten Male lachte der König und sprach: »Kleines Geschenk macht große Freundschaft.« Und das ist seitdem zum Sprichwort geworden.

Durch die Treue seiner Mannen erlangte König Rolf großen Ruhm. Sie scheuten weder Eisen noch Feuer und machten ihren Herrn so gefürchtet, daß endlich niemand mehr ihn anzugreifen wagte. So folgten nach vielen Heerzügen und Kämpfen Jahre des Friedens, bis der Tag kam, an dem die Mannen ihrem König die letzte und größte Treue zeigen konnten. Rolf hatte eine Halbschwester, die zauberkundige Skuld; sein Vater Helgi hatte sie, nachdem er von Yrsa getrennt worden war, mit einer schönen Albenfrau gezeugt, und Rolf hatte sie vermählt mit König Herward von Schonen, der ihm zinspflichtig war. Skuld war wilden, hochfahrenden Sinns, sie ertrug es nicht, daß ihr Gatte einem andern Untertan sein sollte, und reizte ihn unaufhörlich gegen ihren Bruder auf. Herward scheute die Macht Rolfs und sprach: »Wir sind nicht stark genug, gegen ihn den Schild zu erheben.« Aber Skuld entgegnete: »Höre meinen Plan! Du sollst meinen Bruder bitten, daß er dir drei Jahre lang den Zins stundet, und ihm versprechen, dann alles auf einmal zu bezahlen. Bis dahin werden wir Zeit und Gold genug haben, ein Heer von starken Kämpfern zu werben.« Das schien ihrem Manne gut. Da Rolf hochherzig die Bitte gewährte, rüsteten Herward und Skuld in aller Heimlichkeit eine gewaltige Macht.

Nach drei Jahren segelten sie mit einer großen Flotte nach Leidra, und Rolf freute sich, da er sie kommen sah, des reichen Tributs, den sie zu bringen schienen, denn die Schiffe lagen schwer beladen tief im Wasser; aber im Inneren waren zahllose eisengewaffnete Kämpfer verborgen. In Leidra herrschte Jubel und Trubel, denn es war Julfest; da ward tüchtig getrunken. König Rolf war nur darauf bedacht, seine Getreuen mit schönen Waffen und Ringen zu beschenken, und achtete auf nichts weiter. So konnten, als er und seine Mannen sich im Schlafsaal gebettet hatten, Herward und Skuld ihr Heer unbemerkt an Land setzen.

Im Morgengrauen kehrte Hjalti, der seine Geliebte besucht hatte, in die Burg zurück; da sah er ringsum alles in Bewegung; Krieger ordneten sich und steckten Fahnen auf: Kampf stand bevor. Er lief in die Halle und rief: »Der Hahn krähte, ein harter Tag beginnt uns zu dämmern – wach auf, König! Wach auf, Bjarki! Auf, ihr Freunde! Greift zu den Schwertern, nehmt den Schild zur Hand! Heute müssen wir sterben oder die Treulosen töten!« Der König und die Krieger sprangen, da Hjaltis Stimme durch den Saal dröhnte, von den Lagern und waffneten sich rasch. Auch Bjarka hörte den Ruf, aber ihn banden Schlafrunen, die Skuld gegen ihn geworfen hatte. Halb wach wälzte er sich und rief seinen Diener; er wähnte, Gäste seien gekommen, und gebot murmelnd, Feuer anzufachen – dann sank er in den zauberischen Schlaf zurück. Ohne ihn stürmten Rolf und seine Mannen vor die Burg gegen die heranschreitenden Feinde.

Nun klangen die Schwerter gegen Schilde und Brünnen, über allen Schlachtlärm hinweg hörte man Rolfs Schwert, das laut sang, wenn es einem Feind bis auf die Knochen schnitt. Aber die Übermacht der Feinde bedrängte sie hart, Brünnen zerkrachten, und Schwerter zerbrachen, dem König war der Schild von einem Kampfbeil zerklafft. Zum zweitenmal schrie Hjalti nach Bjarki, aber er hörte es nicht, so tief umfing ihn der Zauberschlaf. Da fiel König Rolf, ein Lächeln auf dem Munde, und Hjalti rief: »Keiner soll leben nach des Königs Tode!« Mit kühnen Worten feuerte er die Gefährten an, zwischen die Schwertschläge hinein sang er seines Königs Ruhm. Aber die Feinde drückten immer härter gegen sie, um sie in die Burg zurückzuwerfen und darin zu verbrennen.

Da schrie Hjalti zum dritten Male nach Bjarki, und nun wich der Schlaf von dem Helden, er fuhr empor und hörte, wie Hjalti ihn schalt. »Schilt mich nicht«, rief er, »ich komme! Heut will ich Rolf lohnen, was er für mich tat!« Ohne Panzer und Schild, das breite Schwert in der Faust schwingend, fuhr er unter die Feinde und wütete unter ihnen wie ein wilder Bär, einer nach dem andern sank vor ihm in den Tod, aber ringsum fielen auch die Mannen Rolfs. Bjarki sah sich allein stehen inmitten der Leichen, die er gehäuft hatte, und rief: »Hjalti, lebst du noch?« »Noch stehe ich fest!« rief der Freund zurück. So hörten sie einer vom andern, daß er noch lebte, denn sehen konnten sie sich nicht vor den Leichenhügeln. Langsam mähten sie sich den Weg zueinander, Hiebe fielen wie Hagel auf sie, sie bluteten aus vielen Wunden.

Endlich standen sie doch beieinander, dicht bei dem toten König, und rings um sie wichen die Feinde zurück. »Heut abend sind wir in Walhall!« rief Hjalti dem Gefährten zu, »jetzt sühntest du endlich dein Säumen!« »Nun schilt mich nicht mehr«, erwiderte Bjarki, »durch meine Brust schnitt ein Feindesschwert wie durch Wasser!« Und er rief seine Gattin Rut, die kam aus der Burg gegangen zu den sterbenden Helden. »Sahst du Odin?« fragte er sie; »ich gewahrte wohl, daß er gegen uns war.« Rut kniete neben ihn und sprach: »Hebe deinen Blick, zeichne dein Auge mit der Siegrune und sieh mir durch den gebogenen Arm, dann wirst du Walvater sehen!« Bjarki tat's und erblickte Odin auf bäumendem Roß mit glänzendem Schilde. Da rief er in wildem Grimme: »Könnte ich ihn pakken, den bösen, treulosen Gott, Schande sollte er haben von dieser Schlacht, mit meinen Händen wollte ich den Heimtückischen erwürgen!« Brechenden Auges sahen die Helden die Adler und Raben herbeifliegen, die Beute suchten auf dem Leichenfeld. Dann sanken sie nieder, Bjarki König Rolf zu Häupten und Hjalti ihm zu Füßen; so lohnten sie ihm seine Liebe.

Nach dem Fall der Helden feierte Herward ein großes Fest. Er aß und trank mit großem Behagen und rühmte sich seines Sieges. »Aber eins muß ich doch bewundern«, sprach er, »daß aus der ganzen Gefolgschaft Rolfs nicht ein einziger floh oder sich ergab, sondern daß alle fielen; sie haben ihrem Herrn wahrhaftig in Treue gedient. Wäre nur einer noch am Leben, ich sähe ihn gern unter meinen Mannen.« »Einen haben wir«, sprachen da seine Leute, und sie führten Wögg herbei. Er war der einzige Überlebende, denn er war, verwundet, von vielen zugleich zu Boden gerissen und überwältigt worden. Herward freute sich des Mannes, der kühn und unerschrocken vor ihm stand, und fragte ihn: »Willst du in meine Dienste treten?« Darauf antwortete Wögg: »Ja.« »So schwöre mir Treue!« sprach Herward und reichte ihm über den Tisch hin sein bloßes Schwert, daß er den Eid darauf leiste. Aber Wögg sagte: »Anders war Rolfs Brauch als der deine, König! Er bot uns nicht die Spitze des Schwerts zum Schwur, sondern den Griff!« Da wollte es Herward Rolf gleichtun, faßte sein Schwert an der Spitze und hielt Wögg den Griff hin: den packte Wögg mit starker Faust und stieß das Schwert durch die Brust des Königs. So erfüllte er das Gelübde, das er als Knabe abgelegt hatte. Den heranstürzenden Mannen Herwards bot er lachend die Brust, und als er unter ihren Streichen sank, rief er frohlockend: »So wohl tat meinem Herzen Herwards Tod, daß ich den eigenen Tod nicht mehr spüre!«

Alf und Alfhild

Alf, des Dänenkönigs Sigar Sohn, war ein Wiking, ausgezeichnet durch Mut, Klugheit und Schönheit; sein Haar war so licht, daß es wie Silber glänzte. Er freite mit andern um Alfhild, die Tochter des Gotenkönigs Sigward, die kein Mann ansehen konnte, ohne von ihrer Schönheit in Liebe zu entbrennen. Sie jedoch wollte keinen Mann, darum verhüllte sie beständig ihr Gesicht; und um vor den Freiern ganz sicher zu sein, hielt sie sich in ihrem Gemach verschlossen, das zwei große giftige Schlangen hüteten. Sie schreckten alle Bewerber, nur Alf nicht. Um die bösen Tiere zu sinnloser Wut zu reizen, warf er ein blutiges Fell um sich; und als er ins Haus trat, stürzten sie sich in rasender Blindheit auf ihn: da stieß er der einen Schlange einen glühenden Stahl, den er mit der Zange gepackt hielt, in den Rachen und tötete die andere mit dem Speer. Als er nun die Hand der Tochter forderte, antwortete der Vater: »Ich schlage sie dir nicht ab, aber vor allen Dingen muß sie selbst ja sagen.« Das aber wollte Alfhild nicht; denn obzwar sie Alf wegen der bewiesenen Tapferkeit lobte, konnte sie doch ihre Schamhaftigkeit nicht überwinden.

So zog Alf wieder davon. Aber Alfhild vertauschte das Frauengewand mit der Brünne und ging selbst auf Heerfahrt wie ein wilder Wiking, zusammen mit einigen andern gleichgesinnten Jungfrauen. Sie trafen zufällig eine Schar von Wikingern, denen der Führer erschlagen worden war, und den Männern gefiel die schlanke, wilde Jungfrau so, daß sie sie zu ihrem Haupte wählten. Manche kühne Tat vollbrachte sie auf dem Meere.

Alf heerte zu gleicher Zeit an vielen Küsten bis hinauf nach Finnland; dort sah er, als er in eine schmale Bucht einfuhr, Schiffe liegen; das war die Flotte Alfhilds. Die Jungfrau zögerte, als unbekannte Kriegsschiffe nahten, nicht mit dem Angriff, sondern stürzte mit schnellem Ruderschlag wie ein Raubvogel auf sie, und bald kamen die Flotten aneinander. Die Dänen wunderten sich über die schlanke Gestalt des feindlichen Führers, voller Kampfbegier drängte Alf seinem Schiffe zu, legte sich Bord an Bord mit ihm und sprang hinüber. Jeden niederschlagend, der sich ihm entgegenstellte, drang er aufs Hinterdeck. Da ward der Jungfrau der Helm vom Haupte geschlagen, und aus dem niederstürzenden Blondhaar blickte ihr glattes Mädchenantlitz. Betroffen stand Alf, das Schwert in der Luft; aber Brokar, sein Genosse, rief: »Halt! Hier muß man nicht mit Schwertern kämpfen, sondern mit Küssen!« Da lachte Alf vor Glück und umfaßte leidenschaftlich die Geliebte; sie aber sträubte sich nicht länger, warf die Rüstung von sich und wurde sein Weib.

Hagbard und Signe

Nachdem Alf Alfhild heimgeführt hatte, blieb er nicht lange zu Hause, sondern begab sich wieder auf Wikingfahrt, gemeinsam mit seinem Bruder Alger. Sie stießen mit den drei Söhnen des Seekönigs Hamund zusammen, und es entbrannte eine heftige Schlacht, die den ganzen Tag währte. Nur die eintretende Nacht zwang die Streitenden, sich zu trennen. Aber als sie die schweren Verluste überdachten, die beide Parteien erlitten hatten, erachteten sie es für besser, sich zu vergleichen, und schlossen Frieden und Freundschaft miteinander. Alf und Alger luden die Hamundsöhne ein, sie zu König Sigar, ihrem Vater, zu begleiten; und so geschah es auch.

König Sigar hatte eine überaus schöne Tochter namens Signe; um sie warb mit besonderem Eifer und vom Vater begünstigt ein vornehmer Sachse namens Hildegisel. Der Freier war stolz auf seine Schönheit und seinen Adel, aber es gebrach ihm an hohem Mut und dem Ruhm großer Taten. Darum konnte Signe ihm nicht hold werden, sondern sie lenkte ihren Blick auf Hagbard, den stärksten der Hamundsöhne. Auch er war in Liebe zu ihr entflammt, und es gelang ihm bald, sie einmal heimlich zu treffen: da gelobte sie, ihm ihre Gunst zu schenken. Aber sie vermochte ihr Gefühl nicht zu verbergen, sondern lobte Hagbards Kühnheit oft mit so starken Worten, daß Hildegisel merkte, wie ihr Herz gesonnen war. In seiner Eitelkeit tief verletzt, wandte er sich an einen Ratgeber des Königs, den alten blinden Bölwis, der stets bereit war, Streit zu stiften, und bat ihn, den Bund zwischen den Söhnen Sigars und Hamunds zu zerstören. Das tat Bölwis nur zu gern. Mit tückischen Reden hetzte er die Sigarsöhne gegen die Freunde auf, so daß sich ihre

Freundschaft in Haß kehrte, und als Hagbard einmal fern weilte, überfielen Alf und Alger seine beiden Brüder und töteten sie. Bald zog Hagbard zur Rache heran. In schwerer Schlacht kämpfte er mit Alf und Alger und erschlug beide. Zu den Sigarsöhnen hatte sich Hildegisel als Bundesgenosse gesellt; er entkam, aber als er sich zur Flucht wandte, traf ihn ein Speerschuß durch beide Hinterbacken; zeitlebens gereichte ihm diese schmähliche Wunde zu Schmach und Hohn, und er verschwand mit Unehren von Sigars Hof.

Obwohl er ihr die Brüder erschlagen hatte, zweifelte Hagbard keinen Augenblick, daß Signe ihm Liebe und Treue bewahren und ihr Gelöbnis einlösen werde. In Weiberkleidung gehüllt ging er eines Abends zu Sigars Hof; dort gab er sich als die Kampfmaid eines fremden Königs aus, die Sigar eine Botschaft bringen solle. Er ward auf den Morgen beschieden und für die Nacht zu den Jungfrauen geführt. Als ihm die Dienerinnen ein Fußbad bereiteten, fragten sie voll Staunen: »Warum sind deine Sohlen so hart und deine Schenkel so rauh? Warum ist deine Brust so flach? Warum sind deine Hände so stark?« Hagbard antwortete: »Meine Sohlen sind hart und meine Schenkel sind rauh, weil ich oft eilen und springen mußte über steinigen Boden und durch dorniges Gestrüpp. Meine Brust ist flach, weil die Brünne sie drückte, und meine Hände sind so stark, weil sie nicht Weberschiffchen und Nadel führen, sondern Speer und Schwert.« Und Signe sprach: »Eine Kampfmaid kann nicht sein wie ihr und ich, denn sie dient ihrem König mit Manneswerk.« So wurden die Mägde beschwichtigt, und Hagbard erhielt für die Nacht den Ehrenplatz angewiesen als Bettgenossin Signes.

Als sie beieinanderlagen und sich liebkosten, flüsterte Hagbard der Geliebten ins Ohr: »Wenn mich jetzt dein Vater fängt, wird er mich töten! Denn nie darf ich auf seine Gnade rechnen, da ich ihm beide Söhne erschlug und dich ohne sein Wort, gegen seinen Willen im Arme halte. Sag, Geliebte, wenn ich sterben muß: wirst du mich dann vergessen und dir einen andern Mann wählen?« Darauf erwiderte Signe: »Wenn du stirbst, Geliebter, so will auch ich sterben. Wird dein Leben geendet zur See oder auf dem Land, durch

Gift oder Schwert oder Henkershand, dann ende ich selbst das meine. Nie wird ein anderer mich berühren als du, der die ersten Küsse von meinen Lippen nahm!« Diese Worte machten Hagbard so stark und kühn, daß er keiner Gefahr mehr gedachte.

Unter den Mägden Signes war eine ungetreue, die hatte das Paar belauscht und meldete alles dem König. Sigar sandte seine Häscher; sie überfielen Hagbard, als er aus der Tür der Kammer ging, und obwohl er viele niederstreckte, ward er endlich doch überwältigt und vor das Gericht des Königs geführt. Anfangs gingen die Stimmen auseinander; die einen meinten, er habe das Leben verwirkt, die andern aber sagten, man solle einen solchen starken Kämpfer lieber zum Freunde gewinnen. Aber endlich gab Bölwis den Ausschlag. Er rief: »Nie darf der König verzeihen, wo Rache heiligstes Gebot ist! Soll Sigar den schonen, der ihm beide Söhne erschlug und obendrein die Tochter entehrte?« Daraufhin ward Hagbard zum Tode verurteilt, und der König befahl, ihn ohne Verzug an den Galgen zu hängen.

Als er aus dem Saal geführt wurde, trat ihm die Königin entgegen. Sie bot ihm einen Becher aus Eschenholz, mit Wein gefüllt, und sprach voll Hohn: »Jetzt, Frevler, nimm von mir diesen Becher und trinke dir Mut zu deinem letzten Gang! Von hier führt dein Weg nur noch zum Tode, deine Seele fahre zur Hel, während dein Leib am Galgen hängt!« Der Jüngling faßte den Becher mit festem Griff und antwortete: »Sieh, ich ergreife den letzten Becher mit der gleichen Hand, die dir deine Söhne erschlug! Für meinen Tod nahm ich die Rache im voraus! Ruchloses Weib, das den Sterbenden verhöhnt: kinderlos wirst du sein, nie wird dir wiedergegeben werden, was ich dir nahm!« Damit schüttete er ihr den Wein ins Gesicht und warf den Becher zu Boden.

In Signes Gemach umringten die weinenden Mägde ihre Herrin. Sie aber fragte sie: »Wollt ihr mein Schicksal mit mir teilen?« Das gelobten sie ihr alle mit den höchsten Eiden. Da sprach sie: »Ich will dem in den Tod folgen, dem allein ich im Leben gehörte. Wenn der Wächter von der Zinne das Zeichen gibt, daß Hagbard starb, dann soll dieses Gemach in Feuer auflodern! Wir aber werden uns Schlingen aus unsern Kleidern drehen und die Bänke unter unsern Füßen wegstoßen!«

Und sie gebot, Wein zu bringen, auf daß alle den Tod mit Freude erwarteten.

Als Hagbard auf dem Berge stand, wo der Galgen errichtet war, bat er die Schergen wie im Scherz: »Zieht erst einmal meinen Mantel am Galgen hoch! Gar zu gern möchte ich wissen, wie es aussehen wird, wenn ich selbst da oben hänge!« Das schien den Schergen ein lustiger Wunsch, und sie taten ihm den Gefallen. Als aber der Mantel am Galgen tanzte, mußte der Wächter auf der Zinne wohl glauben, daß es Hagbard sei, und er stieß ins Horn. Im gleichen Augenblick warfen Signe und die Jungfrauen Fackeln in den Saal und erdrosselten sich in den Schlingen.

Hagbard sah die Flammen aus den Fenstern schlagen; sein Herz jauchzte auf, und er sprach lachend zu den Schergen: »Nun greift mich und laßt mich hoch in den Lüften schweben! Süß ist mir das Sterben, da das Haus in Flammen steht und du, mein Weib, meine Genossin im Tode bist. Mag mir der harte Strick die Kehle zuschnüren: ich gehe nicht allein zur Hel, du, meine Geliebte, gehst mit mir und bleibst bei mir, noch im Totenreich werde ich liegen in deinem Arm!«

Als er das gesprochen hatte, packten ihn die Henker und zogen ihn am Galgen hoch, daß er starb.

Ottar und Sigrid

König Sigwalds Tochter Sigrid war so keusch und schamhaft, daß sie keinen der Freier, die sie wegen ihrer Schönheit umwarben, auch nur ansah; immer hielt sie ihre Blicke gesenkt. Sie hatte ihren Vater gebeten: »Gib mich keinem Mann zum Weibe als dem, zu dem ich einmal selbst die Augen aufschlagen werde!« Das hatte ihr der Vater versprochen.

Am stärksten erglühte für sie Ottar, Ebbos Sohn, durch viele tapfere Taten ebenso ausgezeichnet wie durch Klugheit und Redekunst. Aber auch er vermochte ihr, sosehr er sich mühte, keinen Blick abzugewinnen, und mußte von ihr scheiden. Ein anderer Werber jedoch, ein Riese, der gleichfalls sein Glück vergeblich versucht hatte, ließ die Jungfrau unter einem schlauen Vorwande vom Hause weglocken, ergriff sie und führte sie weit hinweg ins Waldgebirge. Als Ottar das erfuhr, verfolgte er den Riesen und erschlug ihn. Aber die Jungfrau blieb spröde wie zuvor, und er verließ sie voll Zorn. Allein irrte nun Sigrid durch die Wälder, mühselig ihr Leben fristend. Eine Zeitlang hütete sie einer Waldfrau das Vieh, aber dann zog sie wieder weiter, um ihre Heimat zu suchen. Da führte sie das Schicksal in das Haus Ebbos, und Ottars Mutter hatte Erbarmen mit ihr; denn sie sah wohl, daß das Mädchen unter dem zerrissenen Gewand den Adel und die Schönheit einer Königstochter verbarg. So behielt sie Sigrid als eine ihrer Dienerinnen bei sich.

Als Ottar in das Haus seiner Eltern zurückkehrte und sie dort fand, sagte er keinem, wer sie war; aber als er sie allein traf, wiederholte er seine Werbung. Sie hielt die Blicke gesenkt wie immer, aber Ottar konnte nicht glauben, daß dies aus ihres Herzens wahrer Meinung kam. So beschloß er eine Probe. Er gab vor, er wolle eine andere heiraten, und ließ alles zur Hochzeit zurüsten; eine freundliche Magd spielte die Braut.

Man feierte das Fest, und des Abends wurde das Paar zur Schlafkammer geleitet; Sigrid aber mußte mit der Kerze voranleuchten. Die beiden bestiegen das Lager; mit niedergeschlagenen Augen stand Sigrid unbeweglich da, und die Kerze brannte nieder in ihrer Hand. Schon sengte ihr die Flamme die Finger, aber sie fühlte es nicht vor dem Feuer ihres Herzens. Da rief Ottar ihr zu: »Gib acht auf deine Hand!« – und jetzt hob sie die Augen auf und blickte ihn groß und ruhig an. Sofort sprang Ottar von dem vorgetäuschten Hochzeitslager empor; mit beiden Armen umfing er sie, und sie feierten zusammen echte Hochzeit.

Amleth

Zwei Brüder, Örwendel und Fengo, walteten als Statthalter des Dänenkönigs Rörik über Jütland. Örwendel war ein gewaltiger Wiking; im Holmgang tötete er den mächtigen König von Norwegen und gewann dadurch so viel Beute und Ruhm, daß ihm der Dänenherrscher seine ganze Gunst zuwandte und seine Tochter Gertrud zur Frau gab. Sie gebar ihm einen Sohn, der ward Amleth genannt.

So reiches Glück erregte den Neid Fengos. Er schmiedete heimlich finstere Pläne gegen seinen Bruder, und als sich die Gelegenheit bot, ermordete er ihn. Dann nahm er, Frevel auf Frevel häufend, die Witwe des Ermordeten zum Weibe. Beim Hofe wußte er seine Schandtat zu beschönigen, indem er erzählte, Örwendel habe seine Frau schändlich mißhandelt; damit fand er – so wandelbar ist Fürstengunst – beim König Glauben.

Der junge Amleth wußte wohl, daß er sich vor dem Oheim hüten müsse, wenn er nicht, als der berufene Rächer seines Vaters, gleichfalls getötet werden wollte. Darum beschloß er, sich blödsinnig zu stellen, und gebärdete sich fortan wie ein törichter und unsauberer Narr. Seine Worte klangen so läppisch, daß alle darüber lachten; aber meist verbarg sich hinter ihnen Sinn und Wahrheit, ohne daß die andern es ahnten. Einmal saß er am Herde und schnitzte aus Holz Klammern, deren Spitzen er mit Widerhaken versah; darauf wühlte er mit den Händen die Glut aus der Asche und härtete die Spitzen im Feuer. »Was machst du da?« fragten ihn die Höflinge, und er antwortete: »Scharfe Spieße für Vaterrache!« Darüber lachten alle, denn sie wußten nicht, daß diese Klammern ihm einst wirklich zum Rachewerk dienen sollten. Aber Fengo trat hinzu und besah sich die Schnitzerei; sie schien ihm, obwohl er ihren Zweck nicht erriet, so sauber ausgeführt, daß er stutzig wurde. »Sollte einer, der so viel Verstand in den Händen hat, wirklich keinen im Kopf haben?« fragte er seine Vertrauten. »Ob er sich am Ende nur verstellt und hinter seiner Narrheit böse Absichten versteckt?«

Sie beschlossen, ihn auf die Probe zu stellen, und als sie hin und her berieten, was in der Welt einen Menschen wohl am ehesten dazu bewegen könne, seine wahre Natur zu verraten, wurden sie bald einig, daß das die Liebe sei: denn wer von ihr ergriffen wird, dem geht alle Überlegung verloren. Darum ward ein Anschlag gemacht: man wolle Amleth Gelegenheit mit einer hübschen Frau geben, dann werde man ja sehen, ob er sich ihr nähere wie ein vernünftiger Mensch. Wie geplant, so ward es ausgeführt. Ein paar der Höflinge luden ihn ein zu einem Ritt in den Wald, dort sollte ihm an entlegenem Ort ein Mädchen zugeführt werden. Unter ihnen befand sich aber der Milchbruder Amleths, der wollte ihm wohl und suchte ihn, da er's mit Worten nicht durfte, durch ein Zeichen zu warnen: er hängte einer Hummel einen Strohhalm an den Pelz und ließ sie auf den Freund zufliegen. Amleth sah sie kommen und sprach: »Hat man dir etwas angehängt? Mir soll das nicht geschehen!« Da wußte der Freund, daß der andere das Zeichen verstanden hatte.

Amleth war wohl auf der Hut und begann sofort mit einem närrischen Streich. Er setzte sich verkehrt aufs Roß und lenkte es am Schwanz, daß die Gesellen viel zu lachen hatten. Als sie ein Stück geritten waren, lief ihnen ein Wolf über den Weg; sie sagten zu ihm: »Sieh, was für ein schönes Füllen!« Darauf antwortete er: »Wahrhaftig! Davon wünschte ich meinem Onkel recht viele in seinem Gestüt!« – und das war wirklich seine ehrliche Meinung, aber sie hielten die Verwünschung für bloße Narretei. Dann kamen sie an den Strand, dort lag das Steuer eines gestrandeten Schiffs, und sie sagten zu ihm: »Sieh, was für ein großes Messer!« Er antwortete: »Ja, damit kann man gewiß einen mächtigen Schinken schneiden!« – und er sah dabei aufs Meer; aber sie merkten nicht, was er meinte, und hänselten ihn weiter. »Sieh nur, wieviel schönes weißes Mehl!« sprachen sie und wiesen auf den Sand der Dünen. »Jawohl«, antwortete er, »um das alles herzukriegen, mußte der Müller wohl Tag und Nacht mahlen mit Wasser und Wind zugleich.« Dabei dachte er an die windgepeitschten Meereswogen; und so steckte stets hinter der Einfalt der Rede ein geheimer Sinn. Sie lachten laut über ihn, er aber lachte still bei sich, daß er die, die ihn zum besten haben wollten, selbst zum besten hielt.

Endlich kamen sie in den Wald, und während die andern mit Absicht vorausritten, um ihn allein zu lassen, trat ihm auf engem Wege unversehens das Mädchen, das versteckt gewartet hatte, in den Weg. Sofort begriff er, daß das die Versuchung war, mit der man ihn prüfen wollte; aber zugleich spürte er auch, wie sein Blut sich erregte, denn das Mädchen war sehr schön und ihm als Gespielin seiner Kindheit lieb. Blitzschnell überlegte er, wie er sich ihrer erfreuen könne, ohne sich zu verraten, nahm sie in die Arme und trug sie tief in den Wald hinein, zu einer Wiese im Moor, wo niemand sie erspähen konnte. Dort gehörten sie sich; aber sie schwur ihm auf seine Bitte, keinem etwas zu verraten. Als er wieder zu seinen Gesellen stieß, fragten sie ihn, ob er seine Freude mit dem Mädchen gehabt habe; da sagte er, töricht lachend, sofort: »Jawohl!« Nun fragten sie weiter, wo das geschehen sei, und er antwortete: »Ich stieg mit ihr auf ein Strohdach, dabei trat ich einem Rind auf die Zunge und einem Hahn auf den Kamm.« Und auch das traf zu: denn sie hatten auf Schilf gelegen, mit dem man die Häuser zu decken pflegt, und rings um sie blühten Wiesenblumen, Rinderzunge und Hahnenkamm. Aber den andern schien, was er sagte, völlig ungereimt; und da das Mädchen auf alle Fragen immer nur beteuerte, es sei zwischen ihnen nicht das geringste geschehen, spotteten sie über seine Reden wie über leeres Geschwätz, und keiner wollte mehr glauben, daß er den Narren nur spiele.

Dieser Meinung trat auch der Hof bei, als die Gesellen alles berichtet hatten. Nur Fengos ältester Ratgeber, der sich klüger als die andern dünkte, hielt an seinem Mißtrauen fest und riet seinem

Herrn, doch noch eine stärkere Probe vorzunehmen; die erste sei zu leicht gewesen für ein solches Wunder der Verschlagenheit, wie der Jüngling zu sein scheine. »Wenn Amleth«, so sprach er, »überhaupt vor jemandem die Maske fallen läßt, so vor seiner Mutter. Reitet weg vom Hofe und seht zu, daß er mit ihr ganz allein in ihrem Zimmer zur Zwiesprache kommt! Dort werde ich mich vorher verstekken und auf jedes Wort genau merken.« Nach diesem Vorschlag wurde alles ins Werk gesetzt. Der Ratgeber hatte sich in dem Zimmer, in dem Mutter und Sohn allein zurückgelassen worden waren, unterm Bettstroh versteckt. Aber obwohl Amleth niemanden sah, war er wohl auf der Hut, denn er fürchtete überall das Ohr eines Lauschers. Darum trieb er seine alten Possen, krähte wie ein Hahn und hüpfte, mit den Armen wie mit Flügeln schlagend, im Zimmer herum, bis er endlich auch aufs Bett sprang: da fühlte er einen Körper unter seinen Füßen, zog sofort das Schwert und stieß es durch das Stroh und durch den Lauscher, daß er auf der Stelle tot war. Den Leichnam schleppte er hinaus, schnitt ihn in kleine Stücke und warf sie in den Abtritt.

Darauf kehrte er zurück ins Zimmer zu der Mutter, die laut über den wahnsinnigen Sohn weinte, und sprach zu ihr: »Was klagst du über mich, Verworfene? Klage lieber über deine Schande! Wie eine Dirne umarmst du den blutschänderischen Mörder deines Mannes – ich aber muß mich wie ein Narr gebärden, damit der Mörder meines Vaters nicht auch mich ermordet! Nur so gewinne ich Frist, meinen Vater zu rächen und den einzigen Wunsch zu erfüllen, der in meinem Herzen lebt. Vergaßest du die Pflicht gegen deinen Mann, so denke wenigstens an deinen Sohn und schweige!« Diese harte Rede erschütterte das Herz der Frau und führte sie zurück zu dem, was recht ist. Sie verriet nichts von dem Geschehenen, und als Fengo bei seiner Rückkehr fragte, wo sein Ratgeber geblieben sei, wußte niemand Bescheid zu geben. Sie rätselten hin und her, jeder sprach eine Vermutung aus, aber keine bestätigte sich. Im Scherz fragten sie auch Amleth, was er wohl über den Fall meine; da antwortete er: »Vielleicht ist der alte Mann in den Abtritt gefallen!« Dafür hatten sie nur Spott, wiewohl es die reine Wahrheit war.

Fengo aber wurde jetzt seinen Verdacht erst recht nicht mehr los, Amleth schien ihm von Tag zu Tag gefährlicher; doch wagte er es vor seiner Frau und vor dem König nicht, den Stiefsohn selbst zu beseitigen. Darum beschloß er, ihn fern von Jütland durch einen andern umbringen zu lassen, und erwählte dazu den König von Britannien, seinen Freund und Blutsbruder. Zu ihm sollte Amleth gesandt werden, und zwei Höflinge sollten ihn begleiten; ihnen gab Fengo Runenstäbe für den König mit, in die geheime Botschaft eingeritzt war. Amleth stellte sich sehr närrisch an, als er von der bevorstehenden Reise hörte. Er ahnte, daß es darauf abgesehen sei, ihn ums Leben zu bringen, und war entschlossen, sich wohl vorzusehen. Vor der Abfahrt ging er heimlich zu seiner Mutter und sagte zu ihr: »Es wird heißen, ich sei tot; dann rüste heut in einem Jahr für mich das Leichenmahl. Aber an diesem Tage werde ich wieder hier sein. Unterdessen behänge du alle Wände des Saals mit geknüpften Teppichen.«

Auf hoher See durchsuchte er, während seine Begleiter schliefen, ihr Gepäck und fand die wohlverwahrten Runenstäbe. Ohne Mühe entzifferte er die Botschaft, durch die Fengo den König ersuchte, Amleth unverzüglich zu töten. Er schabte mit einem Messer die Runen ab und schnitt neue ein, die den sofortigen Tod für seine Begleiter forderten und für Amleth alle Huld des Königs erbaten. Dann legte er, ohne daß die beiden es merkten, die Stäbe zurück an ihren Ort. Nach ihrer Ankunft gingen die Gesandten sofort zum König und überreichten ihm die Stäbe. Er las, was darauf geschrieben stand, und ließ die zwei unverzüglich hängen. Tags darauf kam Amleth zu Hofe und ward aufs gnädigste empfangen. Als ihm aber gesagt wurde, daß seine zwei Begleiter gehängt worden seien, stellte er sich darüber sehr zornig und forderte Buße von dem König. Der wollte nicht verraten, daß er nur dem ausdrücklichen Wunsch seines Blutsbruders willfahrt hatte, und zahlte dem Scheltenden, um ihn zu begütigen, reichliches Wergeld.

Dieses Gold schmolz Amleth und goß es in zwei ausgehöhlte Stöcke. Danach lebte er bei dem König, der sich der Klugheit und edlen Sitte des Gastes freute, in Frieden, bis der Tag seiner Heimreise gekommen war.

Als Amleth in Jütland anlangte, gebärdete er sich wieder als Narr wie zuvor. Blöde lachend und verschmutzt taumelte er in den Saal, in dem eben der Leichenschmaus zu seinen Ehren verzehrt wurde; denn der König von Britannien hatte Fengo gemeldet, daß sein Wille geschehen sei, und Fengo hatte das nicht anders deuten können als auf Amleths Tod. Alle erschraken, als sie den Totgeglaubten plötzlich lebend vor sich sahen. »Wo sind deine Begleiter?« fragte Fengo finster; da wies ihm Amleth lachend die beiden Stöcke und sprach: »Das ist der eine – und das ist der andere.« Darüber erbrauste der Saal von Gelächter, und Fengo ließ die Sache vorerst auf sich beruhen. Denn Amleth kehrte sich an nichts, er lief hin zu den Schenken und half ihnen eifrig die Becher füllen, damit alle auf sein Gedächtnis tränken. Weil ihn aber sein Kleid behinderte, schürzte er es hoch über den Schwertriemen und begann dabei mit seinem Schwert zu hantieren; er zog es aus und steckte es wieder ein, alles so ungeschickt, daß er sich die Hand verwundete. »Der Narr schneidet sich noch die Finger ab«, riefen die Umstehenden, und sie schlugen ihm einen Nagel durch Scheide und Klinge des Schwerts, daß es festsaß. Er aber schenkte immer eifriger ein, und schließlich waren alle so voll, daß sie auf der Stelle, wo sie gesessen hatten, hinfielen und einschliefen. Fengo selbst hatte sich bereits in sein Gemach zurückgezogen, auch er vom Trunke schwer.

Als es soweit war, holte Amleth die Haken hervor, die er einst geschnitzt und für diesen Tag aufbewahrt hatte. Mit dem Messer schnitt er die Teppiche, mit denen die Mutter auf sein Geheiß die Wände bekleidet hatte, von den Schnüren und ließ sie über die Schnarchenden fallen, mit den Klammern heftete er sie fest, daß keiner sich rühren konnte. Darauf schleuderte er Feuer in den Saal, hoch auflodernd fraß es alle, die da schliefen oder sich, erwachend, vergebens bemühten, emporzukommen.

Er selbst ging in Fengos Schlafkammer. Das Schwert, das über dem Bett hing, nahm er weg und hängte an seiner Statt das eigene, das ihm die Höflinge vernagelt hatten. Nun schüttelte er den Stiefvater und schrie ihm ins Ohr: »Wach auf, Fengo, deine Edlen verbrennen! Amleth ist da, er hat die Haken mitgebracht, die er einst härtete für die Rache des Vatermords! Jetzt ist deine Stunde gekommen!«

Fengo sprang empor, er riß das Schwert von der Wand, das Amleth ihm statt des seinen hingehängt hatte, aber er brachte es nicht aus der Scheide. Da empfing er mit dem eigenen Schwerte von Amleth den Todesstreich.

Beowulf

Der Grendelkampf

Über Dänemark herrschte in Glück und Ruhm König Rodgar, aus dem edlen Geschlecht der Schildungen entsprossen; viel Ehre im Kampf hatte er erworben und kühne Genossen um sich geschart. Als er zu Jahren kam, gedachte er sich einen herrlichen Sitz zu schaffen, größer und schöner, als ihn je Menschenaugen sahen, um dort seinen Reichtum mit den Getreuen zu teilen. Aus aller Welt ließ er Werkleute kommen, und rasch wuchs der Bau empor mit Türmen und Zinnen, die von mächtigen Geweihen gekrönt wurden; daher hieß die Halle Hirschburg. Jeden Tag war sie erfüllt von Festjubel, Becherklang und Harfenschlag, und jeden Tag teilte der König Geschenke aus.

Den frohen Lärm hörte ein Unhold, der unfern im wilden Moor hauste, ein greulicher Riese namens Grendel. Eines Nachts kam er geschlichen, als die Genossen nach fröhlichem Schmaus und Gelage sorglos und fest im Saale schliefen. Unbemerkt drang er ein, raubte auf einen Zug dreißig Helden von den Bänken und schleppte sie zum Fraß fort in seine grausige Behausung. Am Morgen, als die Untat entdeckt wurde, erscholl die Halle von Wehklagen; der König glaubte nie wieder froh werden zu können, nachdem er die blutige Spur des Unholds gesehen hatte. Aber sein Leid sollte sich noch mehren, denn in der nächsten Nacht kam Grendel wieder zum mörderischen Fang; so verübte er seine Untaten Nacht für Nacht, ohne daß jemand ihm wehren konnte; denn er hatte die Stärke vieler Männer und war fest gegen Stahl und Eisen. Darum setzten die Bewohner ihre Betten fortan in entfernte Räume; der herrlichste der Säle aber stand des Nachts zwölf Jahre hindurch öde. Wohl erkühnten sich manchmal noch verwegene Helden, vom Met befeuert, das Ungeheuer bewaffnet zu erwarten; aber dann waren am Morgen die Kämpfer verschwunden und die Dielen überströmt von geronnenem Blut. Ganz vergebens rief Rodgar die Götter an; weder Opfer noch Beschwörungen vertrieben den gespenstischen Schattengänger.

Von dieser Not hörte jenseits der See Beowulf, der beste Held des Gautenkönigs Hygelak, und er beschloß, den Kampf mit Grendel zu bestehen. Früh des Vaters beraubt, war Beowulf am Gautenhof aufgewachsen; man achtete ihn anfangs wenig und spottete seiner auf der Metbank, denn er schien träge und untüchtig. Aber als er vollwüchsig war, griff er zum Schwert und erschlug Riesen und Ungeheuer auf dem Land und im Meer. Einmal schwamm er mit einem Freund um die Wette, die Brünne um die Brust, in der Hand das nackte Schwert – mehr als sieben Nächte dauerte es, bis er fern von der Heimat den Strand erreichte, und er hatte in dieser Zeit neun Meerungetüme erschlagen. Seine Kraft war gewaltig, der von dreißig Männern gleich; aber er war milden Sinns und jedem edlen Helden ein Freund. Von allen guten Wünschen seines Königs begleitet, rüstete er ein schnelles Schiff und nahm vierzehn Gefährten mit, die besten, die er finden konnte. Der Lotse steuerte das Schiff durch die Riffe und Schären, mit der Flut glitt es hinaus in die offene See, windbeflügelt und schaumumsprüht flog es dahin wie ein Vogel, und schon am nächsten Morgen sahen die Helden die Steilküste, auf der hoch oben die Hirschburg lag. Sie stiegen ans Land und machten das Schiff fest.

Vom Walle ausschauend, sah Rodgars Wächter die Brünnen leuchten, die weißen Schilde blinken. Er ritt zum Strand hinab, den Speer schwingend, und rief die Gäste an: »Wer seid ihr? Nahet ihr als Feinde, so würdet ihr euch wohl nicht so offen gezeigt haben; kommt ihr aber als Freunde, dann bedürft ihr zum Landen der Erlaubnis meines Königs. Der Mächtige, der im Harnisch eurem Zuge vorausschreitet, ist wohl euer Herr, ich erkenne in ihm den Fürsten: so sagt, woher ihr stammt und was euch herführt!« Es antwortete Beowulf, der an der Spitze seiner Mannen stand: »Wir sind Gauten, König Hygelaks Saalgenossen, und ich bin der Sohn Egthiofs, den auch ferne Völker kannten. In guter Absicht kommen wir her: Rodgar zu helfen gegen den düsteren Unhold, der in des Königs Saal die Helden mordet. Kann euch Rettung werden, so, denke ich, geschieht sie durch uns.« Der Wächter antwortete: »Wenn ihr dem Fürsten so wohlgesinnt seid, so folgt mir zu ihm! Gern will ich eine Mannschaft zum Strande schicken, die euer gutes Schiff bewacht.«

Die Helden ließen das Schiff verankert in der Bucht und schritten dem Wächter nach, eine herrliche Schar unter reich verzierten Helmen. Als der Saalbau in goldenem Glanz vor ihren Augen lag, wies ihnen der Führer den steingepflasterten Zugang, während er selbst umkehrte, seines Wächteramtes weiter zu pflegen. In ihren strahlenden Brünnen und klirrenden Panzerringen gingen sie bis zur Burg, lehnten ihre Schilde an die Mauer, stellten die Eschenspeere mit den Eisenspitzen zusammen und setzten sich auf die Bank. Ein Saalgenosse des Königs kam, sie zu empfangen. »Woher naht ihr im herrlichen Waffenschmuck? Sagt mir's, damit ich es Rodgar melde! Ich meine, ihr kommt nicht als Vertriebene hierher, sondern aus heldischem Mut!« Beowulf antwortete: »Beowulf bin ich, Hygelaks Freund, und sagte gern meine Botschaft dem gütigen König selbst, wenn er uns erlaubt, ihn zu begrüßen!« Als Rodgar die Meldung empfing und den Namen des Helden hörte, sprach er: »Ich kannte ihn als Knaben und seinen Vater auch, seither erzählten mir Seefahrer manches von der Kraft seiner Faust. Vielleicht ist er der Held, dessen wir bedürfen. Laßt ihn herein zu mir!« Da rief der Bote durch die Saaltür den Gästen zu: »Mein König heißt euch willkommen! Tretet ein im Schmuck der Waffen, nur Schilde und Lanzen laßt draußen, wie der Brauch es gebietet!«

Sie schritten durch den Saal hin zum Hochsitz, und Rodgar, inmitten seiner Mannen, erhob sich zum Empfang. Unterm Helm, den ein goldener Eber krönte, sprach Beowulf zum König: »Heil dir, Rodgar! Ich bin Hygelaks Genosse, und er hieß meinen Entschluß, zu dir zu gehen, gut; denn er weiß, daß ich schon manchen Kampf mit Riesen und Ungeheuern bestand. Wir hörten, wie von Grendels Wüten die herrlichste Halle der Welt verödet. Drum laß es mich mit ihm wagen! Ich und meine Genossen wollen den Saal säubern! Da Waffen dem Ungeheuer nichts anhaben, will ich ohne Waffen kämpfen, allein dem Griffe meiner Faust vertrauend; ringen will ich mit ihm auf Leben und Tod! Sei nicht besorgt um mein Leben! Mag mich Grendel fressen im wilden Moor, wenn er mich besiegt! Nichts liegt mir daran, daß du meine Leiche birgst; nur meine Brünne sende dann an Hygelak: sein Vater schenkte sie mir, und sie ist von Wölund geschmiedet.« Ihm erwiderte der König: »Mich freut es, Freund Beowulf, daß du es bist, der uns Erlösung verheißt. Auch dein Vater war ein gewaltiger Krieger; ich kannte ihn wohl und konnte ihm einmal gute Dienste leisten, da er aus seiner Heimat vertrieben war: damals schwuren wir uns Freundschaft. Nun kommst du als Erbe des Bundes, mich aus der Not zu befreien. Sie ist groß, viele meiner Getreuen verlor ich durch Grendels Tücke. Jetzt aber setz dich mit deinen Helden zum Mahl und stärkt euren sieghaften Mut!«

Den Gästen wurde eine Bank geräumt und Äl in schön geschnitztem Krug geschenkt; ein Sänger sang hell sein Lied zu aller Freude. Nur einer weilte im Saal, der Beowulfs Kommen ungern sah: Hunferd, der sich bisher der beste unter den Tischgenossen Rodgars gedünkt hatte. Streitsüchtig fragte er den Gast: »Bist du es nicht, der einst mit Breka um die Wette schwamm? Tüchtig hast du dich ja gehalten sieben Nächte lang; aber doch war er es, der den Streit gewann. Nun kamst du zu einem weit schlimmeren Kampf – sieh zu, daß du nicht bereust, auf Grendel gewartet zu haben.« Beowulf antwortete ihm gelassen: »Das Bier redet aus dir, mein Freund, wenn du erzählst, ich sei im Wettschwimmen mit Breka unterlegen. Alle wissen, daß ich ihn besiegte – und zudem im Meer noch neun Ungeheuer tötete. Kannst du dich einer solchen Tat rühmen? Wärst du wirklich so kühn, dann verübte wohl Grendel längst nicht mehr seine Greuel in Rodgars Halle; er hat sich hier stets seinen Fraß geholt, ohne dich zu fürchten! Nun aber soll er unsere Stärke spüren! Kommt morgen früh in den Metsaal, wenn die Sonne fröhlich erwacht!«

Mit Freuden vernahm der greise König die kühne Rede, die Helden riefen Beifall, die Harfen erklangen, und es erschien die Königin im goldenen Hauptschmuck. Sie reichte als erstem dem König den Becher und ging dann durch den Saal, überall Gaben verteilend, bis sie vor Beowulf stand; da bot sie ihm den Trank und dankte ihm aus frohem Herzen. Er aber faßte den Becher und sprach: »Wie ich es verhieß, als ich aufs Schiff ging, so will ich es halten: entweder den Feind töten oder sterben.« Wieder erhob sich Zuruf, aber nicht lange mehr dauerte der Lärm. Denn die Nacht brach herein, und nun erhoben sich die Dänen und nahmen Abschied, Beowulf den Sieg wünschend. Rodgar aber sprach: »Keinem vertraue ich die Wacht als dir, du stehst an meiner, des Alten, Statt. Zeig deine Kraft und halte den Saal! Jeden Wunsch erfülle ich dir, wenn du uns befreist!« Damit schritt er hinaus, und seine Mannen folgten ihm; Beowulf blieb mit den vierzehn Genossen zurück, den Saal zu hüten.

Er legte Brünne, Helm und Schwert ab, um sich ringend mit Grendel zu messen, gegen den ein Kampf mit ritterlichen Waffen nicht galt. Seine Genossen hieß er sich niederlegen und streckte sich selbst aufs Lager. Bald schliefen alle, obwohl keiner hoffte, die Heimat wiederzusehen, da sie allzuviel von Grendels unerbittlichem Wüten gehört hatten; nur Beowulf wachte und wartete auf den Feind. Bald kam der Schattengänger vom Moor her durch die unheimliche Nacht geschritten, im Dunkel tappte er zur Tür, sie sprang auf, als er mit dem Finger gegen sie stieß. Leise trat er in den Saal und schlich über den Estrich, wüstes Feuer loderte aus seinen Augen, sein Herz schrie vor Gier, als er bei der zuckenden Flamme sah, wie reich ihm der Tisch zum Fraß gedeckt war. Sofort griff er nach dem nächsten Krieger, brach ihm die Knochen, zerschliß das Fleisch und schlürfte sein Blut, er stopfte die Fetzen in den Rachen und Hände und Füße hinterher – dann tastete er nach dem zweiten. Aber da fuhr seiner Faust eine andere entgegen, die sie mit eisernem Griff faßte und festhielt; gern hätte er sich losgerissen und wäre geflohen, aber der Held war aufgesprungen und quetschte ihm die Finger so gewaltig, daß sie brachen. Heulend zerrte der Unhold nach rückwärts, die Bänke fielen um, der Saal erdröhnte von dem Gestampf der Ringenden – da erwachten die Helden, zogen die Schwerter und hieben auf den Feind ein. Aber Grendel achtete sie für nichts, kein Schwert biß durch seine hornige Haut, nur gegen Beowulf rang er, der ihn wie mit einer Zange gepackt hielt; und er riß so gewaltig, daß ihm der Schulterknochen krachte und Bänder und Sehnen sprangen. Seine Achsel zerklaffte, da kam er endlich frei und entwich stöhnend hin zum Moor; Beowulf aber hielt in seiner Hand den ausgerissenen Arm des Ungeheuers. Zum Zeichen des Sieges hängte er ihn auf, hoch unterm Gebälk.

Am frühen Morgen schon eilten die Dänen zur Halle, sie fanden Grendels blutige Spur und folgten ihr. Tief im Moor endete die Fährte bei einem Pfuhl, dessen düsteres Wasser von dickem Blut durchwölkt war. Dann ritten sie zurück, sie ließen ihre blanken Rosse wacker laufen, als rennten sie um die Wette; und aus dem Stegreif begann einer der Recken, der der Liedkunst kundig war, ein Preislied auf Beowulf zu sprechen, wohlgefügt wie eins der alten Heldenlieder: in kühnen Strophen rühmte er die Tat, die ebenbürtig denen Sigmunds und Sigurds des Drachentöters sei. Als sie zurück waren, gingen sie in die Halle, deren zerstampfter Estrich von dem Blut Grendels getränkt, deren Decke von seinem Geifer bespritzt war; hoch unterm Balken sahen sie – und mit ihnen Rodgar, der eben hereintrat – den Arm des finstren Riesen aufgehängt, samt der herausgerissenen Achsel, und mit Grausen betrachteten sie die Hand: sie lief aus in unheimliche Krallen, wild gebogen und aus Stahl geschmiedet. Jetzt stand Hunferd stumm, er gedachte voll Scham seines Wortstreits mit dem Helden. Der König aber, den Blick auf die Klaue geheftet, dankte den Göttern und dem Retter, den sie ihm sandten: »Ich will dich lieben wie einen leiblichen Sohn;

soweit ich es vermag, will ich dir jeden Wunsch erfüllen, dein schönster Lohn aber sei der Ruhm, den du dir selbst erkämpftest!« Geziemend dankte ihm Beowulf: »Nur eines bedaure ich«, schloß er die Rede, »daß ich dir den Unhold nicht zeigen kann; gern hätte ich ihn auf das Todesbett gefesselt, aber er war zu stark auf den Füßen, und so entrann er.«

Fleißige Hände säuberten den Saal, so daß er abends wieder im goldenden Glanz prangte. Nie wurde fröhlicher geschmaust und gezecht. Der König reichte dem Sieger kostbare Gaben: ein goldenes Banner, Brünne, Helm und ein herrliches Siegschwert; dann ließ er ihm in den Vorsaal acht Rosse führen, alle ohne Tadel und reich geziert, auf dem einen lag kunstvoll gearbeitet des Königs eigener Sattel, von dem aus er so manchen Sieg erkämpft hatte. Auch den Mannen Beowulfs wurden stattliche Geschenke zuteil, und die Leiche des Genossen, den Grendel getötet hatte, wog Rodgar mit Gold auf. Die Becher läuteten zusammen, und die Saiten erklangen vom Heldenlied, bis die Königin in den Saal trat. Sie grüßte den König im Hochsitz und wandte sich dann zu Beowulf, der zwischen ihren jungen Söhnen saß: »Nimm als Dank von mir dies Festgewand, die gewundenen Armspangen und den goldenen Halsreif! Aller Ehren bist du wert, dein Ruhm erschalle, so weit das Meer an die Küste brandet! Alle sind wir dir hold – trinkt, ihr treuen Helden, auf des kühnsten Helden Wohl!« Da strömte der Wein, und der Jubel rauschte, bis Rodgar die Halle verließ und die Helden müde ihr Lager aufsuchten. Man führte Beowulf und die Seinen in ein anderes Gemach, denn diese Nacht sollten sich die Dänen wieder des Saales freuen. Die hellen Schilde zu ihren Häupten, die Waffen neben sich, entschliefen sie, von Siegen träumend; und keiner ahnte, wie schnell sich Freude wieder in Leid kehren sollte.

Denn mit Grendel zusammen im Sumpf lebte seine Mutter, das entsetzliche Moorweib, dem Sohne an Bosheit gleich; von Grimm erfüllt über seine Todeswunde, machte sie sich auf zur Rache. Als sie wütend in die Halle brach, erwachten die Dänenhelden und schwangen die Schwerter und Gere gegen sie, und sie, an das

Schicksal ihres Sohnes denkend, wich zurück. Aber im Fliehen packte sie noch einen der Helden und riß den Arm Grendels von der Wand; mit der doppelten Beute beladen enteilte sie zu ihrer Wohnung. Da war wieder Trauer am Königshof, Rodgar beklagte den Tod seines besten Recken, und eilends entbot er Beowulf. Bald dröhnte die Diele vom Anmarsch der starken Gauten, und der Held bot dem König den Gruß: »Friede und Freude!« »Friede und Freude sind von uns gewichen«, antwortete der König, »ich verlor den Helden, der mein bester Ratgeber war und im Kampf an meiner Schulter stritt. Eben erschlugst du Grendel, und schon brach ein anderes Ungetüm in meinen Saal. So ist denn wahr, was Bauern einst erzählten: es hausten im Moor zwei Ungeheuer, das eine einem Manne gleich, das andere einem Weib. An wüstem Ort liegt ihre Wohnung, in einem Pfuhl, der nachts von höllischem Feuer glüht und dessen Wogen sich bei Gewitter bis zu den Wolken bäumen. Auf dir allein ruht unsere Hoffnung und unser Heil. Wenn du den Kampf wagst, will ich dir's wieder mit Ahnenschätzen lohnen!« Ihm antwortete Beowulf: »Auf, mein König, nicht zur Klage, sondern zur Rache! Tod ist nicht schrecklich nach kühner Tat. Folgen wir der Spur, der Unhold soll mir nicht entrinnen, nicht in des Waldes Dunkel, nicht in der Erde Abgrund, nicht auf des Meeres Boden. Heute nur sollst du noch trauern, aber morgen nicht mehr!« Da sprang der greise König auf, er ließ sein Roß satteln und begleitete mit seinen Dänen den Helden und seine Schar.

Sie folgten der Fährte über schmale Felswege, unter überhängenden Wänden entlang, vorbei an Wolfswinkeln und Windklippen und dem Ufer eines grauen Stroms, der durch Nebelklüfte stürzte. Dann kamen sie ans faulige Moor; am Rande klammerten sich die letzten Bäume des Grendelwaldes mit den Wurzeln ins Gestein und hingen mit verdorrten Wipfeln über die blutig-trübe, leise kochende Flut des Pfuhls. Ausgestorben war das Gelände ringsum, kein Wild wagte sich hierher, und mit Grausen erblickten die Mannen am Abhang das abgerissene Haupt des geraubten Genossen. Als sie sich über das böse Gewässer neigten, sahen sie darin wüstes Gewürm und scheußliche Seedrachen wimmeln; Beowulf schoß eines der Ungeheuer mit dem Pfeil, sie zogen es mit Spießen ans Land und bestaunten seine Häßlichkeit. Nun aber wappnete sich der Held ohne Zaudern; er legte die feste Brünne an, die von Wölund geschmiedet war, schnallte den Helm fest und nahm das Schwert in die Hand, ein erprobtes Erbkleinod, mit Gift getränkt und mit Blut gehärtet. Noch sagte er zu Rodgar: »Falle ich, so bitte ich dich, König, sei meinen Getreuen ein gütiger Helfer! Die Gaben aber, die du mir spendetest, sollen meinem edlen Herrn, dem König Hygelak, gehören. Doch ich gedenke nicht zu fallen, sondern zu siegen!« – Dann stürzte er sich in den Pfuhl.

Sinkend mußte er sich der Seedrachen erwehren, die ihn mit Krallen und Hauern zu reißen suchten, lange dauerte die Fahrt durch die Flut. Aber im Grunde lag lauernd die alte Riesin, mordbegierig fuhr sie ihm entgegen und griff mit ihren scharfen Klauen nach ihm; nur die Ringe seiner Rüstung bewahrten ihm das Leben. Sie zerrte ihn abwärts und schleppte ihn in ihre Behausung, ohne daß er die Waffen zu gebrauchen vermochte – da atmete er auf: er sah sich in einer Halle, die dem Wasser wehrte, und im Schein einer bleichen Flamme erblickte er das Moorweib. Gleich entwand er sich ihr und ließ das Schwert um ihr wildes Haupt singen – vergebens, es verletzte sie nicht, zum erstenmal versagte es. So warf er es weg und packte die Feindin mit mächtiger Faust an der Schulter, aber mit einem tückischen Griff brachte sie ihn zu Fall. Rittlings schwang sie sich auf seine Brust, sie zog ihr Messer, aber die Brünne fing den Stoß ab, und so kam er frei. Aufspringend, sah er am Boden ein Riesenschwert liegen, eine uralte Siegwaffe, nur mit zwei Händen zu schwingen, keuchend hob er es hoch und ließ es auf ihren Hals sausen: ihr brachen die Wirbel, und das Haupt sprang vom Rumpf. Da flackerte das Feuer höher auf, die Halle wurde licht, und er sah auf einem Lager an der Wand ausgestreckt den todwunden Grendel liegen. Noch einmal schwang er das Riesenschwert und hieb auch ihm das Haupt herunter. Das Blut der Ungeheuer strömte dick aus dem Saal und quoll als ein roter Strudel im Pfuhl hoch.

Erschrocken sahen es die wartenden Gefährten, sie fürchteten, der Held sei erschlagen, und als er nicht wieder auftauchte, verzweifelten sie ganz an seinem Leben. Am Abend fuhren die Dänen mit dem König heim, sie gaben ihn verloren; aber seine eigene Schar harrte noch aus, wennschon ohne Hoffnung, und starrte in dumpfer Trauer auf die trübe Flut.

Lange hatte sich Beowulf verweilt. Als er die Unholde um die Häupter gekürzt hatte, sah er plötzlich von ihrem Blut die Klinge schmelzen wie Eis an der Sonne des Frühlings, so daß ihm nur der Griff noch in der Hand blieb. Ihn nahm er mit, dazu Grendels Haupt, dann begann er den Aufstieg aus dem grausigen Abgrund. Lange, lange mußte er sich mühen, bis sein Kopf endlich dem Wasser enttauchte; stolz schwamm er mit seiner Siegesbeute ans Ufer, wo die Genossen ihn empfingen, nach tiefem Leid jetzt vor Freude trunken. Sie zogen ihm die Rüstung ab und führten ihn im Triumph heim; aber Grendels Haupt zu tragen, hatte keiner die Kraft, sie hängten es über eine Lanzenstange, und die vier stärksten mußten anpacken.

So kamen sie zur Hirschburg und schleppten das gräßliche Beutestück in den Saal. »Sieh hier das Zeichen des Sieges!« sprach Beowulf zu dem Dänenfürsten, »und nimm als zweites den Griff des Riesenschwertes, dessen Klinge im heißen But der Ungeheuer schmolz! Nun magst du mit den Genossen sorglos schlafen in dem herrlichsten der Säle!« Damit reichte er dem König den Schwertgriff, ein Wunderwerk riesischer Schmiedekunst, reich mit Runen geritzt. Der König nahm es und sprach: »Sehr alt bin ich geworden, ein halbes Jahrhundert herrsche ich in diesem Reich, darum darf ich wohl sagen: Nie ward ein besserer Held geboren als du! Mögest du lange leben, andern zum Heil, wie du mir zum Heile warst! Dunkel und freudlos drohte meines Lebens Rest zu werden; dir danke ich, daß ich noch erschaute, was meinem Herzen Freude gibt: des Ungeheuers abgeschlagenes Haupt! Setze dich, herrlicher Sieger, erfreue dich mit uns Frohen und empfange morgen, was ich dir an Kleinoden zu bieten habe!«

Sie saßen im Saale und feierten hochgemut den Sieg, bis die Nacht sich wie ein dunkler Helm über die Welt wölbte. Aber mit dem blitzenden Frühlicht standen die Gauten auf, sich zur Heimfahrt zu rüsten. Zum Abschied gelobte Beowulf dem Dänenkönig Freundschaft und Hilfe, wenn er sie je brauche, in seinem Namen und in dem Hygelaks; und Rodgar bekräftigte den Freundesbund zwischen Dänen und Gauten. »Lang lebe dein König!« sprach er zum Schluß; »begäbe sich's aber durch des Schicksals Willen, daß er vor dir fiele durch Eisen oder Krankheit, so könnten die Gauten keinen besseren an seine Stelle setzen als dich!« Zwölf edle Kleinode reichte er ihm dar, dann umarmte und küßte er ihn, und die Tränen rannen ihm in den grauen Bart. Kurz darauf flog das Schiff Beowulfs von dannen, reich mit Schätzen beladen, der heimatlichen Küste zu, die den Heimkehrenden bald ihre Klippen aus der Flut entgegenhob.

Hygelak empfing den Freund und Genossen mit hohen Ehren, er führte ihn zum Hochsitz, und die Königin schenkte ihm Met ein, während er erzählte. Freigiebig teilte Beowulf von den Ehrengaben Rodgars aus: er schenkte dem König Helm, Brünne und Schwert, dazu vier der Rosse, glänzende Apfelschimmel, der Königin aber den goldenen Halsring und drei reich gesattelte Rappen. Hygelak aber schenkte ihm dagegen ein herrliches Erbschwert und begabte ihn reich mit Land und Leuten; ja, der throngeborene Fürst machte den Gefolgsmann sich gleich und teilte mit ihm fortan die Herrschaft über das Reich der Gauten.

Der Drachenkampf

Als Hygelak auf einer Heerfahrt nach Friesland den Tod fand, führte Beowulf die Herrschaft für des Königs jungen Sohn; aber auch der fiel bald danach durch das Schwert. So ward Beowulf König, und er waltete des Reichs fünfzig Jahre hindurch als weiser und starker Fürst. Jetzt, da er schon alt war, suchte eine schwere Plage das Land heim;

ein riesiger Drache fuhr allnächtlich verheerend über das Land. Wohl schon dreihundert Jahre hatte er in einem wilden Felsberg gehaust, einen Schatz hütend, den einst der Letzte eines edlen Geschlechts in einer Höhle verborgen hatte. Kein Mensch wußte, daß in dem unwegsamen Gebirge ein so reicher Hort lag. Da kam eines Tages ein Knecht, der seinem Herrn aus Furcht vor Strafe entlaufen war, von ungefähr an den Ort, er suchte ein Versteck in der Höhle, und zu seinem Glück schlief der Drache. Das Gold stach dem armen Menschen in die Augen, und obwohl er vor Furcht zitterte, stahl er aus dem Schatz eine edelsteinbesetzte Schale, um sie seinem Herrn zu bringen und ihn zu versöhnen. Aber als der Wurm erwachte, merkte er den Diebstahl, er schnüffelte am Stein und roch, daß ein Mensch hier gewesen war. Wütend begann er den Dieb zu suchen und wühlte den halben Berg um; immer rasender wurde er, als er niemand fand. Da schoß er feuerspeiend hervor, um sich an allen Menschen zu rächen; allnächtlich bis zum Morgengrauen flog er über das Land und ließ auf seiner Spur brennende Höfe zurück, niemand und nichts schonte er, keine Burg hielt ihm stand, und zuletzt überfiel er selbst des Königs Halle, daß sie in Flammen aufloderte.

Gram und Grimm erfüllten Beowulfs Herz, und der alte Kämpe beschloß, das Unheil mit eigener Hand zu rächen. Kein Heer bot er auf, sondern im Gedenken daran, wie er als Jüngling im Einzelkampf viele Ungeheuer getötet hatte, beschloß er, dem Drachen allein entgegenzutreten. Er ließ sich einen gewaltigen Schild aus Eisen schmieden, da Lindenholz der Lohe nicht widerstehen konnte, dann zog er wohlgerüstet dem Wurm entgegen. Der Knecht, der die Schale aus dem Drachenhort gestohlen hatte, mußte ihm den Weg weisen, und elf Recken gaben ihm das Geleit. Als sie vor die Höhle kamen, die in der Felswand hoch über dem brandenden Meer lag, setzte sich der kampfharte Held auf einen Stein und nahm Abschied von seinen Herdgenossen. Düsterer Ahnung voll, zum Tode bereit, sprach er zu ihnen: »Manchen Strauß bestand ich als Jüngling, nun gehe ich als Greis in meinen letzten Kampf; Ehre will ich erstreiten, wenn der Drache aus der Felshöhle mir entgegenstürzt. Gewappnet harre ich seiner und werde keinen Fußbreit weichen: dann geschehe, was das Schicksal will! Ihr wartet meiner am Berge, ob ich wiederkehre. Mein ist der Streit, mir gehört die Tat; ich will den Hort gewinnen oder fallen!« Dann sprang er auf und stieg stolz im Schmuck der Waffen die Steinwand empor zum Eingang.

Unter der Wölbung hervor schoß ein kochender Strom, unmöglich zu durchwaten, da schrie der Held seinen Kampfruf ins Dunkel hinein, und der Drache vernahm ihn in der Höhle. Aus seinem Rachen fuhr Feueratem ihm vorauf, daß Beowulf den Schild vor sich schwingen mußte; dann stürzte der Wurm hervor, von dem Helden mit gezücktem Schwert erwartet. Er krümmte sich im Bogen und schnellte auf den Angreifer zu, flammenspeiend, da traf ihn ein Schwerthieb am Bein; aber das Eisen glitt ab von der Hornhaut, und der Wurm wurde nur noch wütender. Ganz aus der Nähe überschüttete er den Fürsten mit Feuer. Angsterfüllt flohen die Genossen, als sie die Not ihres Herrn sahen, und bargen sich im Gebüsch; nur einem, dem jungen Wiglaf, sank das Herz nicht. Er packte Schild und Schwert fester und rief den Entweichenden nach: »Haltet ihr dem Herrn, der euch in der Halle mit Ringen und Waffen beschenkte, so die Treue, die ihr ihm verspracht? Heut ist der Tag da, wo er unsres Arms bedarf. Lieber in der Lohe mit ihm verbrennen, als schändlich den Schild heimtragen ohne Kampf! Mir reichte er die Rüstung: neben ihm will ich stehen mit Brünne und Helm, Schild und Schwert!« Durch den Rauch sprang er an des Königs Seite: »Mit dir lebe und sterbe ich!«

Schon fuhr der wilde Drache zum zweiten Male heran; von seinem Feueratem loderte der Lindenschild Wiglafs in Flammen auf, der Jüngling warf ihn weg und stellte sich mit hinter des Fürsten Eisenschild. Nun schlug Beowulf einen Schwertschlag auf des Drachen Haupt, er traf ihn gewaltig, daß das Untier zurückprallte, aber das Schwert zersprang in Stücke. Im dritten Ansturm erspähte der Drache eine Blöße des Helden, er stieß über den Schildrand hinweg auf ihn zu und schlug ihm die Zähne in den Hals, daß das Blut spritzte. Aber Wiglaf bewies sein festes Herz: ohne zu achten, daß ihm die Hand verbrannte, bohrte er sein Schwert dem Wurm in das Weiche am Bauch, so daß er den König losließ, und je tiefer das Schwert eindrang, um so mehr ließ auch das Feuer nach. Da gewann Beowulf die Kraft zurück, riß das scharfe kurze Hüftschwert vom Gürtel und hieb den Wurm mittendurch. So ward das Untier gefällt durch Tapferkeit und Treue.

Aber Beowulf wußte, daß das der letzte Sieg seines Lebens war. Die Wunde, die der Wurm ihm schlug, schwoll und schwärte, das Gift brannte in seiner Brust. Wankend ging er zur Schwelle der Höhle und ließ sich nieder, durch den Steinbogen sah er hinein in das ungeheure Gewölbe. Wiglaf bot dem blutüberströmten Helden Wasser aus der Hand zur Erquickung und löste ihm den Helm. Mühsam atmend bat ihn der König: »Laß meine Augen noch die Schätze schauen, die wir erstritten! Leichter wird mir beim Anblick der alten Kleinode das Scheiden werden!« Eilends lief der Jüngling hinein in die Höhle und sah den Hort gehäuft. Goldene Urnen und Gefäße aus ferner Zeit, Becher und Schüsseln, Helme und Brünnen, Armringe auf Schnüre gereiht, und über alle Schätze weg ein Banner aus Gold gewirkt, so hell flammend, daß das ganze Gewölbe erleuchtet schien. Er raffte zusammen, soviel er konnte, auch das Banner nahm er mit und ein uraltes Riesenschwert; dann kehrte er rasch zurück, voller Sorge, seinen Herrn nicht mehr lebend zu finden.

Aber der Starke atmete noch, und als Wiglaf ihn nochmals mit Wasser netzte, gewann er auch die Sprache wieder; noch einmal glänzten seine Augen auf im Schein der Schätze, noch einmal sprach er, wiewohl ächzend: »Gern hätte ich meine Rüstung einem Sohn gelassen, aber mir ward keiner; so nimm du sie, der du mir wie ein Sohn warst, und nimm auch den Goldring von meinem Hals! Mir aber wölbt, wenn mein Scheiterhaufen erlosch, einen Hügel am Strand, weithin blickend über die Brandung der See, ein Zeichen den Schiffern auf der schwarzen, sturmdurchwühlten Flut! Und nun will ich, der Letzte meines Stammes, zu meinen Ahnen gehen.« Das waren die letzten Worte des greisen Königs, und mit ihnen wehte sein Leben hinweg.

Voll tiefer Trauer sah der Jüngling auf die Leiche des Herrn, aber auch mit Stolz: denn neben ihm lag der Drache erschlagen, wohl fünfzig Fuß lang, an seiner eigenen Glut langsam verschwelend, und das Banner wehte strahlend über den gewonnenen Schätzen. Jetzt fühlte Wiglaf erst, wie ihn der furchtbare Kampf ermattet hatte, zusammengesunken harrte er neben dem toten König. Doch jetzt wagten sich auch die zehn Genossen herbei, die treulos ihren Herrn im Stich gelassen hatten, voll Scham kamen sie näher. Da richtete sich Wiglaf auf, blickte sie finster an und sprach: »Weggeworfen waren die Rüstungen und Kleinode, mit denen unser König euch beschenkte. In der Stunde der Not stand er allein, auf die eigene Wehr angewiesen, nur von mir unterstützt, dessen Kraft allzu schwach war. Nun werden euch keine Schätze und Schwerter mehr zuteil werden, ohne Erbe werdet ihr hinfahren und elend aus dem Lande weichen, wenn die Edlen daheim eure ehrlose Flucht erfahren! Der Tod wäre euch besser als ein so schmähliches Leben!«

Dann sandte er sie weg, die traurige Kunde den Mannen zu bringen, die unten am Meer bange auf das Ende des Kampfes und die Rückkehr des Helden warteten. Großer Jammer erhob sich, als der Bote ihnen meldete: »Tot liegt unser gütiger Herr neben dem toten Wurm, und über dem König hält Wiglaf Wache, ein Edler beim Edlen.« Sorgenvoll sprachen sie untereinander: »Blutige Zeiten erwarten uns, wenn Friesen und Franken Beowulfs Fall erfahren! Auch den Schweden ist nicht zu trauen. Alter Zwist glimmt noch zwischen uns und vielen Völkern, jetzt wird er entbrennen!«

Sie kamen zur Kampfstätte und sahen neben dem toten König, an dessen Schulter Wiglaf saß, den Wurm liegen, in seiner ganzen Riesenlänge, jetzt zu Kohle gebrannt, und sahen die Kleinode glänzen; doppelt laut brach die Klage aus über den Helden, der solchen Sieg erstritt. Da erhob sich Wiglaf und sprach: »Alle müssen wir trauern um den Einen; nichts konnte ihn zurückhalten von dem schweren Streit, der ihm den Tod brachte. Mit seinem Leben erkaufte er den Hort; hier liegt, was ich in Eile heraustragen konnte, viel mehr aber noch im Gewölbe. Sterbend bat mich der König, euch zu grüßen und zu sagen, daß ihr ihm hoch am Meer den Hügel wölbt. Nun kommt, ich weise den Weg, rasch in die Höhle und schaut, was dort noch liegt!« Er rief sieben bewährte Kämpen herbei und schritt ihnen mit einer Fackel voran. Sie fanden Gold über Gold und trugen es hinaus. Als es hochgehäuft vor ihnen lag, sprach Wiglaf: »Diesen Schatz soll keiner haben als der, der ihn erstritt: Wenn Beowulf auf dem Holzstoß liegt, sollen die Kleinode schmelzen in der gleichen Flamme, die seinen Leib verzehrt! Aus diesem Hort soll kein Ring einen Recken, kein Geschmeide eine Jungfrau schmücken! Schwere Zeit erwartet uns, da der Lenker des Reiches starb; Kampf droht, wir brauchen nicht Schmuck, sondern Waffen! Zum Speer wird unsere Faust am frühen Morgen greifen, nicht Harfenklang wird uns wecken, sondern das Gekrächz des schlachtenfrohen Raben, der sich darauf freut, des Abends mit Adler und Wolf den Fraß zu teilen! Nun aber tragt den toten Gebieter heim und schichtet das Holz, daß lichte Lohe ihn verzehre!«

Sie warfen die Reste des Drachens vom Felsen ins Meer, die Schätze führten sie in Wagen hinweg, den König aber trugen sie auf ihren Schultern hinab zum Strande – schneeweiß rahmte Haar und Bart sein Haupt auf der Bahre. Sie schichteten die Scheite und behängten den Bau mit Schilden, Helmen und Brünnen. Den ganzen Hort warfen sie hinein und legten den toten Beowulf in die Mitte. Dann entfachten sie den Brand; ungeheuer rauschte die Flamme empor durch den Rauch, Wind und Wehklage peitschten sie hoch, und sie sank erst, als die Glut das Herz des Königs erreicht hatte. Über die Brandstelle häuften die Gauten den Hügel, hoch und breit, weithin den Schiffern sichtbar. Zehn Tage brauchten sie zu dem Werk. Von Erde hoch bedeckt lag, was geblieben war von Held und Hort.

Um den Hügel herum ritten zwölf Degen, aus den Edelsten erwählt, sie erhoben die Totenklage und sangen die Taten des toten Herrschers zu seinem ruhmvollen Gedächtnis. Laut erscholl sein Preis: »Er war von allen Königen der Welt der kühnste und der gütigste, Lob und Liebe folgen ihm über das Grab hinaus!«

Frithjof

Am Sognefjord lagen nebeneinander zwei hochgewölbte Grabhügel: in einem ruhte König Beli, im andern Thorstein, sein liebster Genosse. Ein langes Leben hindurch waren sie Freunde gewesen, Belis Tochter Ingeborg und Thorsteins Sohn Frithjof waren miteinander erzogen worden, und als die Alten einander binnen kurzer Frist im Tode folgten, war ihr sehnlicher Wunsch gewesen, daß Helgi und Halfdan, die Königssöhne, und Frithjof, der Sohn des mächtigen Freibauern, in gleicher Freundschaft und Treue zusammenhalten sollten wie sie selbst.

Frithjof, ein starker und schöner Jüngling, hatte viele Freunde, aber am meisten liebte er Björn, seinen Milchbruder. Sie standen nebeneinander am Bug des schnellen Schiffes Ellidi, das Frithjof gehörte, und saßen nebeneinander auf dem Hochsitz seines stolzen Hofes Framnäs. Der Hof war reich an Äckern, Wald und Vieh, und köstliches Besitztum war in ihm gehäuft. Die besten Kleinode aus Thorsteins Erbe waren ein berühmtes Schwert und ein Armring von Gold, dem an Schönheit im Nordland keiner gleichkam. Die Königssöhne sahen es ungern, daß ihr Gefolgsmann mächtiger und reicher war als sie; aber Ingeborg blieb ihm in großer Herzlichkeit zugetan. Als nach altem Brauch die drei Kinder Belis zum jährlichen Gastmahl in Frithjofs Halle erschienen, blieben die Könige schweigsam, weil die Pracht des Festes sie verdroß. Ingeborg aber zeigte sich heiter und gesprächig und rühmte immer wieder den herrlichen Ring. »Hätte ich ihn selbst erworben, so freute ich mich seiner noch mehr«, sagte darauf Frithjof; »wenn du den Ring haben möchtest, so will ich ihn dir schenken! Aber du darfst ihn nicht weitergeben;

willst du ihn selbst nicht mehr tragen, so gib ihn mir zurück.« »Ich werde ihn dir nie zurückgeben«, antwortete Ingeborg, »sondern ich schenke dir meinen dafür.« Und sie tauschte ihren Ring gegen den seinen.

Nun ward es Frithjof gewiß, daß er um Ingeborg werben müsse, obgleich die Feindseligkeit der Könige ihm Sorge machte. Aber Björn riet ihm: »Versuch's!« Und so machten sich die zwei auf den Weg. Sie trafen die beiden Könige auf Belis Grabhügel sitzend; Frithjof grüßte sie und sprach ohne Umschweif: »Ich komme, um Ingeborg von euch zum Weibe zu erbitten.« Langsam und frostig antwortete Helgi: »Deine Wünsche fliegen zu hoch, du bist nicht ihresgleichen. Es ist kein Makel an ihr; warum sollten wir sie unter ihrem Rang verheiraten?« Und Halfdan stimmte ihm zu. Da kündigte Frithjof den Brüdern an den Grabhügeln ihrer Väter Freundschaft und Gehorsam: »Fortan werde ich euch nicht mehr Gefolgschaft leisten!«

Über Schweden herrschte damals, alt und mächtig, König Ring. Er erfuhr davon, daß die Söhne Belis sich mit Frithjof entzweit hatten, und glaubte nun den Augenblick gekommen, sie ohne Mühe zu unterwerfen. Darum sandte er Boten an sie und stellte sie vor die Wahl, entweder Zins zu zahlen oder mit ihm zu kämpfen. Sie fürchteten die Schmach und wählten den Krieg. Aber als sie ihr Volk versammelten, fand sich die Zahl schwach; darum schickten sie zu Frithjof und baten ihn um seine Gefolgschaft. Der Held saß mit Björn beim Brettspiel, als die Boten eintraten und die Bitte der Könige überbrachten. Er gab ihnen keine Antwort, sondern sagte zu Björn: »Man kann so ziehen oder so.« »Überleg dir's reiflich, und dann tu deinen Zug!« antwortete Björn. »Ich hab's überlegt«, sprach Frithjof und wandte sich zu den Boten: »Meldet den Königen, daß ich ihnen kein Kriegsvolk stelle.«

So mußten sich die Könige allein auf die Fahrt machen. Aber ehe sie aufbrachen, brachten sie ihre Schwester in den Hain Balders, wo der Gott seinen Tempel und seine Opferstätte hatte. Mehr noch als der hohe Zaun, der den Ort umhegte, schützte ihn die heilige

Scheu; es war außer den Königen jedem Mann verboten, die Stätte zu betreten. So glaubten die Brüder Ingeborg sicher vor Frithjof geborgen. Aber als sie fort waren, kam Frithjof auf Ellidi mit Björn und zwölf Genossen nach dem Baldershain gefahren und wurde von Ingeborg und ihren Frauen freundlich empfangen. Wohl hatte sie Furcht wegen des Frevels, aber Frithjof sagte: »Was kümmert mich Balder? Bei dir will ich sitzen, gleichviel, wo es sei.« Fröhlich waren sie zusammen, und Frithjof kam jeden Tag, solange die Brüder fern waren.

Sie blieben nicht lange aus. Denn als sie auf Ring gestoßen waren, erwies es sich, daß ihr Heer viel zu klein war, um den Kampf zu wagen; darum hatten sie sich mit dem alten König verglichen und versöhnt. Sie erkannten seine Hoheit an und versprachen ihm ihre Schwester zur Frau. Als sie heimkamen und von Frithjofs Besuchen im Hain Balders erfuhren, klagten sie voll Zorn Frithjof vor dem Thing an. Die Versammlung entschied, daß Frithjof den Königen Genugtuung schuldig sei, und im Andenken an die Freundschaft der Väter beugte sich Frithjof dem Spruch. Als Sühne wurde ihm auferlegt, nach den Orkaden zu dem Jarl Angantyr zu segeln und den Zins einzufordern, der seit langem nicht entrichtet worden war; dafür mußten ihm die Könige schwören, während seiner Abwesenheit seinen Besitz nicht anzutasten. Mit Björn und seinen zwölf Gesellen stach Frithjof in See. Die Könige hatten gewünscht, daß er fort sei, wenn Ring komme, um die Braut zu holen; denn sie fürchteten ihn. Aber größer noch als ihre Furcht war Helgis Haß.

Kaum war Ellidi davongerauscht, da sagte er zum Bruder: »So billig soll Frithjof nicht davonkommen! Wir wollen seinen Hof verbrennen und ihm einen Sturm auf den Hals schicken, daß er untergeht!« Ihren Eiden untreu, verbrannten sie Frithjofs stolzes Gehöft bis auf die Grundmauern, und Helgi dingte zwei Wetterhexen, die dem Helden ein Unwetter zurichten sollten. Die Weiber saßen hoch im Dachgebälk, die Gesichter in der Richtung der Fahrt gekehrt, und krächzten ihre Sprüche. Da flog ein Sturm auf, fegte hinter dem Schiffe her und packte es. »Zu Ingeborg nach dem Baldershain fuhr sich's leichter«, sagte Frithjof zu seinen Mannen; »aber hier kann man besser sehen, ob ihr tüchtige Kerle seid!« Björn antwortete: »Man muß zufrieden sein, wie's fällt, Helgis Geschenk kommt nicht unerwartet!« Es waren gute Gesellen beieinander in dem Schiffe, sie packten zu, und keiner verzagte.

Wie Berge hoben sich die Wogen, der Wind schleuderte Ellidi mitten in sie hinein, die Flut schlug über Bord und füllte den Raum. »Das schmeckt nicht so gut wie der Wein bei Ingeborg«, sagte Björn, den Mund voll Wasser, und Frithjof antwortete: »Nimm's als Abwechslung!« Aber während sie rangen, dachte er der Geliebten, und während sie das Wasser ausschöpften, erinnerte er sich der Stunde, da sie Ringe tauschten im Saal und Küsse in Balders Hain; es schien ihm ein bitteres Schicksal, daß sie nun im Arm eines andern ruhen sollte und er im kalten Bett der Ran. Eine Welle schlug über die Bordwand und riß vier Gefährten in die Tiefe, der Untergang schien Frithjof gewiß. Da zerhackte er mit dem Schwert den Goldring, den ihm Ingeborg geschenkt hatte, in Stücke und gab jedem der Gefährten eins, daß sie, wie es Helden geziemt, nicht ohne Gastgeschenk in die Halle Rans eintreten möchten. Aber noch hielten sie aus, es gelang ihnen, das Schiff so in den Wind zu drehen, daß es in schnellster Fahrt hinflog, und Frithjof kletterte auf den Mast, um nach Land auszuspähen. Als er wieder herabkam, sagte er zu Björn: »Seltsam war, was ich sah! Es liegt Land vor uns, aber zwischen ihm und dem Schiff schwimmt ein riesiger Wal – Helgi hat uns einen Zauber zugerichtet. Schau hin!« Und nun sah auch Björn den Fisch; auf seinem Rücken saßen zwei Ungeheuer: ein Weib im Schneepelz, einem Eisbären vergleichbar, und ein anderes, das die Flut mit Adlerflügeln peitschte. »Helgi sandte die Zauberweiber – Ellidis Kiel soll ihnen das Rückgrat brechen!« Frithjof packte das Steuer, das Schiff jagte auf den Wal los, es schnitt durch ihn hindurch wie ein Schwert, und die Hexen barsten auseinander. Im gleichen Augenblick aber, als dies geschah, fielen auf Helgis Hof die beiden Zauberweiber vom Gebälk und brachen die Hälse.

Nun legte sich der Sturm, die See glättete sich, ein leichter Wind trieb die Ermatteten ans Land. Von den Gefährten konnte nur Björn noch Arme und Beine regen, die andern acht mußte Frithjof ans Land tragen. Aber da er lebendig auf der Erde stand, wußte er und sagte zu Björn: »Jetzt ist es mir sicher, daß Ingeborg doch noch die Meine wird!« Der Freund antwortete: »Ja, nun ist's Zeit, wieder an sie zu denken.«

Der Strand, an den sie getrieben waren, gehörte zur Insel, auf der Angantyr wohnte. Ganz nahe lag die Halle des Jarls, der mit seinen Mannen fröhlich im Saal becherte. Nur einer namens Hallward saß vor der Tür auf der Diele; er hatte gegen die Zechgesetze verstoßen und mußte zur Strafe draußen ein großes Methorn leeren. Als er absetzte, sah er, wie sich die abgekämpften Seefahrer mit letzter Kraft heranarbeiteten; nur einer legte sich noch mit voller Kraft ins Ruder. Der Späher erkannte das Schiff und erkannte Frithjof; er ging sofort hinein und meldete, wer da, ihrer Hilfe bedürftig, zum Strande komme. »Nehmt sie gut auf«, sagte Angantyr, »und empfangt Frithjof mit Ehren!«

Aber bei den Zechgenossen saßen zwölf Berserker, und Atli, ihr stärkster und wildester, suchte Streit. »Ich habe gehört«, sagte er, »daß Frithjof geschworen hat, er werde nie zuerst um Frieden bitten; wir wollen sehen, ob das stimmt!« Hallward wollte die Ungestümen zurückhalten, aber sie stürmten davon, dem Strande zu, und traten vor Frithjof, der sich eben aus halber Betäubung ermannte. »Mach dein Wort wahr«, rief ihm Atli zu, »wenn du Lust hast, auf Tod und Leben zu fechten! Oder willst du vielleicht lieber doch um Frieden bitten?« »Kommt heran«, rief Frithjof, »das ganze Dutzend auf einmal, wenn ihr feig genug dazu seid!« Sie gingen aufeinander los, aber jetzt war auch Hallward zur Stelle und warf sich zwischen sie: »Der Jarl gebietet Frieden, ihr seid ihm alle gleich werte Gäste, kommt hinauf in die Halle!« »Mir ist's recht, so oder so«, antwortete Frithjof. »Wir haben es nicht nur gehört, Frithjof, daß du tapfer bist, sondern auch gesehen«, sagte Hallward; »nun laß es genug sein und denke daran, welche Not ihr bestanden habt!« Sie gingen hinauf zur Halle, und Angantyr nahm Frithjof und die Seinen mit hohen Ehren auf.

Als ihm der Held alles erzählt hatte, von seinem Streit mit den Königen und von Helgis Tücke, sagte Angantyr: »Diese Brüder taugen beide nichts, und Helgi ist böse obendrein. Solchen Königen will ich keinen Zins bezahlen. Aber dir, Frithjof, der als Bote kommt, mag ich nichts abschlagen. Darum gebe ich das Gold dir, mach damit, was dir gefällt, mich soll's nicht kümmern. Und du schenke mir deine Freundschaft!« Das nahm Frithjof mit Freuden an, und er blieb den ganzen Winter über als willkommener Gast bei dem Jarl. –

Längst war König Ring gekommen, um Ingeborg heimzuführen. Beim Brautmahl sah er das Kleinod an ihrem Arm und fragte sie: »Von wem hast du das?« »Es ist ein Erbstück«, entgegnete Ingeborg. Aber der König sagte: »Nein, das ist ein Geschenk Frithjofs. Du sollst keinen Schmuck von ihm tragen, sondern nur, was ich dir schenke!« Da zog sie die Spange ab und reichte sie Helgis Gattin mit der Bitte, sie Frithjof zu geben, wenn er wiederkehre. Denn so hatte sie es ihm versprochen. Dann fuhr sie mit König Ring davon in sein Reich.

Im Frühling kehrte Frithjof auf Ellidi von den Orkaden heim. Auf seiner Hofstätte sah er die Gebäude verbrannt bis zum Grund und ließ sich erzählen, was geschehen war. Nun galt die Freundschaft der Väter ihm nichts mehr; bei der Asche seines Hofs schwor er den Königen Rache. Mit Björn und den Gefährten fuhr er nach Balders Hain, wo die beiden weilten. Er hieß die andern auf ihn warten und inzwischen die Schiffe, die am Strande lagen, zerstören, allein werde er hinaufgehen, um den Zins zu zahlen; sei er aber am Abend nicht zurück, so sollten sie Feuer werfen in den Hain und Balders Heiligtum verbrennen. »Gut gesprochen!« sagte Björn.

Die Könige saßen im Tempel und bei ihnen ihre Frauen. Die hatten die Götterbilder herabgenommen, hielten sie auf dem Schoß und wärmten sie am Feuer. Frithjof trat vor Helgi und rief: »Hier ist dein Zins!« Damit schlug er ihm den Beutel so hart ins Gesicht, daß dem König zwei Zähne ausbrachen und er ohnmächtig zu Boden fiel; Halfdan sprang dem Bruder zu Hilfe, aber er wagte Frithjof nicht anzugreifen. Ohne ein Wort ging der Held zum Feuer und sah seinen Ring am Arm der Gattin Helgis. Im Zorn packte er zu und riß ihr den Ring ab, aber dabei rollte Balders Bildnis von ihrem Schoß ins Feuer und verbrannte. Frithjof schritt, den Ring in der Hand, hinaus, kam zu Björn und ging an Bord.

Als Helgi aus seiner Ohnmacht erwachte, befahl er seinen Leuten, Frithjof nachzusetzen und ihn als Friedensbrecher und Tempelschänder zu ergreifen. Er selbst nahm seinen Bogen zur Hand, aber als er ihn spannen wollte, brach das Holz in Stücke – Frithjof sah es lachend von seinem Schiffe aus. Sie wollten ihn verfolgen, aber sie fanden die Böden ihrer Schiffe zerhauen.

Frithjof ging auf Wikingsfahrt, Helgi aber ließ ihn vom Thing richten, weil er den Frieden des Tempels gebrochen und Balders Bild verbrannt habe. Da wird die Acht über ihn gesprochen, friedlos und landflüchtig sollte er fortan sein. Aber das focht ihn nicht an. Er suchte auf Ellidi viele Küsten heim und brandschatzte sie; die sich ihm widersetzten, erschlug er, aber überall schonte er friedliche Bauern. So gewann er auf seinen Zügen großen Ruhm und viele Schätze.

Endlich kam die Zeit, da er der wilden Fahrten müde wurde und fühlte, daß alle seine Abenteuer die Sehnsucht nach Ingeborg nicht hatten töten können. Um sie wiederzusehen, wollte er von seinen Gefährten scheiden und allein zum Hofe König Rings gehen. Björn widerriet ihm, sich in die Gewalt eines so mächtigen Gegners zu begeben; er hätte es lieber gesehen, wenn sie die Belisöhne überfallen und erschlagen hätten zur Vollendung der Rache. Aber Frithjof antwortete: »Mußte ich Ingeborg im Baldershain verlassen, so will ich ihr wiederbegegnen in der Halle Rings.«

Er ließ sich an Land setzen und verkleidete sich als Salzbrenner; wie ein armer, unbeholfener Mann in verschlissenem Gewande trat er in den Saal und setzte sich an die Tür. Der greise König faßte ihn scharf ins Auge, als einziger sah er sofort, daß der Mann mehr war, als er scheinen wollte, und schickte einen Knecht, um ihn nach Namen und Herkunft zu fragen. »Thjof heiße ich«, sprach der Held, »bei den Wölfen lag ich zur Nacht, und Kummer ist meine Speise.« »Ich glaube ihn zu verstehen«, sagte der König, als er das hörte, und ließ ihn vor sich rufen. »Wie wollen wir diesen Mann behandeln?« fragte er die Königin. »Wie einen Bettler«, antwortete sie. »Nein«, sagte der König, »er soll zwischen uns Platz nehmen auf dem Hochsitz.« Der Gast mußte den zerlumpten Mantel ablegen, da sah man, wie wohlgebaut er war; dann ließ ihm Ring einen kostbaren Mantel reichen, und nun glich er einem Fürsten. Der König blickte auf den Ring an dem Arme des Gastes und fragte: »Du hast wohl viele Jahre lang Salz brennen müssen, um dieses schöne Kleinod zu erwerben?« »Ich erbte es von meinem Vater«, antwortete der Gast.

Der Königin schlug die Röte ins Gesicht, als Thjof neben ihr Platz nahm, und sie sprach kein Wort. Aber der König war heiter, er plauderte mit ihm und behielt ihn den ganzen Winter bei sich. Die Königin mied ihn.

Eines Tages fuhr das Königspaar im Schlitten über das Eis, und der Gast begleitete sie auf Schlittschuhen. Da barst die dünne Decke, der Schlitten brach durch, aber im Nu flog Thjof zur Stelle, riß ihn samt dem König mit einem Ruck heraus und danach auch Ingeborg, die ins eisige Wasser gefallen war. »Das war ein guter Ruck«, sagte Ring, »dessen hätte sich Frithjof selbst nicht zu schämen brauchen. Ich lobe mir einen solchen Gefolgsmann!«

Ein anderes Mal mußte Thjof den König in den Wald begleiten. Da wurde der Alte müde, legte sich ins Moos und schlief fest ein. Thjof saß bei ihm, er zog sein Schwert aus der Scheide – und mit einem Schwung schleuderte er es weit hinweg ins Gebüsch. Davon erwachte der König, er wußte sogleich, was geschehen war, und sagte: »Ja, Frithjof, so geht es mit den Gedanken! Ich habe dich sofort am ersten Abend erkannt; nun bleibe bei mir, ich habe Großes mit dir vor.« »Ihr habt mich edel aufgenommen«, antwortete Frithjof, »aber bleiben kann ich nicht.«

Am frühen Morgen klopfte es an des Königs Schlafzimmer; Frithjof stand vor der Tür und sprach: »Ich will dir danken, du warst mir ein getreuer Gastgeber. Aber ich liebe Ingeborg und werde nie aufhören, sie zu lieben. Gib ihr, da ich sie nicht küssen darf, von mir zum Abschied diesen goldenen Ring.« Da lachte der König und sprach: »Hätte nicht vielmehr ich das Geschenk verdient? Ich war doch freundlicher zu dir als sie! Aber ein wenig verweile noch, laß uns noch einmal zusammen speisen und fröhlich sein!«

Er hieß Ingeborg aufstehen, sie sträubte sich ein wenig, denn sie war immer scheu und spröde geblieben gegen den Freund von einst; aber dann saßen sie doch zusammen beim Mahl. Und wieder bat Ring den Gast, zu bleiben. »Lange mögest du leben, edelster aller Könige«, antwortete Frithjof; »aber mir ist Ingeborg nicht beschieden – darum muß ich fort.« »Bleibe, Frithjof«, sagte da der König; »Ingeborg wird dein werden und mein Reich dazu.« »Niemals«, rief Frithjof, »niemals, solange du lebst!« »Ich lebe nicht mehr lange«, sprach Ring; »längst fühle ich tödliche Krankheit in mir. Ihr sollt euch gehören, ihr seid einander wert wie kein anderes Paar, und das Reich soll dein sein. Ich selbst will euch verloben.« Da gab Frithjof nach und dankte ihm aus ganzem Herzen.

Bald darauf starb König Ring, und Frithjof machte Hochzeit mit Ingeborg. Er nahm das Reich an sich, aber nicht den Königsnamen, sondern nannte sich nur Jarl. Björn und seine Gefährten lebten in Herrlichkeit an seinem Hof. Die Brüder Ingeborgs aber mißgönnten ihm sein Glück, sie sammelten ein Heer und führten es gegen ihn. »Schweres Schicksal steht dir nun bevor«, sagte Frithjof zu seinem Weibe; »wie der Kampf auch ausgehe – du wirst trauern müssen.« Aber Ingeborg antwortete: »Nein, dich allein liebe ich; nichts anderes wünsche ich, als daß nur du mir lebst!«

In der Schlacht siegte Frithjof über die Könige und erschlug Helgi; Halfdan mußte den Eid der Treue schwören. Frithjof aber herrschte mit Macht und Ruhm in seinem Reich, er zeugte viele Kinder mit Ingeborg und lebte mit ihr in immer gleicher Liebe bis in sein hohes Alter.

Nornagest

An dem Hof des Königs Olaf Trygvissohn in Drontheim erschien eines Tages ein Mann, der nannte sich Gest, das heißt Gast; und als Gast wurde er freundlich aufgenommen, denn er gefiel dem König, weil er trotz seiner einfachen Tracht fein von Sitten und trotz seines Alters kühn von Aussehen war. In der Nacht glaubte der König, der inmitten seines Gefolges in der Halle zu schlafen pflegte, aber diesmal über dem Gebetbuch wachgeblieben war, eine geisterhafte Erscheinung zu sehen, die zwischen den Betten durchging und vor dem des Gastes stehenblieb; und er vermutete aus diesem heidnischen Wesen, daß Gest noch nicht getauft sei. Als dieser ihn am andern Morgen bat, noch bleiben zu dürfen, fragte er ihn danach, und Gest antwortete: »Nein, getauft bin ich noch nicht, aber schon mit dem Kreuz gezeichnet.« In der Tat hatte der König bereits am Abend gesehen, daß Gest sich wie seine anderen Mannen bekreuzigt hatte, und so bewilligte er ihm den Aufenthalt mit dem Beding, daß er sich später auch taufen lasse. Er hatte große Freude an dem Gast, der viele Geschichten zu erzählen wußte und aufs schönste die Harfe spielte.

Am Julfest überreichte ein Gefolgsmann, der vom Grenzschutz an den Hof zurückgekehrt war, dem König einen überaus schönen Ring. Das Kleinod ging um den Tisch herum von Hand zu Hand, und ein jeder pries seine Köstlichkeit; nur Gest gab es, nachdem er es betrachtet hatte, ohne ein Wort weiter. Das wunderte seine Nachbarn, und sie fragten ihn ein wenig spöttisch, ob er vielleicht schon gleiches oder feineres Gold gesehen habe. »Ja, das habe ich wirklich gesehen, und ich kann es euch auch zeigen«, antwortete Gest. Die andern lachten ihn aus und meinten, das müsse er beweisen; sie schlugen ihm eine Wette vor: vier Mark Silber gegen sein Messer und seinen Gürtel, und der König selbst solle Schiedsrichter sein. Damit war Gest einverstanden. Als sie am nächsten Morgen dem König die Sache vortrugen, schüttelte er den Kopf und sagte: »Ich glaube, Gest, du weißt mehr als andere, und meine Leute haben sich die Sache nicht recht überlegt.« Aber sie wollten bei ihrer Wette bleiben.

Nach Tisch hieß König Olaf den Gast vortreten und befahl ihm: »Wenn du wirklich feineres Gold vorzeigen kannst, so weise es uns jetzt!« Umständlich nestelte Gest aus einem Beutel, den er am Halse trug, einen Lappen hervor, wickelte aus ihm ein Stück von einer zerbrochenen Sattelspange und reichte es dem König. Der sah auf den ersten Blick, daß es ganz ausgezeichnetes Gold war, und ließ sofort den Ring zum Vergleich holen. Dann entschied er: »Gests Gold scheint mir das feinere, und wer von euch sich darauf versteht, wird das bestätigen.« So geschah's auch, und der König sprach Gest die Wettsumme zu. Jetzt ward den Verlierern die Wette doch leid, aber Gest sagte: »Behaltet euer Geld, ich brauche es nicht! Nur merkt euch für die Zukunft, daß ein Fremder manchmal mehr weiß als ihr.«

Darauf forderte der König: »Jetzt mußt du erzählen, wie du zu dem Golde kamst.« Zögernd antwortete Gest: »Ich tue es nicht gern, ihr werdet mir die Geschichte nicht glauben.« Aber der König befahl, und Gest gehorchte. Er erzählte, wie er einst ins Frankenland gekommen sei und an den Hof Sigurds, des Wölsungs. Ja, ihn selbst habe er gekannt und ihn auf mancher Fahrt, in manche Schlacht begleitet. Auch Starkad habe er gekannt, den riesigen Kämpen, und sei dabeigewesen, als Sigurd ihm das Schwert in den Kiefer schlug, daß ihm zwei Backenzähne heraussprangen: »Einen davon könnt ihr noch sehen, ich habe ihn aufgehoben und an das Glockenseil der Kirche von Lund gebunden, er hängt noch dort, sieben Lot schwer.« Die Hofleute hörten ihm zu, als erzähle er Märchen; denn es war schon Jahrhunderte her, daß Sigurd gelebt hatte. Aber Gest fuhr unbeirrt fort: »Einmal ritt ich mit Sigurd zu einer Versammlung, und wir gerieten unterwegs in einen Sumpf. Sein Hengst Grani mußte sich schwer mühen, um sich hochzuarbeiten; da sprang ihm der Gurt entzwei, und die Schnalle fiel ab. Ich fischte sie aus dem Schlamm auf, aber Sigurd schenkte sie mir – ihr saht sie ja schon. Nachher striegelte ich sein Roß, dabei zog ich ihm ein Haar aus dem Schweif – hier ist es!« Er holte aus dem Beutel das zusammengerollte Haar; sie spannten es aus – und es maß sieben Ellen in die Länge.

Stumm vor Staunen saßen der König und die Seinen, sie konnten nicht satt werden, ihm zuzuhören. Gest erzählte noch manchen Abend und immer Neues; er wußte alles, was bei den Gjukungen geschehen war, aber er war auch bei den Söhnen Ragnar Lodbroks gewesen und bei dem Schwedenkönig Erik, bei König Harald Schönhaar von Norwegen und bei König Ludwig von Sachsen. »Wunderbares weißt du zu erzählen«, sprach der König; und Gest antwortete: »Das Wunderbarste aber ist, wie ich zu meinem Namen kam; denn mit vollem Namen heiß ich Nornagest.« Und er erzählte:

»Als ich geboren wurde auf dem reichen Hof meines Vaters in Dänemark, zogen drei Wahrsagerinnen durch das Land und weissagten den Leuten, wie alt sie werden würden. Viele wollten das wissen, luden sie zu sich und beschenkten sie. Auch mein Vater lud sie ein, sie sollten über mein Schicksal entscheiden; sie kamen, und eine Menge Volks drängte sich mit ihnen ins Haus. Ich lag in der Wiege, und über meinem Kopf brannte eine Kerze. Zwei von den Seherinnen traten heran, sie weissagten mir alles Gute; ich sollte mehr Glück haben als alle andern in unserer Sippe und in unserm Lande. Aber die dritte Seherin war nicht zu Worte gekommen, sie war böse darüber, daß man sie nicht gefragt hatte, und als gar im Gedränge ein paar Mutwillige sie zu Boden stießen, rief sie zornig den Schwestern zu: »Hört auf mit euren Glückssprüchen! Ich verhänge dem Kind, daß es nicht länger leben soll, als bis die Kerze hier zu seinen Häupten niedergebrannt ist!« Da nahm die Älteste die Kerze vom Halter, blies sie aus und gab sie meiner Mutter zur Verwahrung. So wurde der Fluch wieder in Segen gekehrt: denn mein letzter Tag nach dem Spruch der Norne wird nicht kommen, ehe denn die Kerze verbrannt ist. Als ich von Hause fortzog, gab mir meine Mutter die Kerze mit; ich trage sie immer bei mir.«

Nachdenklich fragte der König: »Warum kamst du wohl zu mir?« Nornagest antwortete: »Es war mir so, als hätte ich von dir ein Heil zu erwarten.« Da fragte der König weiter: »Willst du jetzt die heilige Taufe empfangen?« Und Nornagest sprach: »Ja, ich will, da du es willst.« So wurde Nornagest getauft und lebte gottesfürchtig und geehrt am Hofe.

Nach einiger Zeit fragte ihn der König: »Wie lange möchtest du noch leben nach deinem Willen?« Nornagest antwortete: »Kurze Zeit nur noch nach Gottes Willen.« Da sprach der König: »Meinst du nicht, daß es Zeit ist, deine Kerze hervorzuholen?« Der Greis nahm sie aus seinem Harfenkasten, und Olaf ließ sie anzünden; sie brannte rasch. »Wie alt bist du eigentlich?« fragte er nun. »Dreihundert Winter alt bin ich jetzt«, antwortete Nornagest.

Er streckte sich hin und empfing die Letzte Ölung. Als die Kerze dem Ende zu flackerte, begann sein Atem zu stocken, und als der Docht erlosch, war er tot.

Nachwort

Nordische Märchen und Sagen sind primär in Skandinavien beheimatet und wurzeln im Germanischen. Skandinavien ist geographisch gesehen kein fest umrissener Begriff. Kernlande sind sicherlich Dänemark, Schweden und Norwegen, und anthropologisch gehören auch Island und kleinere Inseln wie die Färöerinseln dazu. Die Gemeinsamkeit dieser Länder manifestiert sich auch in ihrer germanischen Sprache und in ihrer Kultur, die im Laufe der Geschichte aus diesem Gebiet eine gewisse Einheit geschaffen hat. Ein eigener Zweig der Geisteswissenschaft, die Skandinavistik, auch Nordistik genannt, bezeugt die kulturelle und zivilisatorische Einheit dieses Raumes. Zuweilen wird auch noch Finnland zur skandinavischen Halbinsel gerechnet, obgleich dieses Land eine Sonderstellung einnimmt. Seine Sprache, das Finnisch-Ugrische, mit dem Ungarischen verwandt, und auch seine ganze Kultur haben so gut wie nichts mit den drei klassischen skandinavischen Ländern gemein. Auch aufgrund der Fülle des nordischen Märchenschatzes beschränkt sich der vorliegende Band auf Norwegen, Schweden, Dänemark und Island.

Reich und alt ist das Märchenerbe der eigentlichen skandinavischen Völker. Diese Länder sind ein klassischer Boden für Sagen, Märchen und Lieder, wie schon Jakob Grimm festgestellt hat. Noch bis in die Mitte des 19. Jahrhunderts hat sich diese blühende Fülle der Volksüberlieferung lebendig erhalten. Beim Spinnen, Wollekämmen, Flachsschwingen, Tanz und sogar bei der Leichenwache versammelte sich das ganze Dorf, und die alten Geschichten und Märchen, von Generation zu Generation vererbt, gingen von Mund zu

Mund, und dies vor allem in den unwirtlichen Zeiten des Winters. Es waren dies oft unheimliche Märchen und Sagen, Geschichten von Trollen und Zwergen. Aber auch fröhliche Stücke und Schwänke machten die Runde. Viele der Märchenmotive entstammen noch der altnordischen Kultur, wie sie etwa aus den Liedern der *Edda* sichtbar wird. Anderes Märchengut aus dem keltischen Bereich ist durch die Wikingerzüge im hohen Norden bekannt und heimisch geworden; manches ist auch aus Byzanz auf dem Umweg über Rußland herübergekommen. Und auch die höfische Dichtung des Mittelalters bereicherte den Norden um viele Motive und Gestalten. Zugang hatte man durch die damalige Weltsprache Latein auch zu den Quellen derjenigen Märchen, aus denen sich das ganze Abendland speiste (*Gesta Romanorum, Disciplina Clericalis* und andere Sammelwerke von Märchen und Novellen). Zur Popularisierung einiger Märchen trug auch die Kirche bei, vor allem in den Predigtmärlein, die die Moral nicht trocken vortrugen, sondern durch Exempel eingängiger machten. Wie in Deutschland, so setzte auch im hohen Norden im Zuge der Romantik ein Sammeln und Aufzeichnen des alten Volksgutes ein. So sind uns sehr viele alte Märchen schriftlich erhalten geblieben, die früher allein dem Gedächtnis anvertraut waren.

Als die Nationalromantik und somit das Interesse an der volkstümlichen Kultur während der ersten Hälfte des vorigen Jahrhunderts Skandinavien erreichte, war die politische Situation im Norden völlig anders als heute. Schweden und Dänemark waren die einzigen selbständigen Staaten in Skandinavien. Island war Teil des dänischen Reiches, Norwegen war mit Schweden in einer aufgezwungenen Union vereint, und Finnland war dem russischen Imperium einverleibt. Die Dänen fühlten sich von Preußen bedroht (schleswig-holsteinische Frage), und die Stimmung in Schweden war deutlich antirussisch. So war der Nährboden für Äußerungen der nationalen Eigenart sehr günstig, und es erwachte allenthalben in Skandinavien der Wunsch, die Schätze der einheimischen Volkskultur und Volksdichtung zu sammeln. Höhepunkt des Märchensammelns in den nordischen Ländern ist die Ära zwischen 1840 und der Jahrhundertwende. In dieser Zeit entstanden die klassischen Sammlungen, aus denen dieser Band seine Märchen schöpft.

Angeregt durch die Brüder Grimm begannen in *Norwegen* die beiden Freunde Peter Christian Asbjörnsen (1812–1885) und Jörgen Moë (1813–1882), die Märchen ihres Landes zu sammeln. Ihre Gewährsleute und Erzähler sind echte, tief in ihrem Land verwurzelte Naturen: Vogelschützen, Matrosen, Soldaten, Bauersleute, Pfarrer. So wirken diese Märchen in ihrem Erzählstil frisch und ungekünstelt.

Die echtesten *norwegischen* Märchen sind Geistermärchen, die in ihrer Wildheit und Derbheit noch natürlich geblieben sind. Trolle, Teufel, Huldren und Hexen geistern in diesen Geschichten herum, vom unheimlichen Gottesdienst der Toten ist die Rede. Die dunkelsten Nächte im hohen Norden sind die Julzeitnächte; da fahren die Hexen aus, und der heidnische Zauber behält seine Bannkraft. Aber auch viele in ganz Europa verwandte Motive haben sich im Norweger Märchenschatz erhalten: der dankbare Tote, der starke Hans, der Meisterdieb, magische Flucht, Glasberg, Schlösser jenseits der Welt u. a. Die einfachen Menschen, die diese Märchen erzählten und hörten, standen dem höfischen Leben fern. Und so entspricht der König der Märchen und sein Hof auch eher der Vorstellung eines Bauern in den abgelegenen norwegischen Tälern. Der König wird als begüterter Bauer dargestellt, und sein Schloß ist nicht mehr als ein größeres Herrengut.

Am typischsten für das norwegische Märchen sind allerdings *der* Aschenbrödel und die Trolle. Der Aschenbrödel, auch Aschenper genannt, ist eine Art norwegischer Aladin. Als jüngster von meist drei Brüdern gilt er als der dümmste und faulste. Seine Jugendjahre hat er meist untätig dahingebracht, das Feuer angezündet und die Asche geschürt. Er sitzt wie ein männliches Aschenputtel am Herd, und langsam reift in ihm der Wunsch heran, eine fremde Welt zu erforschen und zu erobern. Während die beiden älteren Brüder meist durch die Welt stolzieren, ihres Erfolges gewiß, entdecken sie nichts von dem, was das Glück bedeutet. Aschenbrödel allerdings gelingt es durch seine Beharrlichkeit und seine Güte Mensch und Tier gegenüber, seinen Anteil am Glück zu erhaschen. Und im Märchen heißt das oft, daß er die Königstochter, um die viele Stolzere als er freien, zur Gemahlin bekommt.

Im norwegischen Märchen ist dabei der große Widersacher der Troll, ein Unhold, der für ganz Skandinavien typisch ist und den man sonst nirgends in Märchen und Mythen antrifft. Die Trolle, die mal als Riesen, mal in gnomenhafter Gestalt auftauchen, sind mit blinden, gefährlichen Naturkräften verbunden, sie verkörpern das Feindselige in der Natur. Man stellt sie sich auch als unbeholfene, oft mehrköpfige Wesen vor, deren Verstand nicht weit reicht, obgleich sie zaubern können und sehr stark sind. Wie in der nordischen Mythologie sind sie Hüter goldener, silberner und anderer kostbarer Schätze. Die Trolle bewirken ihren Schadenzauber, ihre Entrückungen und Tanzfeste vor allem nachts, das Tageslicht raubt ihnen alle Kraft und läßt sie mitunter zerbersten. Trolle bevölkern Berge, Wälder und die Meere und übernehmen oft den Widerpart, den in anderen Kulturen der Drache hat. Auch Trollweiber, die nicht unerotisch sind, sind schon in der altnordischen Literatur erwähnt. Die Märchen zeigen, daß diese plumpen Unholde dem jungen Helden, in Norwegen meist dem Aschenbrödel, an Klugheit weit unterlegen sind und von ihm mit Hilfe zahlreicher guter Geister (dankbare Tiere, Naturkräfte) überwunden werden.

Neben den Zaubermärchen gehören auch Tiermärchen, Geschichten aus dem Alltag und Schwänke zum reichhaltigen Repertoire der norwegischen Märchenwelt. Sie vermitteln eine Menge Lokalkolorit aus dem Bauernmilieu, von der Seefahrt, von den dunklen Fjorden, von der Abgelegenheit jenes Volkes, das zwar ruhig und wortkarg ist, sich aber auch oft gewitzt und launig gibt.

Die Veröffentlichung der norwegischen Märchen durch Asbjörnsen und Moë hatte auch auf das nordische Nationalbewußtsein eine starke Wirkung. Es war für das Selbstbewußtsein der Nation von großer Bedeutung, daß das Volk während der dunklen Jahre der dänischen Oberherrschaft imstande war, durch die Fülle der Märchenwelt seine Eigenständigkeit zu bewahren. Auch der Einfluß der Märchen auf die Literatur war groß. Erwähnt sei nur Ibsens großes tragisches Drama »Peer Gynt«. Der Held Peer Gynt faßt sich selbst als Märchenheld auf: Er glaubt, das Glück ließe sich auf einfachem Weg erringen. Das ist seine Tragödie.

Auch in den Märchen aus *Schweden* wimmelt es von Unholden wie Trollen, Teufeln und Riesen. Die Riesen, die als Baumeister, aber auch als Zerstörer auftreten, gelten häufig als tumbe Wesen, die man zum Narren halten kann. Auch die alten Helden aus der eddischen Welt steigen in die Riesenwelt auf, werden dort meist als gutmütige Wesen geschildert. Ambivalent hingegen ist die Rolle des Trolls, der hilfreich und feindlich sein kann. Hinzu treten Schwänke, die vor allem die List der Bauern hervorheben. Merkwürdig ist die große Zahl der Pfarrer-Schwänke, wobei der Pfarrer als dumm und geizig gilt. Charakteristisch ist auch das Derbe und Ungeschlachte, das sich, urwüchsig wie es ist, mit dem Prachtvollen und Zauberhaften paart.

Die Motive des schwedischen Märchens sind sehr vielfältig und kommen neben Skandinavien in ganz Europa vor: Die Verbindungen reichen nach Norddeutschland, Flandern, Finnland, ins Baltikum, nach Rußland und andere slawische Gebiete. Zu den Quellen gehören auch Werke der isländischen Sagaliteratur und Märchen aus den *Gesta Danorum* des dänischen Historikers Saxo Grammaticus (ca. 1140–1220). Das Ganze widerspiegelt denn auch das Lokalkolorit der kargen schwedischen Landschaft mit ihren einsamen Wäldern und unendlichen Seen. Oft sind es arme Kätnersöhne, die aus ihren armseligen Hütten wegziehen und als Helden gegen Trolle und andere Waldgeister die Hand der schönen Prinzessin gewinnen.

In Schweden waren es Gunnar Olof Hyltén-Cavallius (1818–1889) und sein englischer Freund George Stephens (1813–1895), die um 1840 systematisch mit dem Sammeln von Märchen begannen. Bezeichnend ist die Widmung an die Brüder Grimm, mit der die beiden ihre Märchenausgaben einleiten, so wie die Norweger Asbjörnsen und Moë es auch schon getan hatten.

Die Märchen aus *Dänemark* führen uns wieder auf ein vertrautes Gebiet; in ihnen meint man die Stimme der Grimmschen Märchen zu hören, gepaart mit der Schilderung der düsteren Nordnacht. Unter den dänischen Märchen sind viele Novellen und Schwänke zu finden; auch die vom geizigen Pfarrer sind hier sehr beliebt. Hinzu kommen auch Schwankmärchen von Bauern und deren Grobheit, vom geprellten Teufel, der auch in Dänemark gutmütig ist. Die Märchen sind wirklichkeitsfroh und werden oft erzählt mit einer wahrheitsgetreuen Wiedergabe des ländlichen und bäuerlichen und des Herrenhoflebens.

Bewußt habe ich es unterlassen, ein Märchen von Hans Christian Andersen (1805–1875) in diese Sammlung aufzunehmen, auch wenn dieser Schriftsteller untrennbar mit dem dänischen Märchen verbunden ist. Das würde den kleinen Rahmen dieser Märchensammlung sprengen. Es ist nicht so, daß Andersen nur Kunstmärchen geschrieben hätte. Bei vielen seiner Stoffe greift er bewußt auf die dänische Tradition der Volksmärchen zurück, benutzt sie als Quelle und weitet sie dichterisch aus (z. B. Das Feuerzeug, Der kleine und der große Klaus, Der Reisekamerad, Die wilden Schwäne, Der Schweinehirt).

Eine klassische Sammlung echter dänischer Volksmärchen brachte um die Mitte des 19. Jahrhunderts Svend Grundtvig (1824–1883) heraus. Dort findet man neben echten Zaubermärchen auch Schwänke, Lieder und Reime.

Die *isländischen Märchen* spiegeln am reinsten die nordische Tradition wider, denn hier haben sich wie in einer Eiskammer die altgermanischen Mythen und Sagen länger als sonst erhalten. Selbst die isländische Sprache gilt noch heute als einzige Sprache, die in ihrer mittelalterlichen Struktur fast unverändert erhalten ist.

Um 870 nach Christus wurde die weit im Atlantik liegende Insel von Norwegern besiedelt; vor allem waren es Adelsbauern, die aus politischen Gründen ihr Mutterland verlassen hatten. Island wurde eine Art Freistaat, und im Jahre 999 beschloß das sogenannte *Allthing* die Annahme des Christentums. Nach einer kulturellen

Blütezeit, die sich dank der dort angesiedelten gebildeten Adelsschicht auch literarisch niedergeschlagen hat, fiel der kleine Freistaat 1262 an Norwegen.

Da die norwegischen Siedler ihre heimische Kultur auch in der neuen Heimat bewahren wollten, entwickelte sich auf Island bald eine reiche Erzählkultur, die neben der Mythologie und Heldensage (*Edda*, Skaldendichtung, Sagas) auch schon früh Märchen enthielt.

Noch bis in die Mitte des 20. Jahrhunderts gab es auf Island zur Winterszeit die Abendwachen (*kvöldvaka*), wo man sich in den Häusern traf und gegenseitig Geschichten aller Art erzählte. Wie in den festländischen nordischen Märchen spuken hierbei allenthalben Riesen, Huldren und Trolle umher. Was für die Märchen gilt, gilt noch in weitaus größerem Maße für die nordischen Sagen: ohne Island wäre ihre Überlieferung uns fast völlig verloren gegangen.

Nordische Sagen sind im wesentlichen germanische Sagen, die ganz von deren Mythologie und Weltbild geprägt sind. Während sonst überall im germanischen Raum die schriftliche und literarische Überlieferung nur spärlich sprudelt – es gibt einige lateinische Quellen bei Cäsar und Tacitus, den *Beowulf* aus England und nur wenig Archäologisches –, ist der skandinavische, also nordgermanische Raum mit schriftlichen Quellen reich gesegnet und hierbei vor allem Island, das legendäre *Thule.*

Allem voran stehen hier die *Lieder-Edda*, die *Prosa-Edda* des Skalden Snorri Sturluson (1179–1241) sowie weitere Skaldendichtung und Sagas. Einiges davon mag schon christlich geprägt sein, aber es ist leicht, den germanischen Urkern herauszukristallisieren. Als Überlieferung wichtig sind auch die *Gesta Danorum,* eine Geschichte der dänischen Könige, die Saxo Grammaticus um 1200 nach Christus verfaßt hat. Dieses Kompendium dänischer Königsgeschichte enthält z. B. die eigentliche Sage um Hamlet, die Shakespeare für sein Drama allerdings etwas abgeändert hat.

Nordische Sagen sind *Götter- und Heldensagen.* Die nordischen, also germanischen Götter sind wie die griechischen anthropomorph, physisch wie ethisch. Sie haben nicht nur Menschengestalt, sondern handeln auch wie Menschen – gut und böse. Vorbilder und Leitbilder sind sie allemal nicht. Auch ist ihre Macht nicht unbeschränkt, sondern sie unterliegen wie die ganze Welt dem allgegenwärtigen Schicksal. Ihr Ende ist schon am Anfang vorprogrammiert. Im *Ragnarök,* der Götterdämmerung, werden sie unwiderruflich untergehen. Und ständig währt ihr Kampf mit ihren Hauptfeinden, den Riesen. In den Göttersagen ist u. a. die Rede von Loki, dem listigen und boshaften Gott, den alle anderen nicht mögen und der den Liebling aller, den strahlenden Gott Balder, tückisch zu Tode bringt. Sehr beliebt waren auch die Geschichten um den Gott Thor, einen etwas bäuerischen Draufgänger, der die rohen Mächte der Welt mit seinem Hammer Mjölnir in Schach hält. Wie bei der Göttersage liegt auch bei der Heldensage das Hauptgewicht auf Werten wie Ehre, Mut und Unerschrockenheit. Alle Helden, seien es Götter oder Menschen, gehen in den Kampf mit der Einstellung, daß nicht sie selbst, sondern das Schicksal letztlich den Ausgang entscheiden wird. So licht und schwerelos manchmal die griechischen Götter erscheinen, so düster und unheilschwanger tut sich im Norden die Welt für Götter und Menschen auf. Und diese Düsterheit, die etwas Tragisches an sich hat, schwingt auch in allen Sagen mit.

Quellenverzeichnis

Märchen aus Norwegen

Per Gynt
aus: Peter Christian Asbjörnsen und Jörgen Moë, Nordische Volks- und Hausmärchen, übersetzt von Pauline Klaiber, München 1909
Peter und Paul und Esben Aschenbrödel
aus: Peter Christian Asbjörnsen und Jörgen Moë, Norwegische Märchen, übersetzt von Friedrich Bresemann, Berlin 1846
Die Mühle, die auf dem Meeresgrund mahlt
aus: Asbjörnsen/Moë, übersetzt von P. Klaiber
Von Aschenbrödel, welcher die silbernen Enten, die Bettdecke und die goldne Harfe des Trollen stahl
aus: Asbjörnsen/Moë, übersetzt von F. Bresemann
Von dem Burschen, der zum Nordwind ging und sein Mehl zurückverlangte
Der Bursche, der sich in einen Löwen, einen Falken und eine Ameise verwandelte
Aschenbrödel, der mit dem Troll um die Wette aß
aus: Asbjörnsen/Moë, übersetzt von P. Klaiber
Die drei Prinzessinnen aus Witenland
aus: Asbjörnsen/Moë, übersetzt von F. Bresemann
Aase, das kleine Gänsemädchen
Der weiße Bär König Valemon
Der Pfarrer und der Küster
Von den Burschen, die die Trolle im Hedalwalde trafen
aus: Asbjörnsen/Moë, übersetzt von P. Klaiber

Der Bursche, der beim König diente
aus: Joseph Calasanz Poestion, Lappländische Märchen, Volkssagen, Rätsel und Sprichwörter, Wien 1886

Märchen aus Schweden

Die drei Großmütterchen
Das Schloß, das auf Goldpfählen stand
Der Knabe, der das Kind des Riesen in den Brunnen fallen ließ
Das schöne Hirtenmädchen
Das Goldpferd, die Mondlampe und die Jungfrau im Zauberkäfig
Silfwerhwit und Lillwacker
Die kleine Rosa und die lange Leda
aus: Gunnar Olof Hyltén-Cavallius und George Stephens, Schwedische Volkssagen und Märchen, übersetzt von Carl Oberleitner, Wien 1848

Märchen aus Dänemark

Die Prinzessin im Hügel
aus: Saxo Grammaticus, Gesta Danorum, hrsg. von Alfred Holder, Straßburg 1886. Aus dem Lateinischen übertragen und bearbeitet von Erich Ackermann
Der Salbyer Rabe
aus: Svend Grundtvig, Dänische Volksmärchen, übersetzt von Adolf Strodtmann, Leipzig 1879
In des Wolfes Bau und Adlers Klau'
Hans und Grete
Das Siebengestirn
Einer, der's faustdick hinter dem Ohr hat
aus: Svend Grundtvig, Dänische Volksmärchen, übersetzt von Willibald Leo, Leipzig 1878
Der filzige Lars

Der Lohn guter Taten
Drei rote Ferkelchen
Der treue Svend
aus: Grundtvig, übersetzt von A. Strodtmann

Märchen aus Island

Der Küster aus Mörkaa
Das Seemännchen
Der Mann von Grimsö und der Bär
Der Bräutigam und das Gespenst
Der Huldrekönig auf Selö
aus: Åge Avenstrup und Elisabeth Treitel, Isländische Märchen und Volkssagen, Berlin 1915

Nordische Sagen

Thiassi und Skadi
Die Kleinode der Asen
Thors Riesenabenteuer
Balders Tod
Lokis Bestrafung
Helgi und Sigrun
Rolf Kraki und seine Mannen
Alf und Alfhild
Hagbard und Signe
Ottar und Sigrid
Amleth
Beowulf
Frithjof
Nornagest
aus: Hans W. Fischer, Götter und Helden, Leipzig 1934

Literatur in Auswahl

Baumgartner, Walter, Die norwegische Literatur, in: Kindlers Neues Literatur Lexikon, hrsg. von Walter Jens, 20 Bände, München 1988–1992, Bd. 20

Bolte, Johannes und *Polivka,* Georg, Anmerkungen zu den Kinder- und Hausmärchen der Brüder Grimm, 5 Bände, Leipzig 1913–1931

Butt, Wolfgang, Die dänische Literatur, in: Kindlers Neues Literatur Lexikon, a. a. O. Bd. 20

Butt, Wolfgang, Die schwedische Literatur, in: Kindlers Neues Literatur Lexikon, a. a. O. Bd. 20

Diederichs, Ulf, Who's who im Märchen, München 1995

Hartmann, Elisabeth, Die Trollvorstellungen in den Sagen und Märchen der skandinavischen Völker, Stuttgart/Berlin 1936

Liungman, Waldemar, Die schwedischen Volksmärchen. Herkunft und Geschichte, Berlin 1961

Lüthi, Max, Das europäische Volksmärchen, Berlin 1947

Petzoldt, Leander, Kleines Lexikon der Dämonen und Elementargeister, München 1990

Röhrich, Lutz, Märchen und Wirklichkeit, Wiesbaden 1956

Scherf, Walter, Lexikon der Zaubermärchen, Stuttgart 1982

Swahn, Jan-Öjvind, Märchenforschung in Skandinavien, in: Diether Röth/Walter Kahn (Hrsg.), Märchen und Märchenforschung in Europa, Frankfurt am Main 1993

Thompson, Stith, The folktale, New York 1946

Von der Leyen, Friedrich, Die Welt der Märchen, Düsseldorf 1954